公路混凝土护栏安全应用技术

赛志毅　王　昊　闫书明　编著

人民交通出版社股份有限公司
北　京

内 容 提 要

混凝土护栏的安全性能需要合理设计与设置，本书结合相关规范规定与实际应用情况，从公路混凝土护栏的结构参数与设置条件两个方面，对其安全防护能力的影响进行系统分析，同时结合不同的需求给出了典型的设计案例。本书主要内容包括公路混凝土护栏类型与研究技术、坡面、高度、承载能力、典型混凝土护栏结构、景观设计在混凝土护栏上的应用、再利用技术在混凝土护栏上的应用、混凝土护栏裂纹、混凝土护栏耐候性等。

本书可供从事道路设计、管理养护的科研人员及工程技术人员使用，也可作为高等院校相关专业师生的参考用书。

图书在版编目(CIP)数据

公路混凝土护栏安全应用技术 / 赛志毅，王昊，闫书明编著. — 北京 ：人民交通出版社股份有限公司，2023.11

ISBN 978-7-114-18886-2

Ⅰ.①公… Ⅱ.①赛… ②王… ③闫… Ⅲ.①公路—防护—栏杆—产品安全性能—中国 Ⅳ.①U417.1

中国国家版本馆 CIP 数据核字(2023)第 129210 号

Gonglu Hunningtu Hulan Anquan Yingyong Jishu

书　　名：公路混凝土护栏安全应用技术
著 作 者：赛志毅　王　昊　闫书明
责任编辑：张江成　李　娜
责任校对：孙国靖　刘　璇
责任印制：张　凯
出版发行：人民交通出版社股份有限公司
地　　址：(100011)北京市朝阳区安定门外外馆斜街 3 号
网　　址：http://www.ccpcl.com.cn
销售电话：(010)59757973
总 经 销：人民交通出版社股份有限公司发行部
经　　销：各地新华书店
印　　刷：北京虎彩文化传播有限公司
开　　本：787 × 1092　1/16
印　　张：13.875
字　　数：329 千
版　　次：2023 年 11 月　第 1 版
印　　次：2023 年 11 月　第 1 次印刷
书　　号：ISBN 978-7-114-18886-2
定　　价：70.00 元
(有印刷、装订质量问题的图书，由本公司负责调换)

本书编委会

主　　编：赛志毅　王　昊　闫书明

副 主 编：郭　洪　朱振祥　李昌辉

编　　写：刘　航　亢寒晶　段美栋　王　琳　龚　帅
许思思　邓　宝　梁美君　杨福宇　李　彬
王　新　尉　超　马　晴　张军华　刘思源
庞学冬　胡学成　谢于刚　龚趁心　蒋　洁
蒋艺航　闫　晨　高真岩　郑　妍　孙建华
宋士平　王　刚　贾　敬　卢旭东　卢则里
张　辉　孙岩平　纪延安　冯洪波　庞　静
殷繁文　李汇春　李　浩　庞世华　马先坤
朱　郑　刘胜松　马银强　耿雪飞　刘彦涛
闫飞龙　董振伟　刘　鑫　赵　凯　薛立洲
王　冻　杨　杰　潘　涛　刘　超　张德强
孙世栋　张　伟　秦文彬　孟晓龙　王　亮
孙运通　杨　景　张志浩　段文静　赵浩泽

审　　定：陈冠雄　周荣贵　陈　峻

编写单位：山东高速股份有限公司
北京华路安交通科技有限公司

前 言

混凝土护栏属于刚性护栏，车辆碰撞后几乎不变形，让人从感性认识上会觉得其较容易对碰撞车辆造成严重伤害，在一定程度上限制了这种护栏在公路上的广泛应用。通过多年的实践应用，混凝土护栏的安全优越性逐渐显现出来。2017 年交通运输部颁布的《公路交通安全设施设计规范》(JTG D81—2017)和《公路交通安全设施设计细则》(JTG/T D81—2017)对混凝土护栏的设计和应用进行了规定和推荐，特别规定在大型车辆所占比较大的路段，除位于冬季风雪较大的地区外，中央分隔带宜采用混凝土护栏，这说明人们逐渐接受了混凝土护栏这种结构。随着人们对于混凝土护栏的认同程度提升，混凝土护栏在公路上的应用也越来越广泛，了解混凝土护栏的安全防护性能和影响其安全防护性能的关键参数对于合理设计和设置混凝土护栏具有重要意义。

公路混凝土护栏的类型较多，设置方式多样，防护机理和关键点也有所不同，若是没有相关研究经验，设计人员较难把控设计要点。山东高速股份有限公司联合北京华路安交通科技有限公司开展研究并编写了《公路混凝土护栏安全应用技术》专著，期待能够对公路混凝土护栏的合理设计与设置提供技术指导和数据支撑。

本书共 11 章。第 1 章分析公路护栏的重要性，并结合对不同形式护栏试验与事故调研，指出混凝土护栏的优越性；第 2 章按不同方法对混凝土护栏进行了分类，同时介绍了混凝土护栏研究中采用的理论计算、仿真模拟、台车试验及实车试验四种技术；第 3 章采用计算机仿真模拟方法根据各种坡面参数对混凝土护栏安全性能的影响进行了系统分析；第 4 章采用计算机仿真模拟的技术手段对各种坡面混凝土护栏高度对安全性能的影响进行了探索分析；第 5 章主要介绍了混凝土护栏的承载能力及其计算方法，并给出了具体算例；第 6 章对典型坡面或基础的混凝土护栏结构及安全防护关键点进行了介绍；第 7 章总结归纳了混凝土护栏景观设计的基本原则、常用的技术手段及整体思路，并给出了混凝土护栏设计的一些具体案例；第 8 章结合公路运营期和改扩建工程期混凝土护栏再利用特殊需求，给出了具体的再利用设计方案；第 9 章针对钢筋混凝土护栏裂纹对结构耐久性和安全性能的影响进行了研究;第 10 章介绍了混凝土护栏的耐候性,并重点对能够有效提高混凝土护栏耐候性的玻璃纤维筋混凝土护栏研究成果进行了介绍;第 11 章是对混凝土护栏的研究展望。

由于编者水平有限,书中疏漏与不当之处在所难免,恳请读者和专家予以指正。

编著者

2023 年 5 月

目　　录

第1章 绪　论

1.1 路侧安全设计

公路交通与人民群众的日常生活和工作密切相关,公路交通安全直接关系到人民群众安居乐业及社会的稳定发展。近几年,公路建设和汽车工业的迅猛发展为实现快速、便捷的交通运输提供了必要的基础设施和载运工具,提高了人们的生活质量,改变了人们的生活方式。随之,公路交通安全管理和保障的不足逐步显现,人们不得不面对公路交通安全和环境问题。据不完全统计,路侧交通事故在公路交通事故中约占30%,在一次死亡3人以上的特大事故中,由于车辆冲出路外坠落和穿越中央分隔带与对向车辆相撞的路侧事故约占重大恶性交通事故的一半,甚至更多。路侧安全的改善与合理设计对于提高公路运营安全的作用举足轻重,应该受到特别重视。

路侧安全改善与合理设计可分成三个层次或阶段:第一层次为主动预防范畴,通过合理地设置和完善标志、标线、轮廓标等设施,尽可能使车辆不偏离正常行驶车道,降低车辆冲出路外的风险;第二层次为路侧净区范畴,当车辆因某种原因一旦冲出路外,应通过边坡、边沟、路侧净区内障碍物处置等技术手段,来降低车辆碰撞路侧坚硬危险物或发生翻车的概率;第三层次为被动防护范畴,侵入路侧的车辆一旦不可避免地发生碰撞事故或坠车事故,应采取有效的安全防护技术,来尽可能降低事故的严重后果。表1-1为路侧安全三层次及典型工程技术对策,表中技术对策并不是孤立存在的,需针对具体情况,采取综合处置的方法,以达到最佳的应用效果。

路侧安全三层次及典型工程技术对策　　表1-1

阶段	对策
Ⅰ主动预防	(1)合理设置交通标志,加强对路侧危险路段的提示与警告作用; (2)合理设置路面交通标线,如减速标线、振动标线,提醒越界车辆; (3)合理设置轮廓标,提示公路轮廓与边界; (4)合理设置线形诱导标,提示不利曲线线形; (5)合理设置照明设施; (6)路侧保证视距充足; (7)设置路肩或路中振动带,对驾驶员及时振动提醒; (8)设置强制物理减速设施,如减速丘; (9)改善路侧植被与景观设计,营造和谐宜人路侧环境,形成利于行车安全的视觉效果; (10)改善路线设计,确保前后线形一致性,避免超出驾驶员预期线形的频繁、突然出现; (11)改善不利的几何线形条件,如截弯曲直,增大曲线半径,设置合理超高,改进缓和曲线,消除长直线接小半径曲线的不利线形组合

续上表

阶段	对策
Ⅱ路侧净区	(1)提供充分的路侧净区宽度,消除净区内潜在危险物; (2)对路侧净区进行良好维护,定期修剪植被,及时清理碎石、瓦砾等堆积物等; (3)放缓路基边坡; (4)消除路面与路肩间的边坎; (5)避免路缘石的不合理使用; (6)设计宽、浅排水边沟,在满足排水的条件下,确保行车安全; (7)对边沟采取可穿越式设计,上方铺设盖板为常见方式; (8)改进横向排水设施,如涵洞的设计,设置与路面或坡面齐平的箅子; (9)妥善处置行道树,将其砍伐或移植至更远处; (10)公用设施杆柱的处置方法主要有增加横向距离,增加杆柱纵向间距,多种缆线联合使用以减少杆柱数量,缆线埋入地下等; (11)将标志、信号设置在距离车道更远的地方; (12)将标志、信号、公用设施杆柱等设置在被撞击概率低的位置,如曲线内侧
Ⅲ被动防护	(1)设置满足防护等级要求的护栏; (2)对现有不满足防护要求的护栏进行升级改造; (3)护栏端头合理设计; (4)护栏过渡段合理设计; (5)出口三角区、中央分隔带护栏端部等处设置缓冲效能设施; (6)采用可解体的杆柱设施; (7)必要位置设置避险车道

路侧事故主动预防技术主要通过设置轮廓标、标志等设施,主动告知公路路线走向和沿线构造物、行车隐患路段、小型平面交叉等的分布等,如图1-1所示。

图1-1　路侧事故主动预防技术实例

路侧净区是指位于行车道外侧边缘与路权限界范围内的区域。该区域不应存在能导致碰撞伤害的坚硬危险物,驶出路外的车辆在该区域内不会发生倾覆,行驶在净区内的车辆能够得到有效控制,并且通常能够再次安全地返回行车道。设计人员通常可通过硬化路肩、放缓路基边坡、设置可逾越的排水设施、消除紧邻路侧范围内的危险物等技术手段来尽可能提供充足的路侧净区,如图1-2所示。

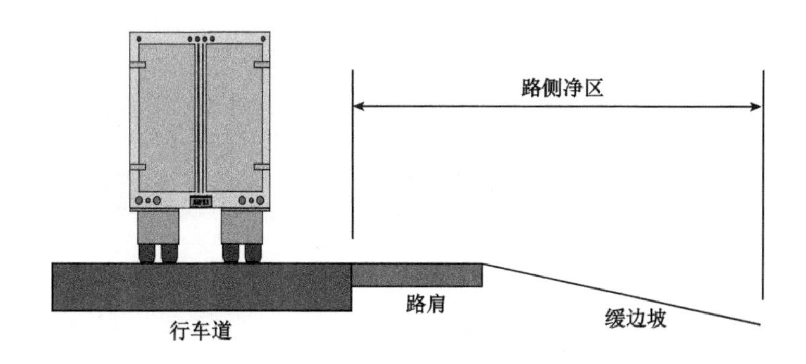

图1-2 路侧净区范围

被动防护是指通过设置防护设施来降低事故车辆冲出路外或冲入对向车道的事故概率和事故严重程度,公路护栏则是一种重要的被动防护设施。

1.2 公路护栏的重要性

公路护栏设置在公路两侧及中央分隔带位置,呈线状布设,是一种重要的被动防护设施,其主要作用是降低事故车辆冲出路外或对向车道的概率,是事故车辆在公路上的最后一道防线,可以有效降低事故死伤率,对公路的安全运营至关重要,还会间接提升公路的通行能力和公路的运营效益。需要说明的是,公路护栏本身就是一种障碍物,对于路侧净区宽度能够满足车辆驶回的位置,设置公路护栏反而较不设置护栏可能会导致更严重的事故后果。对于位于路侧净区宽度范围内的各类障碍物,宜按下列顺序进行处理:去除路侧净区宽度范围内的障碍物;重新设计障碍物,使障碍物不构成危害;将障碍物移至不易被驶出路外的车辆碰撞的位置;采取措施减少事故伤害,如采用解体消能结构等;在以上措施不能实施而导致驶出路外车辆产生的事故严重程度高于碰撞护栏的严重程度时,考虑设置护栏。以应用在路基和桥梁路段的两种早期建设的公路护栏为例,通过其事故形态和升级改造情况,说明公路护栏的重要作用。

对于路基段,以早期建设的高速公路所广泛应用的双波形梁护栏为例,车辆碰撞后的事故形态多样,包括拦截后车辆顺利驶出护栏、车辆横转、车辆掉头、车辆侧翻、车辆穿越等多种方式,如图1-3所示。当护栏能够拦截导正车辆时,可以对驾乘人员形成良好保护。当护栏防护能力不足时,车辆碰撞护栏后易穿越中央分隔带或路侧,往往易造成伤亡事故,特别是事故车辆中若包括大型客车,很容易形成群死群伤的恶性事故。

c) 大型货车碰撞波形梁护栏事故形态举例

图 1-3 车辆碰撞路基波形梁护栏事故

对于桥梁路段，以早期建设的高速公路所广泛应用的桥梁组合式护栏为例。这种桥梁护栏结构总高度在1m左右，其特点为上部是由铸钢立柱和圆管横梁组成的钢结构，下部为新泽西坡面的钢筋混凝土结构，其防护等级最高可以达到《高速公路交通安全设施设计及施工技术规范》(JTJ 074—94)中规定的PL_2或PL_3级，可抵抗的最高碰撞能量为232kJ。近年来，车辆碰撞护栏后翻下桥梁而引发的恶性交通事故时有发生，多与这种桥梁护栏有关。这种桥梁护栏的设计防护能量为232kJ，防护能力不高的主要原因为：下部混凝土结构刚度较大，上部钢结构刚度较弱，上下刚度相差较大，不能达到很好的刚度匹配效果；上部钢结构中的立柱相对于横梁刚度较大，同时其距离护栏横梁迎撞面较近，车辆碰撞后容易在立柱位置产生严重的绊阻，护栏对车辆的导向功能受到严重影响。由于桥梁一般处于高位，车辆穿越后往往会产生严重变形甚至解体，容易产生群死群伤的恶性事故，严重影响公路的运营安全，如图1-4所示。2004年5月12日，浙江省乍嘉苏高速公路嘉兴出口处，一辆载有31人的大型客车在没有超载也没有超速的情况下，撞到匝道桥的组合式混凝土护栏上，撞坏10m长一段钢管横梁而坠落桥下，造成23人死亡、10人受伤的惨重损失；2007年4月23日8时25分，一辆从重庆渝北区开往北碚区的大型客车在一座名为长生桥的公路桥上翻越桥梁护栏，造成24人死亡、7人受伤，其中5人为危重伤；2012年6月20日凌晨1时50分许，一辆双层卧铺客车行经福建省宁德市霞浦县境内沈海高速公路牙城段陇头高架桥时侧翻坠入桥下50余米的深谷，造成死亡17人、重伤3人的严重后果。

a)坠桥后的车辆情况

b)桥梁组合式护栏破坏情况

图1-4　车辆碰撞桥梁组合式护栏事故

设置安全可靠的公路护栏可有效降低事故严重程度，提高道路的安全运营水平和通行能力。公路护栏的安全防护能力应与交通流特性相适应。早期的双波形梁护栏和桥梁组合式护栏按《高速公路交通安全设施设计及施工技术规范》(JTJ 074—94)进行建造。由于早期高速公路的交通量较小,运行车辆的车型比较单一,同时车辆的行驶速度较低,早期建造的这两种护栏均起到了良好的安全防护作用,说明这两种护栏适应当时的交通流特性。而随着交通流量的逐年增加、车型的多样化和大型化、车辆运行速度的不断提升,车辆穿越波形梁护栏和翻越桥梁组合式护栏的事故也逐渐增加,说明早期建造的这两种护栏已与不断变化的交通流特性不相适应。为提高公路的安全运营水平,山东高速股份有限公司和北京华路安交通科技有限公司针对早期建造的路基波形梁护栏和桥梁组合式护栏进行了安全提升系统研究,并对部分路段的这两种护栏进行了升级改造,如图 1-5 所示。通过近两年的数据统计发现,护栏升级改造的路段事故死亡率大幅度下降,同时由于事故严重程度大幅度降低,道路的通行能力得到了大大增强,道路运营的经济效益得到了较大提升。

a)路基波形梁护栏升级改造为双层双波护栏

b)桥梁组合式护栏升级改造为混凝土护栏

图 1-5 某高速公路改造升级的护栏应用

高速公路护栏升级改造带来的社会效益和间接经济效益引起了交通行业的重视,为了将先进科技成果更好地推广应用,2017 年中国公路学会批准立项《高速公路护栏改造技术指南》(T/CHTS 10030—2021),山东高速股份有限公司和北京华路安交通科技有限公司负责编制,编制过程如图 1-6 所示。

中国公路学会文件

公学字〔2017〕114号

关于发布2017年中国公路学会标准（第二批）
编制计划的通知

各有关单位：

根据《中国公路学会标准管理办法（暂行）》，经符合性审查、立项评审及大纲审查等环节，有以下20项标准（名单见附件）达到了中国公路学会标准立项要求，正式列入我会2017年第二批标准编制计划。

a)标准立项

中国公路学会2017年标准（综合组）大纲审查会在京召开

2017-10-09 09:29 科学

b)大纲评审

中国公路学会

中国公路学会关于征求
《高速公路护栏改造技术指南》（征求意见稿）意见的函

各有关单位及专家：

根据中国公路学会标准制修订计划，由山东高速股份有限公司主编的中国公路学会标准《高速公路护栏改造技术指南》已形成征求意见稿（附件1）。按照《中国公路学会标准管理办法（试行）》及《中国公路学会标准制修订管理导则（试行）》要求，现面向社会公开征求意见。请各单位和个人积极响应，自愿反馈。

《意见反馈表》（附件2）需于4月6日前反馈至联系人，逾期未复函，将按照无异议处理。对于提出意见质量高的单

c)征求意见

中国公路学会

中国公路学会关于召开
《高速公路护栏改造技术指南》
送审稿审查会的通知

各有关单位：

根据中国公路学会标准制定程序及管理要求，定于近期组织召开《高速公路护栏改造技术指南》送审稿审查会，现就有关事项通知如下：

一、会议时间：2020年5月27-28日（9:00开始，会期2天）

二、会议方式：视频会议

d)专家审查

图1-6 《高速公路护栏改造技术指南》的编制过程

1.3 公路护栏的防护等级

公路护栏的防护等级是指按照设计防护能量对公路护栏安全性能划分的等级，设计防护能量是指护栏能够安全防护的车辆最大碰撞能量。根据2013年交通运输部颁布的《公路护栏安全性能评价标准》（JTG B05-01—2013）的规定，公路护栏防护等级按设计防护能量的大小划分为八级，见表1-2。

公路护栏防护等级 表1-2

防护等级	一	二	三	四	五	六	七	八
代码	C	B	A	SB	SA	SS	HB	HA
设计防护能量（kJ）	40	70	160	280	400	520	640	760

对于路基路侧护栏，按照《公路交通安全设施设计规范》（JTG D81—2017）的规定，根据高、中、低三个等级事故严重程度，按表1-3的规定设置路侧护栏并选取路侧护栏的防护等级。同时规定存在下列有可能增加事故严重程度或后果的路段，路侧护栏的防护等级宜在表1-3的基础上提高1个等级：二级及二级以上公路纵坡等于或接近于《公路工程技术标准》（JTG B01—2014）规定的最大纵坡值的下坡路段；二级及二级以上公路圆曲线半径等于或接近于《公路工程技术标准》（JTG B01—2014）规定的最小半径的路段外侧；总质量大于或等于25t的货车运行速度比设计速度高20km/h及以上时；设计交通量中，总质量大于或等于25t的车辆自然数所占比例大于20%时。对于年平均日设计交通量（AADT）小于2000辆小客车且设计速度小于或等于60km/h的公路，宜进行交通安全及经济综合分析，确定是否设置护栏及护栏的防护等级。

路侧护栏设置原则及防护等级选取条件 表1-3

事故严重程度及护栏设置原则	路侧计算净区宽度范围内有以下情况	公路技术等级	设计速度（km/h）	防护等级（代码）
高，必须设置	高速铁路、高速公路、高压输电线塔、危险品储藏仓库等设施	高速公路	120	六（SS）级
		高速、一级公路	100、80	五（SA）级
		一级公路	60	四（SB）级
		二级公路	80、60	四（SB）级
		三级公路	40	三（A）级
		三、四级公路	30、20	二（B）级
中，应设置	（1）二级及二级以上公路边坡坡度和路堤高度在图1-7的Ⅰ区、Ⅱ区阴影范围之内的路段，三、四级公路路侧有深度30m以上的悬崖、深谷、深沟等的路段； （2）江、河、湖、海、沼泽等水深1.5m以上水域； （3）Ⅰ级铁路、一级公路等； （4）高速公路、一级公路路外设有车辆不能安全越过的照明灯、摄像机、交通标志、声屏障、上跨桥梁的桥墩或桥台、隧道入口处的检修道或洞口等设施	高速、一级公路	120、100、80	四（SB）级
		一级公路	60	三（A）级
		二级公路	80、60	三（A）级
		三、四级公路	40、30、20	一（C）级
低，宜设置	（1）二级及二级以上公路边坡坡度和路堤高度在图1-7的Ⅲ区阴影范围之内的路段，三、四级公路边坡坡度和路堤高度在图1-7的Ⅰ区阴影范围之内的路段； （2）二级及二级以上公路路侧边沟无盖板、车辆无法安全越过的挖方路段； （3）高出路面或开挖的边坡坡面有30cm以上的混凝土砌体或大孤石等障碍物； （4）出口匝道的三角地带有障碍物	高速、一级公路	120、100、80、60	三（A）级
		二级公路	80、60	二（B）级
		三、四级公路	40、30、20	一（C）级

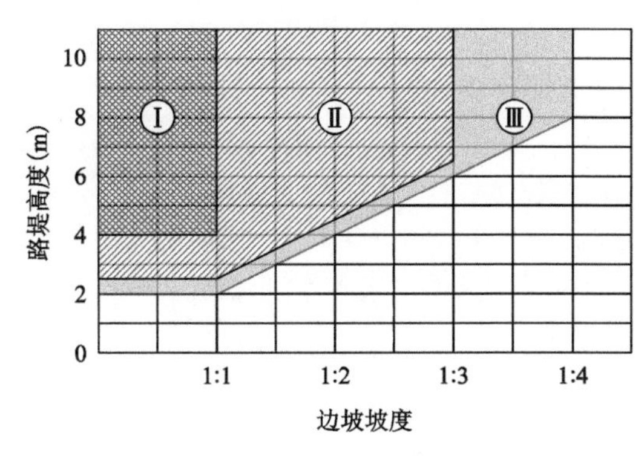

图1-7 边坡坡度、路堤高度与设置护栏的关系

对于路基中央分隔带护栏，按照《公路交通安全设施设计规范》(JTG D81—2017)规定进行防护等级的选取：高速公路和作为干线的一级公路，整体式断面中间带宽度不满足计算净区宽度要求，或者计算净区宽度范围内有障碍物时，必须设置中央分隔带护栏；根据中央分隔带的条件，事故严重程度可分为三个等级(高、中、低)，应按表1-4的规定设置中央分隔带护栏并选取中央分隔带护栏的防护等级；作为集散的一级公路，整体式断面中间带宽度不满足计算净区宽度要求，或者计算净区宽度范围内有障碍物时，必须设置隔离设施，根据交通安全综合分析结果及总质量大于或等于25t的车辆比例，可考虑是否设置中央分隔带护栏，事故严重程度等级按高、中、低选取；二级公路设置超车道的路段，可根据驶入对向车道事故的风险及经济分析，确定是否设置中央分隔带护栏或隔离设施，事故严重程度等级按高、中、低规定选取。《公路交通安全设施设计规范》(JTG D81—2017)规定存在下列情况时，中央分隔带护栏的防护等级宜在表1-4的基础上提高1个等级：二级及二级以上公路纵坡等于或接近于《公路工程技术标准》(JTG B01—2014)规定的最大纵坡值的下坡路段；二级及二级以上公路右转圆曲线半径等于或接近于《公路工程技术标准》(JTG B01—2014)规定的最小半径的路段；总质量大于或等于25t的货车运行速度比设计速度高20km/h及以上时；设计交通量中，总质量大于或等于25t的车辆自然数所占比例大于20%时。

中央分隔带护栏设置原则及防护等级选取条件 表1-4

事故严重程度等级	中央分隔带条件	公路技术等级	设计速度(km/h)	防护等级(代码)
高	中央分隔带采用整体式护栏形式	高速公路	120	六(SSm)
		高速公路、一级公路	100、80	五(SAm)
		一级公路	60	四(SBm)
中	双向八车道及以上高速公路、一级公路，同时满足以下两个条件： (1)中央分隔带宽度小于或等于2m，且未设置左侧硬路肩； (2)中央分隔带内设有车辆不能安全穿越的障碍物的路段	高速公路	120、100、80	四(SBm)

续上表

<table>
<tr><th>事故严重程度等级</th><th>中央分隔带条件</th><th>公路技术等级</th><th>设计速度
(km/h)</th><th>防护等级
(代码)</th></tr>
<tr><td rowspan="2">中</td><td rowspan="2">双向六车道及以上一级公路、二级公路,同时满足以下两个条件:
(1)中央分隔带宽度小于或等于2m;
(2)中央分隔带内设有车辆不能安全穿越的障碍物的路段</td><td>一级公路</td><td>60</td><td rowspan="2">三(Am)</td></tr>
<tr><td>二级公路</td><td>80、60</td></tr>
<tr><td rowspan="3">低</td><td rowspan="3">不符合上述条件的其他路段</td><td>高速公路</td><td>120、100、80</td><td rowspan="2">三(Am)</td></tr>
<tr><td>一级公路</td><td>100、80、60</td></tr>
<tr><td>二级公路</td><td>80、60</td><td>二(Bm)</td></tr>
</table>

注:1. 障碍物是指照明灯、摄像机、交通标志、上跨桥梁的桥墩等设施。
2. 括号内为护栏防护等级的代码。

对于桥梁护栏,按照《公路交通安全设施设计规范》(JTG D81—2017)规定,根据车辆驶出桥外或进入对向行车道可能造成的事故严重程度进行防护等级的选取,见表1-5;二级及二级以上公路小桥、通道、明涵的护栏防护等级宜与相邻的路基护栏相同;公路桥梁采用整体式上部结构时,中央分隔带护栏的防护等级可按路基护栏的条件来确定;跨越大型饮用水水源一级保护区和高速铁路的桥梁以及特大悬索桥、斜拉桥等缆索承重桥梁,防护等级宜采用八(HA)级。同时存在下列情况时,经综合论证,护栏的防护等级可在表1-5的基础上提高1个或以上等级:位于连续长下坡路段;右转平曲线半径接近或等于《公路工程技术标准》(JTG B01—2014)规定的最小半径值的路段(中央分隔带护栏);左转平曲线半径接近或等于最小半径值的路段外侧(路侧护栏);总质量超过25t的货车运行速度比设计速度高20km/h以上时;桥梁高度在30m及以上时;设计交通量中,总质量超过25t的车辆自然数所占比例大于20%时。

桥梁护栏防护等级的选取 表1-5

<table>
<tr><th rowspan="2">公路等级</th><th rowspan="2">设计速度
(km/h)</th><th colspan="2">车辆驶出桥外或进入对向车行道的事故严重程度等级</th></tr>
<tr><th>高:跨越公路、铁路或城市饮用水水源一级保护区等路段的桥梁</th><th>中:其他桥梁</th></tr>
<tr><td rowspan="2">高速公路</td><td>120</td><td>六(SS、SSm)级</td><td>五(SA、SAm)级</td></tr>
<tr><td>100、80</td><td>五(SA、SAm)级</td><td>四(SB、SBm)级</td></tr>
<tr><td>一级公路</td><td>60</td><td>四(SB、SBm)级</td><td>三(A、Am)级</td></tr>
<tr><td>二级公路</td><td>80、60</td><td>四(SB)级</td><td>三(A)级</td></tr>
<tr><td>三级公路</td><td>40、30</td><td rowspan="2">三(A)级</td><td rowspan="2">二(B)级</td></tr>
<tr><td>四级公路</td><td>20</td></tr>
</table>

注:括号内为护栏防护等级的代码。

1.4　公路护栏的安全性能指标

公路护栏的安全性能通过车辆碰撞公路护栏的表征来体现，主要包括公路护栏对车辆的阻挡功能、缓冲功能和导向功能。《公路护栏安全性能评价标准》（JTG B05-01—2013）中对公路护栏的安全性能指标进行了详细规定。

关于阻挡功能，第一条要求是公路护栏应能够阻挡车辆穿越、翻越和骑跨；第二条要求是试验护栏构件及脱离件不得侵入车辆乘员舱。对于第一条主要着眼于对车辆的拦截；对于第二条主要着眼于对车辆乘员的保护，这是由于车辆碰撞公路护栏过程中，若有公路护栏构件及脱离件侵入乘员舱，将严重威胁车内乘员的安全。图1-8所示为阻挡功能不满足要求示例。

a)穿越

b)翻越

c)骑跨

d)侵入乘员舱

图1-8　阻挡功能不满足要求示例

关于缓冲功能，第一条要求是车辆碰撞公路护栏乘员碰撞速度的纵向与横向分量均不得大于12m/s，第二条要求是乘员碰撞后加速度的纵向与横向分量均不得大于200m/s^2。我国对于乘员风险评价研究的经验较少，《公路护栏安全性能评价标准》（JTG B05-01—2013）对于缓冲指标的编制主要借鉴了美国、日本、欧盟的最新相关标准和研究成果。对于评价指标的确定，美国《安全设施手册》（*Manual for Assessing Safety Hardware*，*MASH*）和欧盟《道路防护系统》（EN 1317）均基于图1-9所示的连枷空间模型（Flail Space Model）评价公路护栏缓冲功能。连枷空间模型通过三个特征时刻，将小客车碰撞公路护栏过程中不被约束的假想的乘员头部运动状态分为两个阶段：在第一阶段，车辆碰撞公路护栏后减速，而假想的乘员头部由于惯性保持向前运动的状态，与乘员舱产生相对速度与相对位移，直至与乘员舱内部碰撞；在第二阶段，假想的乘员头部与乘员舱内部碰撞后，其运动状态即速度和加速度与车辆完全同步。对于评价指标限值的确定，欧盟《道路防护系统》（EN 1317）和美国*MASH*采用的评价指标限值大致相同，该值是基于志愿者、动物及假人的碰撞试验和事故统计等大量的关于人体耐冲击特性的研究得到的。

关于导向功能也有两条要求：第一条要求车辆碰撞后不得翻车，该条着眼于对车辆的保护；第二条要求车辆驶出驶离点后的轮迹经过图1-10所示的导向驶出框时不得越出直线F，该条要求着眼于事故车辆对相邻车道正常行驶车辆的影响。参数A和B的取值应符合表1-6的规定。

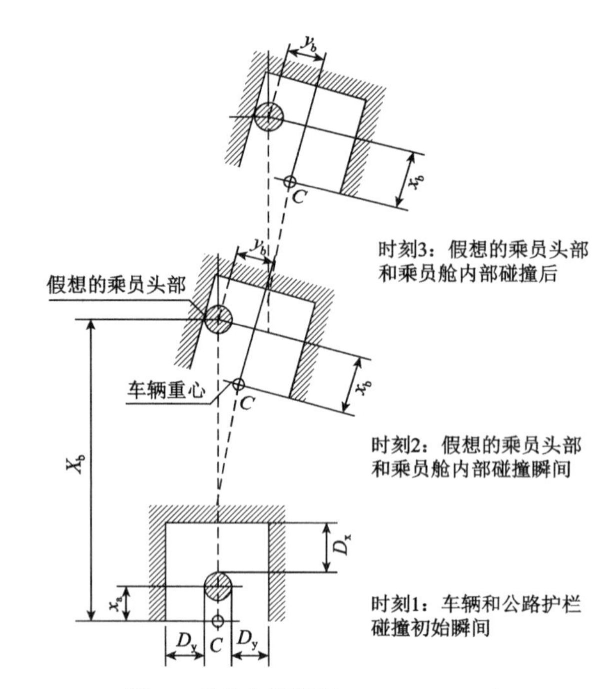

图 1-9　连枷空间模型(Flail Space Model)

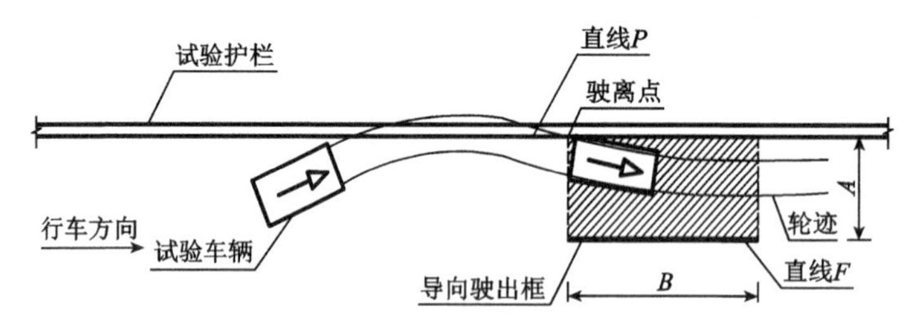

图 1-10　车辆轨迹导向驶出框

注:直线 P 为试验护栏碰撞前迎撞面最内边缘的地面投影线;直线 F 与直线 P 平行且间距为 A;直线 F 的起点位于驶离点在直线 F 上的投影点,长度为 B。

参数 A 和 B 的取值(单位:m)　　表 1-6

碰撞车型	A	B
小客车	$2.2 + V_w + 0.16V_L$	10
大中型客车(包括特大型客车) 大中型货车	$4.4 + V_w + 0.16V_L$	20

注:V_w-车辆总宽(m);V_L-车辆总长(m)。

公路护栏的阻挡功能、缓冲功能、导向功能满足要求,即说明其达到了某个防护等级,对于公路护栏的合理设置不但要考虑防护等级,还要考虑护栏变形指标和车辆的侧倾指标。考虑护栏变形指标和车辆侧倾指标的原因是相同防护等级的护栏形式具有不同的防护特性,虽然通过测试能够拦截设计防护能量以下的车辆,但是有可能由于护栏变形或车辆侧倾碰撞护栏后面的构筑物,因此需要记录护栏变形或车辆侧倾值,为合理化设计提供数据支撑。在《公路护

栏安全性能评价标准》(JTG B05-01—2013)中需要记录的护栏变形和车辆侧倾指标包括：护栏最大横向动态变形值 D，是指车辆碰撞护栏过程中，护栏变形后迎撞面相对于初始位置的最大横向水平位移；护栏最大横向动态位移外延值 W，是指护栏变形后最外边缘相对于护栏碰撞前最内边缘的最大横向水平距离；车辆最大动态外倾值Ⅵ，是指大中型车辆(包括特大型客车)碰撞护栏过程中外倾时，车辆最外边缘相对于护栏碰撞前最内边缘的最大横向水平距离。护栏最大横向动态变形值 D、护栏最大横向动态位移外延值 W、车辆最大动态外倾值 VI 如图 1-11 所示。

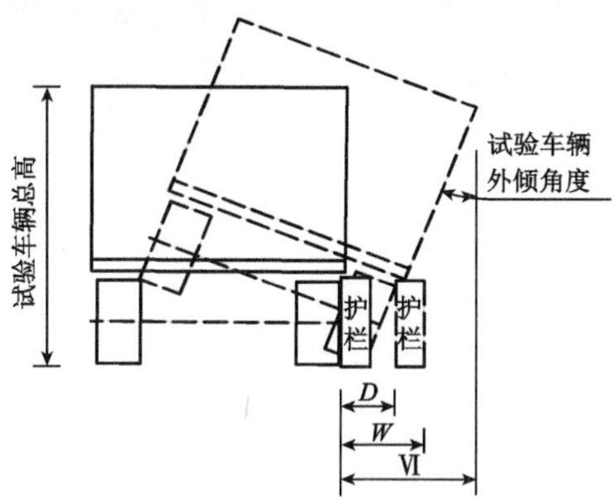

图 1-11　护栏最大横向动态变形值 D、护栏最大横向动态位移外延值 W、车辆最大动态外倾值 VI

车辆碰撞公路护栏外倾时，车辆总高越高，车辆最大动态外倾值越大，应采用道路行驶车辆的车辆总高最大值，根据车辆外倾角度对实车足尺碰撞试验测试的车辆最大动态外倾值进行换算，得出车辆最大动态外倾当量值，作为公路护栏设计选型时的参考。根据《中华人民共和国道路交通安全法实施条例》的规定，各种道路行驶车辆的限高最大值为4.2m，因此车辆最大动态外倾当量值计算时采用的道路行驶车辆总高为4.2m。

$$\mathrm{VI}_{n} = \mathrm{VI} + (4.2 - V_{H})\sin\alpha \tag{1-1}$$

式中：VI_{n}——大中型车辆(包括特大型客车)的车辆最大动态外倾当量值(m)；

VI——实车足尺碰撞试验测出的车辆最大动态外倾值(m)；

V_{H}——试验车辆总高(m)；

α——试验车辆外倾角度(°)。

1.5　混凝土护栏的优越性

根据碰撞后的变形程度，常用的公路护栏分为柔性护栏、半刚性护栏和刚性护栏。缆索护栏是柔性护栏的主要代表形式，由端部结构、中间端部结构、中间立柱、托架、缆索和索端锚具等组成，车辆碰撞时主要依靠缆索的拉应力来抵抗车辆的碰撞荷载、吸收碰撞能量，是一种具有较大缓冲能力的韧性护栏结构；波形梁护栏是半刚性护栏的主要代表形式，由波纹状钢板、立柱、防阻块等组成，是一种连续的梁柱式护栏结构，具有一定的强度和刚度，车辆碰撞时利用土基和结构构件变形来吸收碰撞能量，并迫使碰撞车辆改变方向；混凝土护栏是刚性护栏的主要代表形式，一般由钢筋和混凝土现浇或预制制作，是一种基本不变形的护栏结构，主要通过坡面使车辆爬升(或倾斜)并利用刚度使车辆转向来吸收碰撞能量，从而达到有效保护乘员的效果。图 1-12 为三种类型公路护栏的示意照片及车辆碰撞状态。

a) 160kJ能量碰撞缆索护栏

b) 160kJ能量碰撞波形梁护栏

c) 520kJ能量碰撞混凝土护栏

图 1-12　三种类型公路护栏示意照片及车辆碰撞状态

相对于柔性护栏和半刚性护栏,刚性护栏对于大型车辆的安全防护能力具有显著的优越性。车辆穿越或翻越缆索护栏和波形梁护栏的事故较多,但鲜有车辆穿越混凝土护栏的事故报道。主要原因是混凝土护栏刚度大且几乎不变形,对大型车辆的阻挡功能和导向功能强,可有效降低大型车辆穿越或翻越的事故概率。图 1-13 为车辆碰撞不同类型公路护栏事故形态。

a) 碰撞缆索护栏

图　1-13

b)碰撞波形梁护栏

c)碰撞混凝土护栏

图 1-13 车辆碰撞不同类型公路护栏事故形态

对于小型车辆的防护,结合碰撞试验和现场调查数据,同样得到混凝土护栏安全性能优于缆索护栏和波形梁护栏的结论:在碰撞试验中,缆索护栏和波形梁护栏容易出现较大变形,小客车车轮很容易在立柱位置绊阻,车辆发生严重破坏,往往会出现横转、掉头现象,严重影响护栏对车辆的导向功能。而混凝土护栏通过坡面使小客车爬升侧倾以增加车辆和护栏之间的碰撞时间,从而减少碰撞力,由于混凝土护栏几乎没有变形,其对小客车形成了良好导向功能,试验车辆碰撞后往往可以继续前行,车况相对较好。在现场调查中发现,小客车碰撞缆索护栏或波形梁护栏后,往往不能继续行驶,而且发现有车轮被卡现象,严重时出现小客车完全解体现象,而小客车碰撞混凝土护栏可记录的事故较少,但是经过观测可知,在混凝土护栏上会有很多黑色车轮痕迹,如图 1-14 所示。每一处痕迹都说明发生了一起事故(含小型车和大型车),而记录不到的原因为事故车辆离开了现场,说明碰撞后车辆受到轻微损伤,不影响车辆运行。

图 1-14 车辆碰撞混凝土护栏痕迹

第2章 混凝土护栏类型与研究技术

2.1 混凝土护栏类型

公路混凝土护栏属于刚性护栏,其划分方式有多种,主要包括按护栏坡面形式、设置位置、基础形式、施工工艺等方式。

当车辆碰撞时公路护栏与车辆的接触面称作迎撞面,公路混凝土护栏的坡面是迎撞面,其几何尺寸是公路混凝土护栏的重要几何特征。《公路交通安全设施设计细则》(JTG/T D81—2017)中给出了几种推荐坡面形式,主要包括F型坡面、单坡型坡面和加强型坡面。按照坡面形式,混凝土护栏可分为F型坡面混凝土护栏、单坡型坡面混凝土护栏、加强型坡面混凝土护栏,如图2-1所示。

a)F型坡面混凝土护栏

b)单坡型坡面混凝土护栏

c)加强型坡面混凝土护栏

图2-1 按坡面形式划分的混凝土护栏示例

按照设置位置,公路混凝土护栏可划分为路基中央分隔带混凝土护栏、路侧混凝土护栏、桥梁混凝土护栏。图2-2为《公路交通安全设施设计细则》(JTG/T D81—2017)给出的相应位置混凝土护栏推荐方式。

按照基础形式,公路混凝土护栏可划分为平摆浮搁式基础混凝土护栏、嵌固式基础混凝土护栏、座椅式基础混凝土护栏、桩基础混凝土护栏、连接筋固结基础混凝土护栏。平摆浮搁式基础混凝土护栏多用于临时防护设施和可移动防护设施,将预制混凝土护栏直接放置在路面上,一般要进行可靠纵向连接,可作为潮汐车道用混凝土护栏、中央分隔带开口可开启移动护栏、施工区临时防护设施。平摆浮搁式基础混凝土护栏碰撞后一般会发生较大变形,防护等级一般也比较低。嵌固式基础混凝土护栏多用于中央分隔带位置,通过将混凝土底部嵌入路面以下一定距离,利用两侧具有一定强度的路面嵌固,使得混凝土护栏具有较高的抗滑移和抗倾覆能力。座椅式基础混凝土护栏一般应用在路侧高挡墙、高路堤上,通过将基础的腿部伸入路面基层中,利用路面基层对基础腿部位移产生的抗力来提高护栏的抗倾覆稳定性。桩基础混

凝土护栏一般应用在高填土路堤路段上，在现浇路侧混凝土护栏前先打入钢管桩，或钻孔插入钢管桩，或开挖埋入钢管桩，通过钢管桩使得混凝土护栏具有一定的抗滑移和抗倾覆能力。连接筋固结基础混凝土护栏主要用在桥梁路段上，在桥梁结构中预埋设置连接筋，现浇混凝土墙体时将连接筋与混凝土结构形成一个整体，通过桥梁结构使混凝土护栏具有抗滑移和抗倾覆能力。图2-3为这几种类型混凝土护栏基础的示例或示意图。

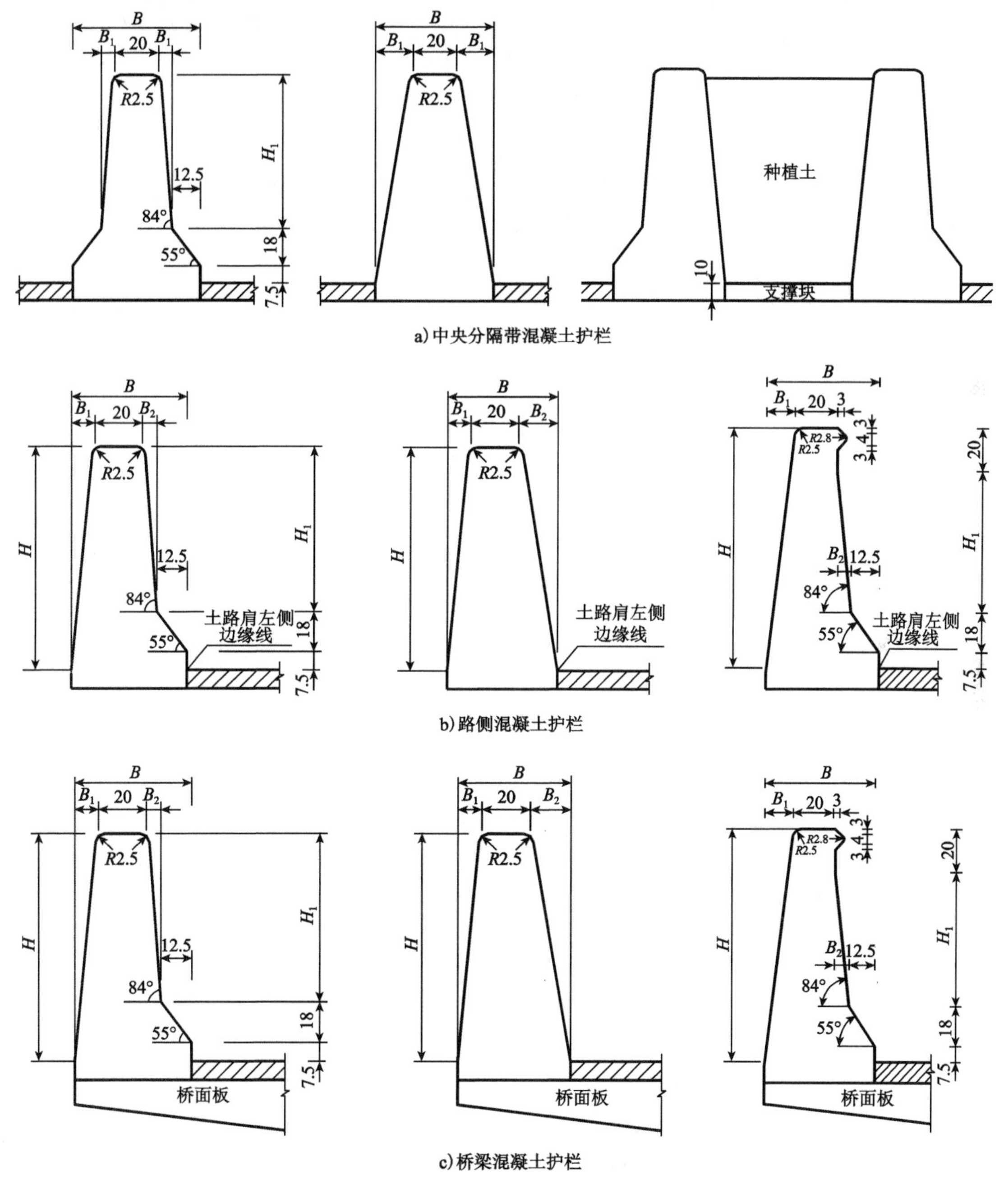

图2-2 按设置位置划分的混凝土护栏示例(尺寸单位:cm)

潮汐车道护栏

中央分隔带开口护栏

施工区临时护栏

a)平摆浮搁式混凝土护栏基础示例

单片式护栏

双片单坡型坡面护栏

双片加强型坡面护栏

b)嵌固式混凝土护栏基础示例

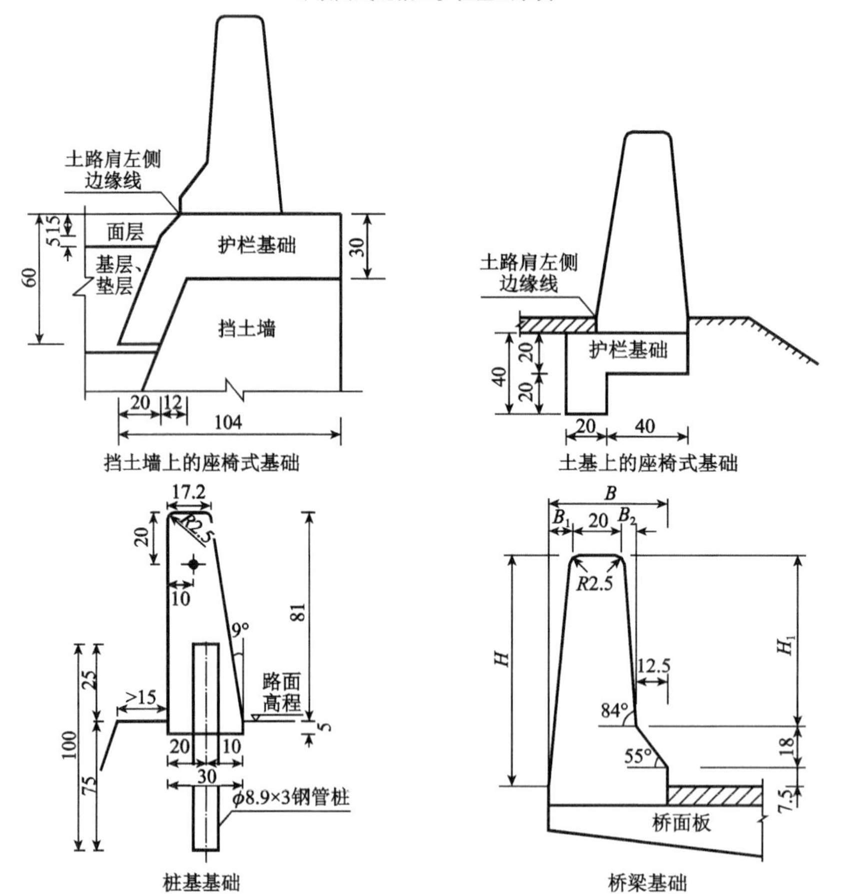

c)其他混凝土护栏基础示意图

图 2-3　混凝土护栏基础示例或示意图(尺寸单位:cm)

根据施工工艺,混凝土护栏可分为现浇混凝土护栏和预制混凝土护栏两种(图2-4)。相对于现浇混凝土护栏,预制混凝土护栏的整体性更应引起大家的注意,预制混凝土护栏的整体性主要受预制块长度和预制块之间连接两方面影响。预制块的长度主要受吊装设备的制约,在曲线路段也受到曲率半径的限制。从增加混凝土护栏整体强度和稳定性的角度考虑,要求预制混凝土护栏的长度尽量长一些,但考虑到浇筑、安装、伸缩缝的要求等,预制块的长度不可能做得太长,在《公路交通安全设施设计细则》(JTG/T D81—2017)中推荐的预制块长度为4~6m,推荐的预制块之间连接方式为纵向企口、纵向连接栓、纵向连接钢筋等(图2-5)。

a)双片式现浇混凝土护栏

b)混凝土护栏预制块

图2-4　双片式现浇混凝土护栏和混凝土护栏预制块

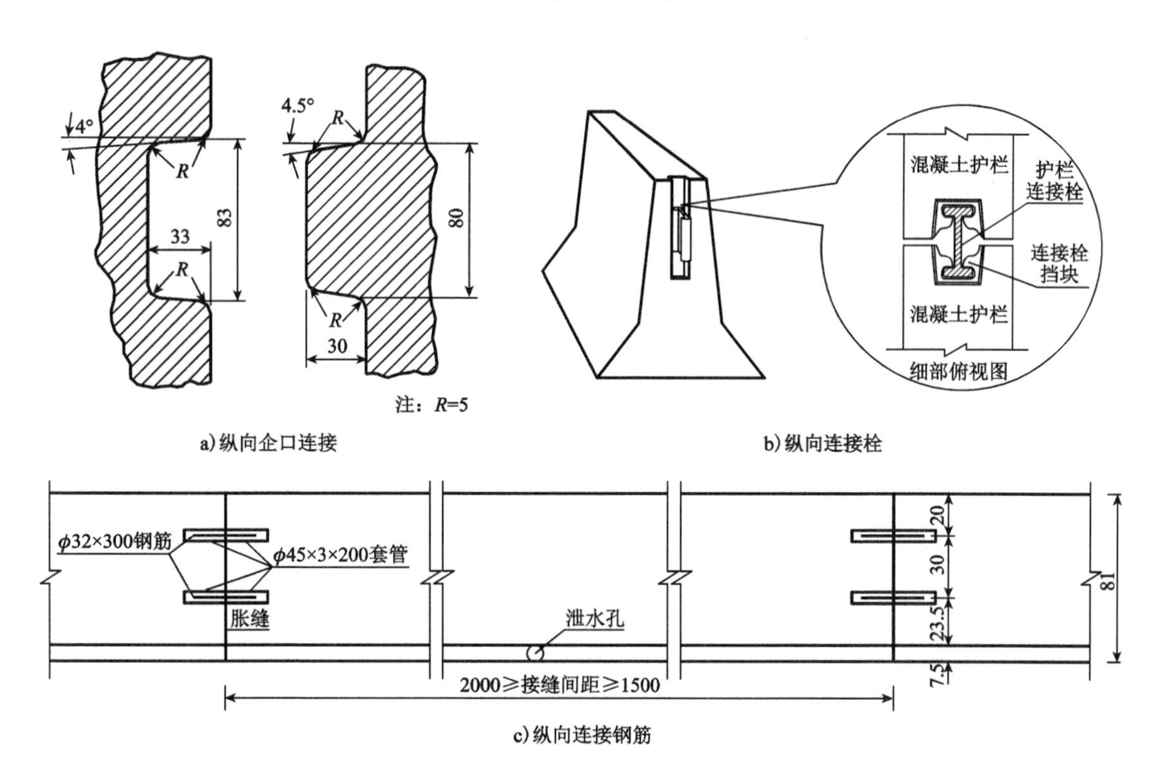

图2-5　预制混凝土护栏几种纵向连接(尺寸单位:mm)

2.2 混凝土护栏研究技术

公路护栏的安全性能主要通过车辆碰撞护栏试验中护栏表现出的阻挡功能、缓冲功能、导向功能等指标来进行评价。为了得到满足安全功能需求的混凝土护栏结构，一般通过理论计算、仿真模拟、试验测试等方法进行研究，其中实车足尺碰撞试验既是研究方法，也是行业标准规定的评价方法。

2.2.1 理论计算

混凝土护栏多采用钢筋混凝土结构。根据受力状态、混凝土材料和钢筋材料的力学性能进行钢筋混凝土结构强度计算，相关内容可参考《混凝土结构设计规范》(GB 50010—2010)。混凝土护栏的理论计算主要为承载力的计算、配筋率的计算。承载能力的计算将在第5章进行详细介绍。

《公路钢筋混凝土及预应力混凝土桥涵设计规范》(JTG 3362—2018)规定纵向受拉钢筋的有效配筋率ρ_{te}按下列公式计算：

(1)矩形、T形和I形截面构件

$$\rho_{te}=\frac{A_s}{A_{te}} \tag{2-1}$$

式中：A_s——受拉区纵向钢筋截面面积：轴心受拉构件取全部纵向钢筋截面面积；受弯、偏心受拉及大偏心受压构件取受拉区纵向钢筋截面面积或受拉较大一侧的钢筋截面面积；

A_{te}——有效受拉混凝土截面面积：轴心受拉构件取构件截面面积；受弯、偏心受拉、偏心受压构件取$2a_sb$，a_s为受拉钢筋重心至受拉区边缘的距离，对矩形截面，b为截面宽度，对翼缘位于受拉区的T形、I形截面，b为受拉区有效翼缘宽度。

(2)圆形截面构件

$$\rho_{te}=\frac{\beta A_s}{\pi(r^2-r_1^2)} \tag{2-2}$$

$$r_1=r-2a_s \tag{2-3}$$

$$\beta=(0.4+2.5\rho)\left[1+0.353\left(\frac{\eta_s e_0}{r}\right)^{-2}\right] \tag{2-4}$$

$$\rho=\frac{A_s}{\pi r^2} \tag{2-5}$$

式中：β——构件纵向受拉钢筋对裂缝贡献的系数；

A_s——全部纵向钢筋截面面积；

r_1——圆形截面半径与单根钢筋中心到构件边缘2倍距离的差值；

r——圆形截面的半径；

a_s——单根钢筋中心到构件边缘的距离；

η_s——轴向压力的正常使用极限状态偏心距增大系数，当$\frac{l_0}{2r}\leqslant 14$时，取$\eta_s=1.0$，$l_0$为构件计算长度；

e_0——构件初始偏心距；

ρ——纵向钢筋配筋率。

2.2.2　仿真模拟

基于有限元方法的计算机仿真分析技术发展迅速，通过合理设置模型，可求解构件静力学的受力状态，也可模拟车辆碰撞护栏这类复杂的动态物理过程，是进行护栏设计优化的有力工具。图2-6为钢筋混凝土护栏仿真模拟分别与台车碰撞试验和实车碰撞试验结果对比，可以看出碰撞后混凝土裂纹及损坏情况仿真模拟与碰撞试验结果基本一致，验证了钢筋混凝土护栏模型的准确性和可靠性。

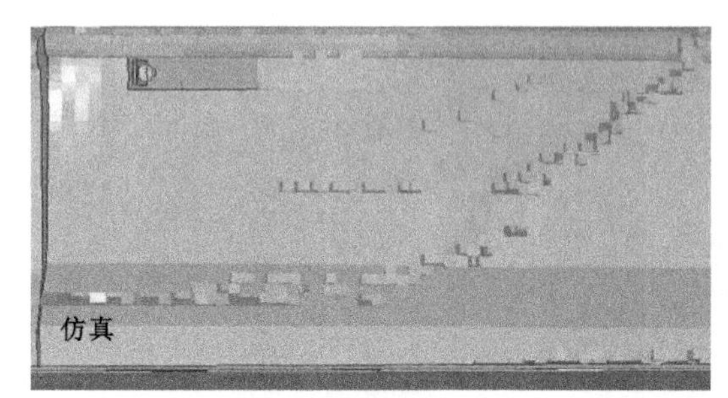

a）台车碰撞试验

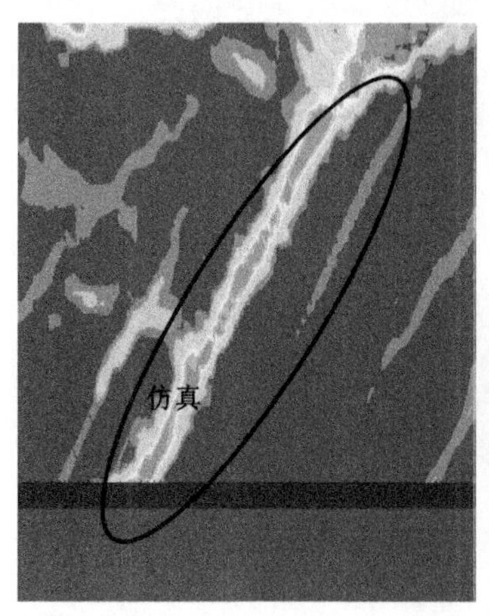

b）实车碰撞试验

图2-6　钢筋混凝土护栏仿真模拟与碰撞试验对比

一些国家尝试将该方法作为护栏安全性能评价的一种手段，我国也在进行这方面的研究，并已形成《公路护栏安全性能仿真评价技术规程》（T/GDHS 001—2020）。该标准对护栏的仿真评价进行了规定，尤其强调了车辆模型的建立和验证。图2-7～图2-9所示为建立的多种车辆模型。

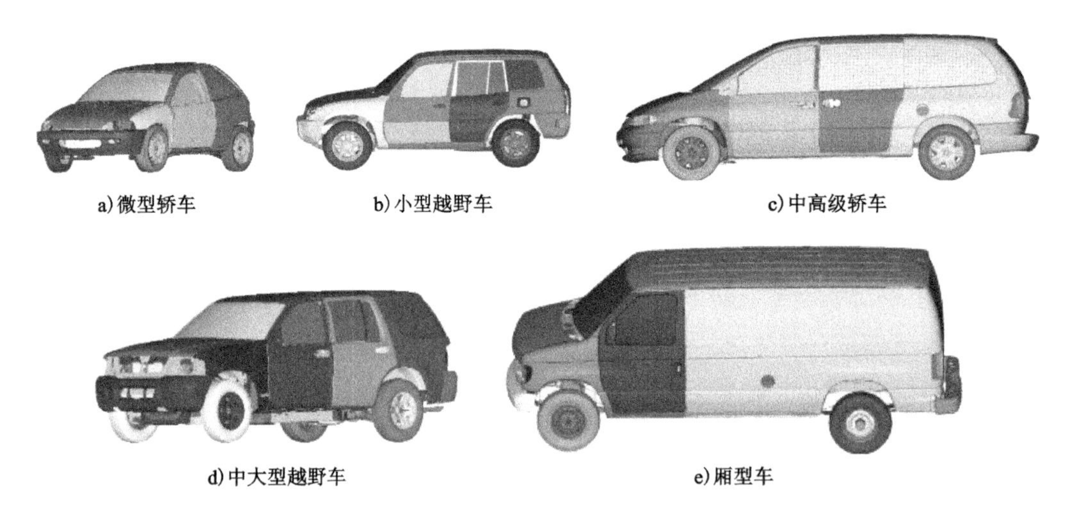

a)微型轿车　b)小型越野车　c)中高级轿车

d)中大型越野车　e)厢型车

图 2-7　不同类型的小客车模型

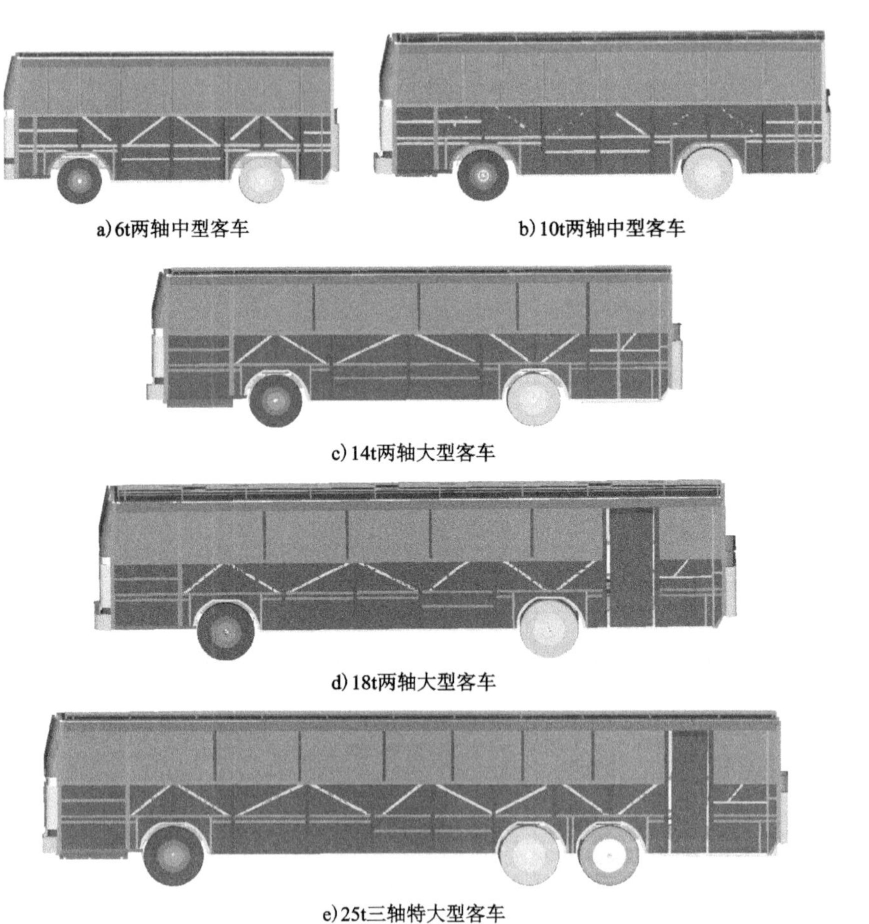

a)6t两轴中型客车　b)10t两轴中型客车

c)14t两轴大型客车

d)18t两轴大型客车

e)25t三轴特大型客车

图 2-8　不同类型的大中型客车模型

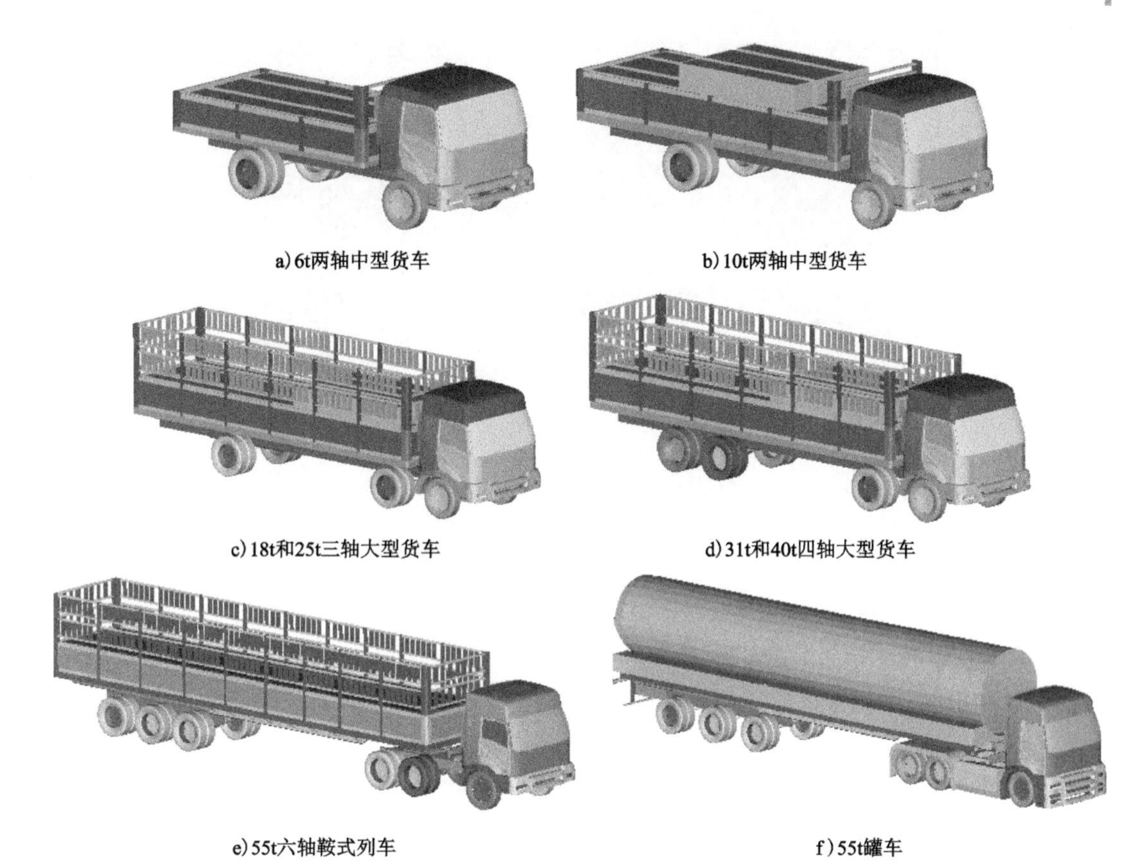

图2-9　不同类型的大中型货车模型

2.2.3　试验测试

1）台车试验

台车试验是一种研究新型护栏防撞性能的探索性手段，在试验中采用近似刚性的台车正面碰撞护栏结构段，通过护栏变形破坏以及钢筋应变等测试数据对护栏的防撞性能做初步评价，优中选优，为护栏结构优化设计和实车碰撞试验的成功奠定基础。

为保证车体刚度，台车主要采用型钢材料进行加工制作，主要包括鼻端、车体、轴和轮4部分，图2-10为制作完成的台车。

图2-10　台车

如图 2-11 所示,在防撞护栏基础钢筋以及连接螺栓中埋设应变片。

图 2-11 台车试验中设置的应变片

如图 2-12 所示,在台车试验中布设 5 部摄像机,其中摄像机 1、2、4 分别从左侧、右侧、后方拍摄试验过程,摄像机 3 拍摄护栏的变形损坏过程,摄像机 5 拍摄台车碰撞护栏过程。

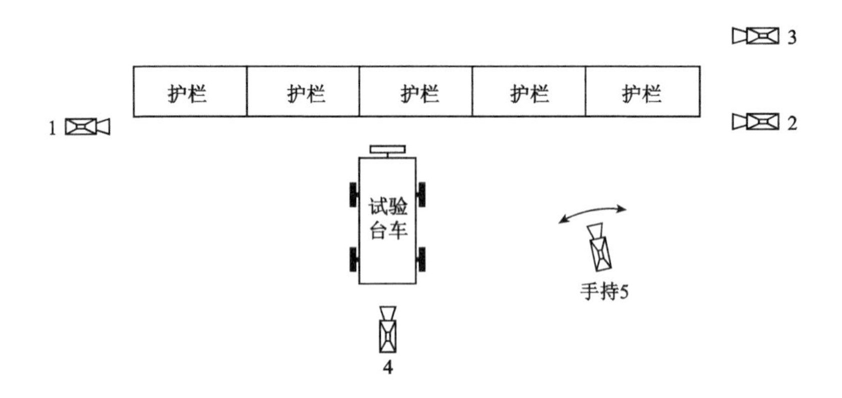

图 2-12 台车试验摄像机布设

2) 实车碰撞试验

实车足尺碰撞试验通过加速设备将满足一定质量、几何尺寸、重心位置等技术参数要求的试验车辆加速至规定的碰撞速度,以规定的碰撞角度与试验护栏碰撞,根据观测的车体重心处加速度、护栏损坏变形情况、车辆运行轨迹姿态等数据,判断护栏安全性能指标是否满足要求。实车足尺碰撞试验过程中有较大的危险性和不可预见性,必须在具有中国合格评定国家认可委员会(CNAS)的实验室认可证书和中国计量认证(CMA)证书的国家授权的法定碰撞试验场进行,确保试验检测的安全性、真实性和合法性。

(1) 碰撞试验场

碰撞试验场是试验护栏安装和试验数据检测的场地,要求场地宽阔平坦,路面符合公路路面平整度和粗糙度要求,且场地内没有影响试验车辆运行的障碍物;同时,为使试验车辆达到

规定的碰撞速度，试验场必须设置完善的车辆加速系统。目前我国具有检测资质的碰撞试验场采用的试验车辆加速方法主要有电动牵引法、坡道加速法和落锤牵引法三种，如图 2-13 所示为三种试验车辆加速方法试验场。试验车辆加速前，应保证制动器踏板和转向机处于自由状态，避免发生自锁现象，使试验车辆碰撞试验护栏后能自由导出。

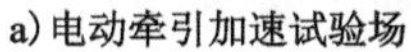
a)电动牵引加速试验场

b)坡道加速试验场

c)落锤牵引加速试验场

图 2-13　实车足尺碰撞试验场

(2)检测系统

实车足尺碰撞试验表明，车辆总质量、整备质量和重心位置的参数不同，所测得的车辆重心处加速度、车辆运行轨迹以及护栏最大动态变形值等均有一定差别，因此车辆总质量、整备质量和重心位置需要准确测量和记录，且测量须根据《汽车质量(重量)参数测定方法》(GB/T 12674—1990)和《两轴道路车辆　重心位置的测定》(GB/T 12538—2003)的相关规定执行。车辆的运行状态是评价护栏导向功能和阻挡功能的重要指标，试验过程中，主要通过高速摄像机从不同角度记录护栏变形损坏以及车辆的运行状态；车辆重心处加速度是评价护栏缓冲性能的重要数据源，车辆重心处加速度通过车载加速度传感器系统测量。加速度传感器包括纵向加速度传感器和横向加速度传感器。为测试碰撞过程中车辆重心处的纵向和横向加速度，加速度传感器须安装牢固，碰撞过程中不得松动或受到外力冲击。护栏变形和车辆侧倾是一个变化的量，为确保采集到准确、有效的试验数据，试验后须将整个碰撞过程图像全部打印出来，根据标准点的比例计算每一幅图像的护栏变形和车辆侧倾值，并最终得到最大值。实车碰撞试验检测系统如图2-14所示。

a）质量测量

b）重心测量

c）碰撞速度采集

d）高速摄像机

e）加速度传感器和采集器

图2-14　实车碰撞试验检测系统

第3章　混凝土护栏坡面

3.1　混凝土护栏坡面研究概述

混凝土护栏的坡面是指其迎撞面的几何尺寸,合理的坡面形式需要通过大量的试验研究和理论分析才能获得。国内外对坡面进行了一些研究,并获得了不少研究成果。

3.1.1　国外混凝土护栏坡面研究与应用

国外使用混凝土护栏的历史较早,对坡面研究也很多。美国早在20世纪20年代中和90年代末就曾对混凝土护栏结构的截面形式与尺寸做过大量试验和理论研究,对护栏的坡面形式进行了不断改进。美国当时大量使用的混凝土护栏坡面形式有三种:GM型(通用汽车型)、NJ型(新泽西型)、F型(为NJ型的改进型),如图3-1所示。美国的研究从事故资料、标准车型碰撞试验、模拟碰撞试验、承载能力与结构稳定性、大型车辆碰撞试验等方面对这三种混凝土护栏的坡面进行了比较。

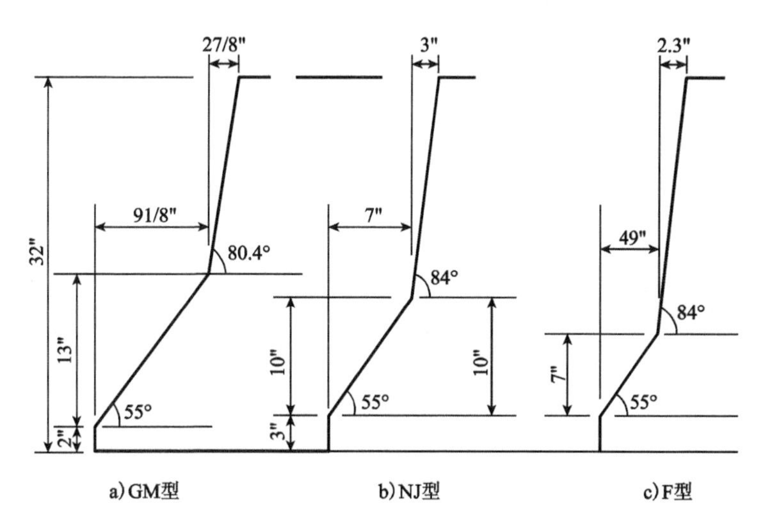

a)GM型　b)NJ型　c)F型

图3-1　美国早期使用的混凝土护栏坡面形式

注:单位为英制表示,1″=25.4mm。

美国在20世纪70年代中期,对发生在中央分隔带护栏的事故进行了调查,其统计结果见表3-1。从表3-1中可见,车辆碰撞GM型坡面混凝土护栏后翻车的可能性远大于NJ型坡面和F型坡面混凝土护栏,同时车辆碰撞GM型坡面混凝土护栏的事故严重程度也比NJ型坡面和 F 型坡面混凝土护栏的高。通过事故调查统计数据分析，以混凝土护栏的实际使用效果分析，NJ 型和 F 型混凝土护栏坡面优于 GM 型混凝土护栏坡面。

美国 20 世纪 70 年代中期中央分隔带混凝土护栏事故调查结果 表 3-1

护栏类型	事故件数（所占比例）	事故严重程度			车辆翻车（所占比例）
		仅财物损失（所占比例）	受伤（所占比例）	死亡（所占比例）	
NJ 型	180(33%)	133(79%)	35(21%)	0(0)	6(3%)
F 型	73(13%)	58(77%)	15(20%)	1(1%)	9(12%)
GM 型	299(54%)	225(75%)	74(25%)	0(0)	19(6%)
总计	552	416	124	1	34

为了评价 NJ 型坡面、GM 型坡面和 F 型坡面混凝土护栏的防撞性能，美国得克萨斯州西南研究所在 20 世纪 70 年代中期进行了一系列实车碰撞试验。试验条件分别为微型小汽车(1971Vega)和标准型小汽车(1974 Ford Galaxie)。整个试验按国家协作公路研究项目(National Cooperative Highway Research Program，NCHRP)153 规程要求进行，试验结果见表 3-2 和表 3-3。试验认为，NJ 型坡面混凝土护栏和 GM 型坡面混凝土护栏的防撞性能相似，F 型坡面混凝土护栏的最大倾翻角小于 NJ 型和 GM 型的最大倾翻角；车辆碰撞 NJ 型坡面混凝土护栏和 GM 型坡面混凝土护栏后的损坏程度很相似，车辆碰撞 F 型坡面混凝土护栏的加速度值略小于碰撞 NJ 型坡面和 GM 型坡面混凝土护栏的加速度值。

美国 20 世纪 70 年代中期微型小汽车碰撞混凝土护栏试验 表 3-2

试验	碰撞角 7°				碰撞角 15°		
	CMB-5	CMB-6	CMB-8	CMB-10	CMB-7	CMB-9	CMB-9
护栏类型	GM 型	GM 型	NJ 型	F 型	GM 型	NJ 型	F 型
车型	1971Vega				1971Vega		
车质量(1bs)	2250	2250	2250	2250	2250	2250	2250
碰撞角(°)	8.4	9.2	8.0	6.7	16.5	15.5	14.3
碰撞速度(mph)	53.9	54.6	55.9	56.9	57.1	58.9	56.4
最大倾翻角(°)试验值(Hvosm 模拟值)	31(20)	21(20)	20(14)	10	翻车(翻车)	20(27)	13(17)
50ms 平均最大加速度(*g*) 摄像 纵向	-2.4	-2.7	—	-2.1	-5.3	-3.6	-3.8
50ms 平均最大加速度(*g*) 摄像 横向	-4.3	-5.3	—	-2.9	-8.3	-5.1	-4.6
50ms 平均最大加速度(*g*) 加速度计 纵向	-1.4	-1.9	-1.0	-3.3	-3.4	-0.9	—
50ms 平均最大加速度(*g*) 加速度计 横向	-2.0	-2.4	-3.2	n/a	-4.6	-6.0	-7.3
50ms 平均最大加速度(*g*) 垂直向	18	21	22	—	19	27.6	—

注：1. 1mph = 1.6km/h；1bs = 0.45kg。

2. Hvosm 指公路车辆构造物模拟模型。

美国20世纪70年代中期标准型小汽车碰撞试验 表3-3

试验			碰撞角7°			碰撞角15°		
			CMB-1	CMB-2	CMB-11	CMB-3	CMB-4	CMB-12
护栏类型			NJ	GM	F改进型	GM	NJ	F型
车型			1974 Ford Galaxie			1974 Ford Galaxie		
车质量(1bs)			4370			4370		
碰撞速度(mph)			60.3	61.6	58.6	56.5	55.9	61.4
碰撞角(°)			7.5	7.3	8.3	15.5	15.9	15.2
最大倾翻角(°)试验值 (Hvosm模拟值)			15 (2)	20 (5)	11	20 (26)	20 (17)	21 (6)
50ms平均最大加速度(*g*)	摄像	纵向	-1.7	-1.5	-1.4	-3.3	-5.0	-5.1
		横向	-5.0	-3.6	-3.4	-10.1	-10.1	-6.6
	加速度计	纵向	-0.9	-2.2	-3.0	-1.6	-1.6	n/a
		横向	-2.0	-2.8	-3.9	-5.2	-5.5	-6.7
	垂直向			11		28	32	

对NJ型坡面、GM型坡面和F型坡面混凝土护栏进行实车碰撞试验分析后，美国得克萨斯州西南研究所又采用HVOSM（公路车辆构造物模拟模型）模拟碰撞试验技术对图3-2所示的混凝土护栏进行了模拟试验，对改变各种参数的坡面进行了对比分析，对F型坡面混凝土护栏进行优化，模拟碰撞试验结果见表3-4。

美国20世纪70年代中期HVOSM模拟碰撞混凝土护栏试验结果 表3-4

护栏类型		NJ	A	B	C	D	E	F	直墙	B	NJ	F
车型		71 vega	71 vega	71 vega	71 vega	71 vega	71 vega	71 vega	71 vega	72 ford	72 ford	72 ford
车质量 (1bs)		2250	2250	2250	2250	2250	2250	2250	2250	4370	4370	4370
碰撞速度 (mps)		57	57	57	57	57	57	57	57	56	56	56
碰撞角 (°)		16	16	16	16	16	16	16	16	16	16	16
最大倾翻角 (°)		-32.7	-48.3	-18.0	-38.2	-17.5	-23.9	-16.9	+6.8	-2.5	-15.0	-5.9
50ms平均最大加速度(*g*)	纵向	-4.6	-4.3	-4.4	-4.9	-4.6	-4.4	-3.9	-4.9	-4.1	-4.2	-4.2
	横向	-14.9	-13.2	-14.6	-15.5	-13.4	-13.3	-10.8	-15.6	-9.8	-9.4	-8.7
	垂直向 (峰值)	-8.5	-13.6	-13.3	-6.7	-7.1	-7.0	-8.4	-8.8	-8.7	-7.6	-12.8

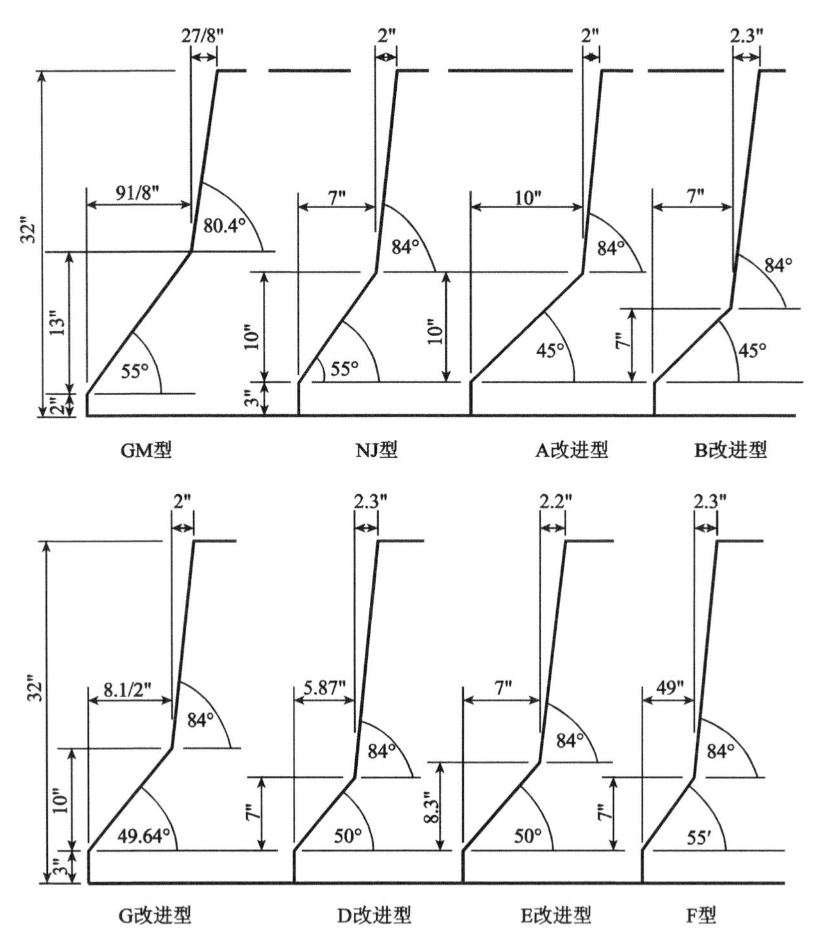

图 3-2　美国 20 世纪 70 年代中期 HVOSM 模拟碰撞混凝土护栏坡面类型

注:单位为英制表示(1″=25.4mm)。

美国研发的单坡型坡面护栏如图 3-3 所示。美国得克萨斯州得克萨斯农工大学(A&M 大学)在 20 世纪 80 年代中期曾对 NJ 型坡面和 F 型坡面混凝土护栏组织实施卡车碰撞试验。试验结果表明,碰撞 NJ 型坡面混凝土护栏时,卡车前轮沿 NJ 型坡面爬升而导致翻车;碰撞 F 型坡面混凝土护栏时,卡车前轮没有产生大幅度爬升,护栏的阻挡作用使卡车转向后,卡车尾部接触到护栏所产生的稳定力使车辆免于倾翻。

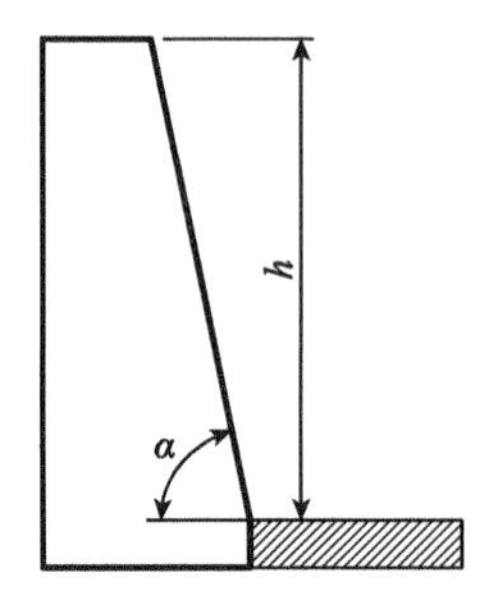

图 3-3　美国研发的单坡型坡面护栏示意图

根据美国早期对混凝土护栏坡面的研究,车辆碰撞 NJ 型坡面混凝土护栏后容易爬升,对于高速重车的碰撞后较容易越过护栏冲向车道或路外;F 型坡面混凝土护栏是在 NJ 型坡面混凝土护栏基础上的改进形式,比较适用于交通量大、运行速度高、重车比例高的路段;GM 型坡面混凝土护栏安全性能相对于 F 型和 NJ 型坡面均稍差。

美国 1993 年出版了国家协作公路研究项目(NCHRP)第 350 号报告,2009 年国家公路与运输协会(American Association of State Highway and Transportation of Officials)出版了《安全设施评价手册》(*MASH*),结合交通流特性的变化,对于混凝土护栏的安全性能提出了新的要求。在国家公路与运输协会 2011 年出版的《路侧设计手册》(*Roadside Design Guide*)指出 810mm 高的新泽西坡面混凝土护栏通过了 NCHRP 第 350 号报告的 TL-4 试验,但是按照 *MASH* 规则,810mm 高的新泽西坡面混凝土护栏未能通过 TL-4 试验测试;单坡型坡面混凝土护栏是最初由得克萨斯州研发人员开发,后来由加利福尼亚州研发人员对其进行改进,并通过皮卡车和整体式货车对单坡型坡面混凝土护栏的安全性能进行了测试,结果令人满意。

美国的坡面研究对于欧洲和日本影响较大,在日本规范中取消了 NJ 型坡面,吸收了 F 型坡面和单坡型坡面。

3.1.2 国内混凝土护栏坡面研究与应用

在 1994 年交通部(现交通运输部)颁布《高速公路交通安全设施设计及施工技术规范》(JTJ 074—94)之前,我国京石、沈大等高速公路以及北京、天津、广州等城市根据国外标准大量使用了混凝土护栏。早期公路建设中的混凝土护栏多直接采用欧美早期研究的坡面形式,GM 型、NJ 型、F 型坡面均有所涉及。《高速公路交通安全设施设计及施工技术规范》(JTJ 074—94)编制时,通过对所采用的混凝土护栏的效果调查以及理论分析表明,在我国道路交通条件下,NJ 型和 F 型混凝土护栏的使用效果比较好,因此在《高速公路交通安全设施设计及施工技术规范》(JTJ 074—94)中不推荐采用 GM 型坡面,而推荐使用 NJ 型坡面和 F 型坡面,同时在条文说明中指出 F 型坡面对减少车辆损坏的能力稍差,建议各地根据具体情况,慎重选用。图 3-4 为《高速公路交通安全设施设计及施工技术规范》(JTJ 074—94)规定的路基中央分隔带混凝土护栏和路侧混凝土护栏坡面形式,桥梁混凝土护栏坡面形式与路侧混凝土护栏坡面形式一致。

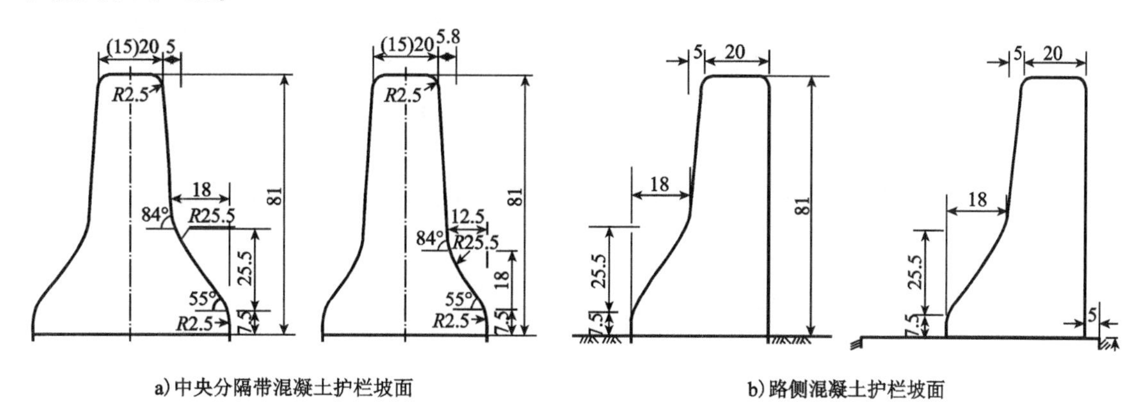

图 3-4 我国早期混凝土护栏坡面(尺寸单位:cm)

21 世纪之前,我国高速公路交通安全设施技术规范,基本上是参照国外标准,并且是以 10t 东风车为主流车型制订的。随着公路运输的发展,我国护栏的防护能力与交通流特性越来越不适应,出现了不少失控车辆越出护栏所导致的恶性事故。由于缺少研究数据支撑,人们更是对于混凝土护栏的应用产生了怀疑。结合我国的交通流特性,开展护栏碰撞试验研究,开发适应我国交通条件的护栏结构,提高公路运营的安全性,降低事故损失,是十分必要的。为改善我国没有能力开展护栏碰撞试验的局面,以贾日学为首的老一辈交通工程专家根据高速公路建设的需要,率先在 1999 年进行大型车辆碰撞的实车足尺碰撞试验场建设,如图 3-5 所示。该试验场完成了包括大量混凝土护栏在内的数百个护栏项目碰撞试验工作,积累了大量的试验数据。这些试验数据为包括混凝土护栏在内的多种护栏合理应用提供了数据支撑,推进了公路护栏相关标准的制修订。

图 3-5 贾日学先生与其创建的第一座护栏实车足尺碰撞试验场

在建立了可进行大型车辆碰撞的试验场地后,我国首先在桥梁混凝土护栏研究中针对国外 NJ 型坡面(新泽西型坡面)开展了优化研究。在桥梁混凝土护栏研究中发现 NJ 型坡面混凝土护栏在一定的车速、车重和车体重心高度的情况下,具有良好的防护效果,但是存在两大问题:一是失控车辆可能会爬上、越过护栏(如车速较高、碰撞角度较大时),或翻越护栏(如车辆重心较高、车速较高时);二是失控车辆易于内侧翻车(如车速较高、碰撞角度较大、重心较低时)。针对这两个弊端,在桥梁混凝土护栏研发中首次提出了 NJ 型坡面 + 阻爬坎的坡面形式。这种坡面的设计理念基于车辆碰撞 NJ 型坡面混凝土护栏时容易沿坡面过度爬升而产生侧翻这一现象,创造性地在顶部设置突出迎撞面坎状物,降低车辆爬升程度,从而起到降低车辆由于过度爬升产生内侧翻车概率,达到改善护栏导向功能、提高安全防护性能的目的。继在桥梁混凝土护栏研发得到 NJ 型坡面 + 阻爬坎的坡面形式后,我国在中央分隔带混凝土护栏研究中对 F 型坡面 + 阻爬坎的坡面形式进行了试验探索,并在实际工程中得到了推广应用,如图 3-6 所示。我国交通部(现交通运输部)2006 年颁布了《公路交通安全设施设计规范》(JTG D81—2006)和《公路交通安全设施设计细则》(JTG/T D81—2006),基于国外的成果和国内的使用经验,取消了 NJ 型坡面这种形式,归纳吸收了 F 型坡面 + 阻爬坎的坡面形式,并将其定义为加强型坡面。NJ 型坡面 + 阻爬坎的坡面形式可以在保留新泽西型坡面缓冲性能好的同时,弥补其车辆碰撞后易内翻的缺点,是比较合理的一种坡面形式;加强型坡面为 F 型坡面 + 阻爬坎结构,而 F 型坡面对 NJ 型坡面进行了改进,降低了车辆沿坡面爬升的程度,在 F 型坡面上增设阻爬坎的作用已不明显。基于对加强型坡面认识的不断进步,在《公路交通安全设施设计细则》(JTG/T D81—2017)中将阻爬坎的设置列为可选项,不再做强制要求。

a) NJ型坡面+阻爬坎的坡面形式

b) 加强型坡面(F型坡面+阻爬坎的坡面形式)

图 3-6　带阻爬坎结构的混凝土护栏

我国基于 NJ 型坡面的研究并提出优化结构后,又对单坡型坡面混凝土护栏进行了一系列试验测试。单坡型坡面混凝土护栏结构简洁,施工方便,造价较低,受到了一些地区的欢迎,如图 3-7 所示。应用在四川二郎山至康定公路的单坡型坡面混凝土护栏,产生了明显效果,特别是在甘孜境段内,由于该路段是典型的山岭区公路,经常有车辆坠入路侧的河中,自从采用单坡型坡面混凝土护栏以来,仅在 2003 年 11 月至 2004 年 2 月的冬季冰冻路段,就先后成功拦阻了 24 辆失控车辆,在很大程度上挽救了遇险人员的生命。这些数据不仅说明了单坡型坡面混凝土护栏的可靠性,也说明了混凝土护栏拦截车辆的优越性。

a) 应用在中央分隔带位置的单坡型坡面混凝土护栏

图　3-7

b)应用在路侧和桥侧的单坡型坡面混凝土护栏

图3-7 单坡型坡面混凝土护栏

在单坡型坡面混凝土护栏研究的基础上,我国对在单坡型坡面混凝土护栏上增设阻爬坎的结构也进行了研究。由于结构过于简洁,单坡型坡面混凝土护栏有些呆板,通过在上部设置阻爬坎结构可以改善单坡型坡面混凝土护栏的景观效果,提高其诱导功能,如图3-8所示。

图3-8 单坡型坡面+阻爬坎的混凝土护栏

F型坡面为折线形,是我国最常用的坡面形式之一,在我国得到了广泛应用(图3-9)。F型坡面混凝土护栏景观效果较单坡型坡面混凝土护栏好。在实车足尺碰撞试验场对F型坡面混凝土护栏进行了多次碰撞试验,各项安全性能指标满足评价标准要求,得到了设计人员和用户的广泛认可。

图3-9 F型坡面混凝土护栏

3.2 混凝土护栏坡面参数对混凝土护栏安全性能的影响

混凝土护栏的坡面型式对车辆的车内乘员安全和碰撞后的车辆行驶轨迹有较大影响，是混凝土护栏结构设计的关键。参照美国、日本和我国的研究成果，《公路交通安全设施设计细则》(JTG/T D81—2017)推荐采用F型坡面、单坡型坡面、加强型坡面。美国等发达国家采用模拟软件针对这些坡面进行参数变化研究表明，坡面参数影响混凝土护栏安全性能，但是由于美国的车型与我国的车型有所区别，同时美国是在20世纪70年代做的模拟计算，模拟技术尚不成熟，因此有必要采用我国主流车型和高精度计算机仿真模拟技术针对坡面参数对混凝土护栏安全性能的影响做系统分析。

3.2.1 单坡型坡面参数对混凝土护栏安全性能的影响

倾斜角度 α 是影响单坡型坡面混凝土护栏(图3-10)安全防护性能的关键因素，若坡面倾斜角度过大，大型车碰撞后易发生较大侧倾甚至翻车，影响护栏的阻挡和导向功能；而坡面倾斜角度过小，将导致小型车碰撞加速度过高，影响其缓冲性能。在保持护栏高度不变的基础上，分别建立坡度为60°、65°、70°、75°、80°、84°、90°的单坡型坡面混凝土护栏仿真模型，按SS级护栏碰撞小客车的碰撞条件(1.5t小客车、碰撞速度100km/h、碰撞角度20°)和大型客车的碰撞条件(18t大型客车、碰撞速度80km/h、碰撞角度20°)，对不同坡度单坡型坡面混凝土护栏进行仿真碰撞分析。

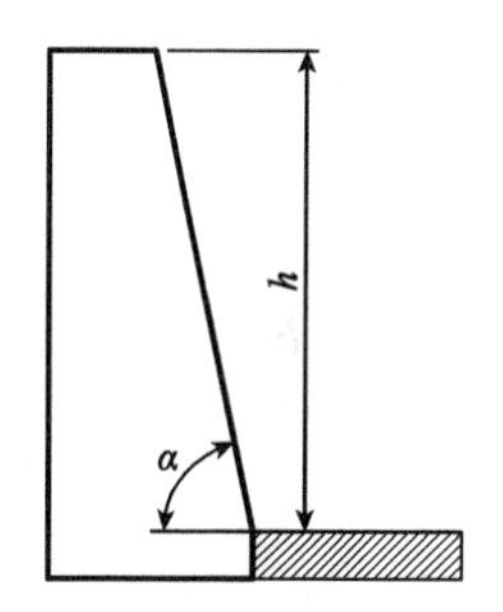

图3-10 单坡型坡面混凝土护栏示意图

表3-5和表3-6分别为小客车和大客车碰撞不同坡度的单坡型坡面混凝土护栏仿真计算结果：当倾斜角度 α 小于75°时，小客车因爬升发生翻车风险越来越大；当倾斜角 α 小于80°时，大型客车在碰撞单坡型坡面护栏过程中极易发生内翻。因此在上述碰撞条件下单坡型坡面混凝土护栏的倾斜角度不应小于80°。

小客车碰撞单坡面混凝土护栏过程 表3-5

T	α						
	60°	65°	70°	75°	80°	84°	90°
0s							
0.1s							
0.2s						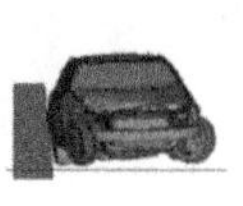	

续上表

T	α						
	60°	65°	70°	75°	80°	84°	90°
0.3s							
0.4s							
0.5s							
0.6s							
0.7s							
0.8s							
0.9s							
1.0s							

大型客车碰撞单坡面混凝土护栏过程 表3-6

T	α						
	60°	65°	70°	75°	80°	84°	90°
0s	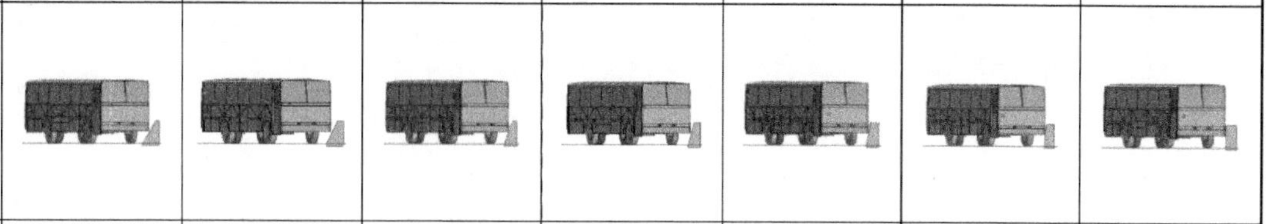						
0.2s							
0.4s	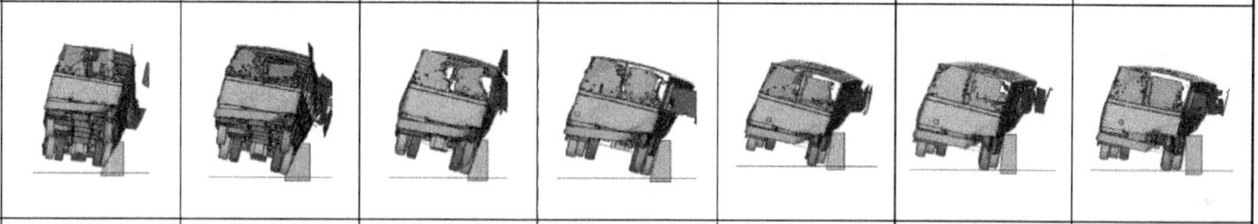						
0.6s	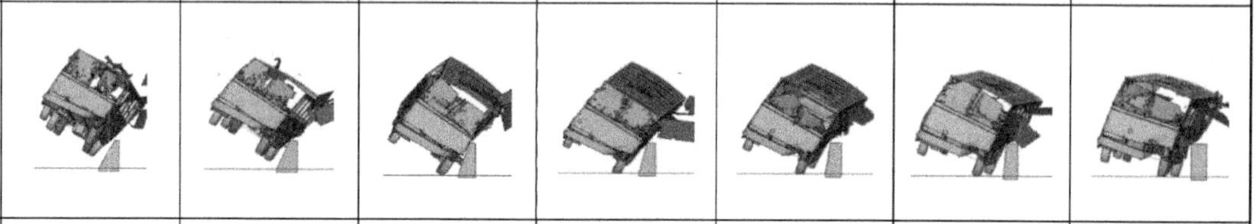						
0.8s							
1.0s							
1.2s							

表3-7为小客车碰撞不同坡度单坡型坡面混凝土护栏的乘员碰撞速度和乘员碰撞后加速度的仿真计算结果：乘员碰撞速度（纵向和横向）随着倾斜角度α的增加呈逐渐增大的趋势，且均小于12m/s；乘员碰撞后加速度随着倾斜角度α的增加也呈逐渐增大的趋势，当倾斜角$\alpha=90°$时，小客车横向全程10ms平均加速度超过200m/s^2，会对车内乘员造成伤害，因此该碰撞条件下的单坡型坡面混凝土护栏倾斜角不宜接近90°。

小客车碰撞单坡面混凝土护栏的乘员碰撞速度、碰撞后加速度　　表 3-7

α	乘员碰撞速度(m/s)		乘员碰撞后加速度(m/s^2)		全程 10ms 平均加速度(m/s^2)	
	纵向	横向	纵向	横向	纵向	横向
60°	3.8	7.0	17.8	70.1	67.6	116
65°	3.6	7.1	53.2	65.4	81.1	143
70°	3.5	7.2	66.3	93.9	86.6	176
75°	3.7	7.9	92.4	126.7	92.4	192
80°	4.0	8.2	105.4	154.0	105	195
84°	4.0	8.3	120.6	174.3	121	181
90°	4.1	8.1	106.6	176.3	109	202

通过以上系统仿真碰撞分析可知，在 SS 级的碰撞条件下，单坡型坡面混凝土护栏倾斜角范围宜满足 $80° \leqslant \alpha < 90°$ 的条件。

3.2.2　F 型坡面参数对混凝土护栏安全性能影响

对于 F 型坡面混凝土护栏，影响其安全防护性能的坡面因素包括第一竖直面高度 c、第一倾斜面高度 b、第一斜面倾斜角度 β、第一倾斜面宽度 s、第二斜面倾斜角度 α、第二倾斜面高度 a 等，其不同因素的组合形成不同的坡面型式（图 3-11）。

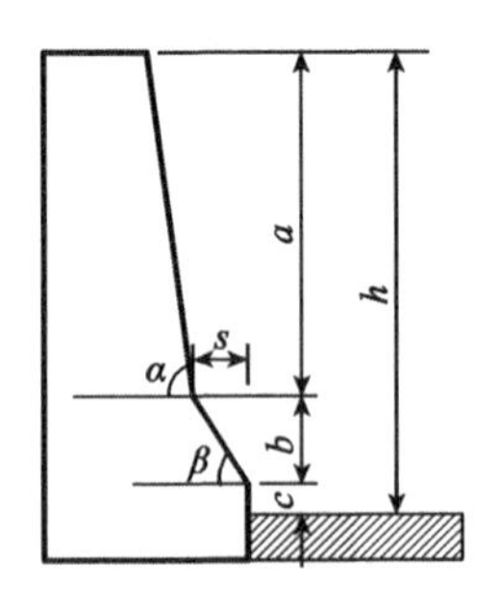

图 3-11　F 型坡面多因素组合示意图

注：$c = 7.5$cm；$b = 18$cm；$\beta = 55°$；$\alpha = 84°$。

采用经实车足尺碰撞试验验证的高精度计算机仿真模型，基于 F 型坡面建立不同坡面因素组合形成的护栏模型（护栏高度 h 保持不变），在 SS 级护栏碰撞小客车碰撞条件（1.5t 小客车、碰撞速度 100km/h、碰撞角度 20°）和大客车碰撞条件（18t 大客车、碰撞速度 80km/h、碰撞角度 20°）下，分析不同坡面因素对护栏安全防护性能的影响。

1）角度 α 影响分析

在坡面因素 a、b、c、s、β 值不变的情况下，进行角度 α 为 70°、75°、80°、84°、90° 的混凝土护栏仿真碰撞分析（护栏高度保持 h 不变），结果见表 3-8、表 3-9，可见当角度 α 小于 75° 时，小客车因爬升发生翻车风险越来越大；当角度 α 小于 80° 时，大型客车在碰撞护栏过程中极易发生内翻。因此在该碰撞条件下对 F 型坡面混凝土护栏角度 α 进行变动时应满足 $\alpha \geqslant 80°$。

小客车碰撞 F 型坡面混凝土护栏过程 表 3-8

T	α				
	70°	75°	80°	84°	90°
0s					
0.1s					
0.2s					
0.3s					
0.4s					
0.5s					
0.6s					
0.7s					
0.8s					
0.9s					
1.0s					

大型客车碰撞 F 型坡面混凝土护栏过程 表 3-9

T	α				
	70°	75°	80°	84°	90°
0s					
0.2s				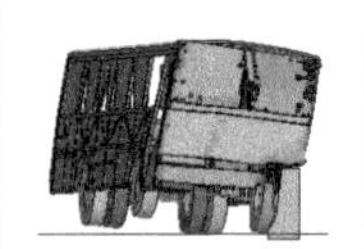	
0.4s	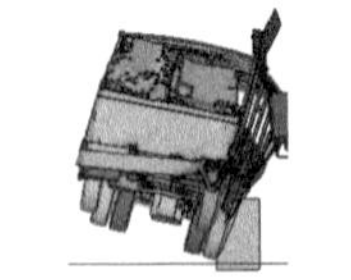	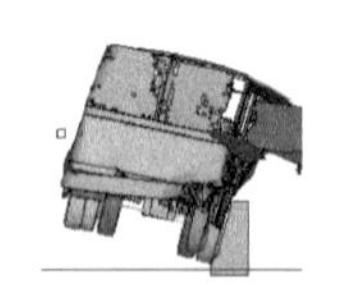	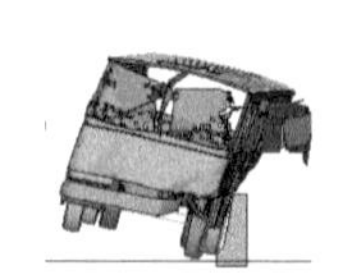	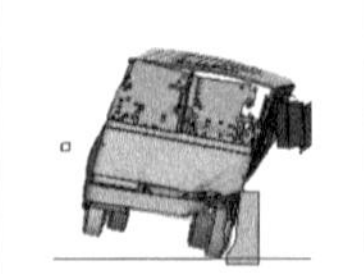	
0.6s		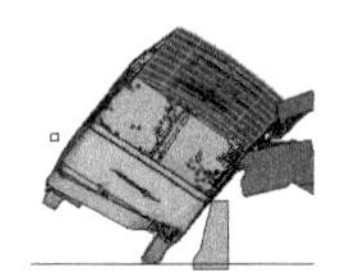	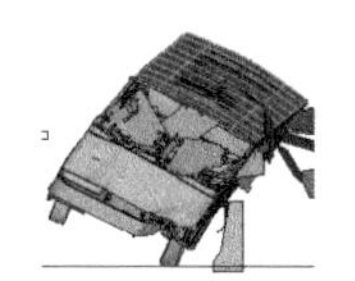	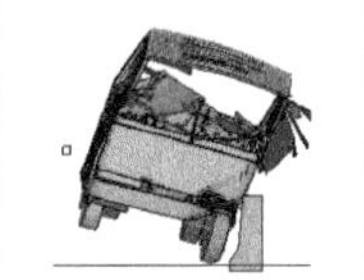	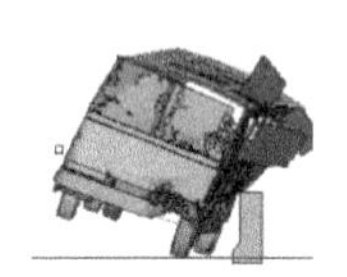
0.8s		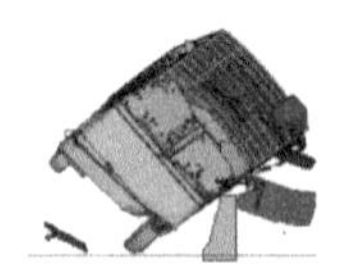	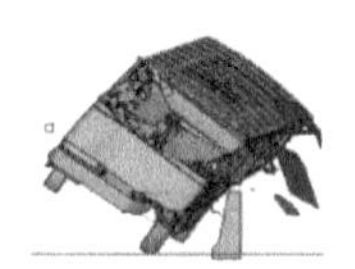	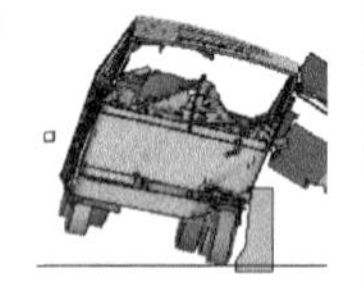	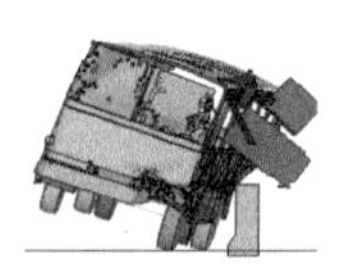
1.0s				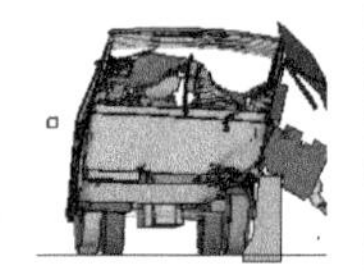	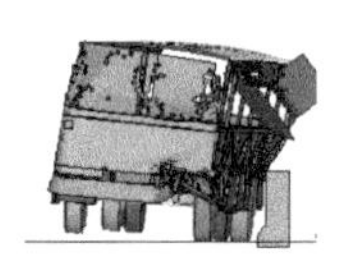
1.2s			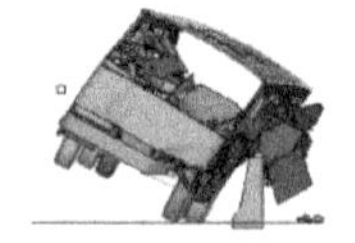		

表 3-10 为小客车碰撞不同 α 角 F 型坡面混凝土护栏模型（α 为 70°、75°、80°、84°、90°，其他坡面因素 a、b、c、s、β 值不变）的乘员碰撞速度和乘员碰撞后加速度的仿真计算结果：乘员碰撞速度（纵向和横向）随着角度 α 的增加呈逐渐增大的趋势，且均小于 12m/s；乘员碰撞后加速度随着角度 α 的增加呈逐渐增大的趋势，当倾斜角 $\alpha = 90°$ 时，小客车横向全程 10ms 平均加速度超过 200m/s^2，会对车内乘员造成伤害。因此该碰撞条件下对 F 型坡面混凝土护栏的角度 α 进行变动时应满足 $\alpha < 90°$。

小客车碰撞F型坡面混凝土护栏的乘员碰撞速度、碰撞后加速度 表3-10

α	乘员碰撞速度(m/s)		乘员碰撞后加速度(m/s²)		全程10ms平均加速度(m/s²)	
	纵向	横向	纵向	横向	纵向	横向
70°	3.4	7.1	69.6	85.5	83.8	158
75°	3.7	7.6	81.7	111.7	92.8	163
80°	4.0	8.1	97.0	124.4	97.0	166
84°	4.1	8.3	100.0	125.9	100.0	171
90°	4.1	8.2	77.6	100.0	96.1	204.2

通过以上系统分析可知,在SS级的碰撞条件下,对F型坡面混凝土护栏的角度α进行变动时宜满足$80° \leqslant \alpha < 90°$的条件。

2)a、b、s、β影响分析

(1) a、b不变,β和s变化

在坡面因素a、b值不变的情况下,考察β角以及横向距离s联动对车辆碰撞的影响。由表3-11可知,随着β角减小、s值增大,小客车爬上坡面发生跳车现象愈发明显,但跳车现象均在可接受范围。由表3-12可知,随着β越小、s越大,大型客车越易沿着β角坡面爬升,且当β小于50°时车辆发生内翻的可能性较大。因此β角不应小于50°,s值不应大于15.1cm。

小客车碰撞过程(1) 表3-11

T	$\beta=35°$ $s=25.7$cm	$\beta=45°$ $s=18$cm	$\beta=50°$ $s=15.1$cm	$\beta=65°$ $s=8.4$m	$\beta=75°$ $s=4.8$cm	$\beta=85°$ $s=1.6$cm
0s						
0.1s						
0.2s			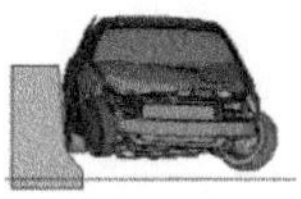			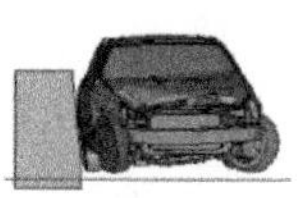
0.3s			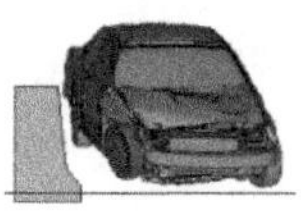			

续上表

T	$\beta=35°$ $s=25.7cm$	$\beta=45°$ $s=18cm$	$\beta=50°$ $s=15.1cm$	$\beta=65°$ $s=8.4m$	$\beta=75°$ $s=4.8cm$	$\beta=85°$ $s=1.6cm$
0.4s						
0.5s						
0.6s						

大型客车碰撞过程(1) 表3-12

T	$\beta=35°$ $s=25.7cm$	$\beta=45°$ $s=18cm$	$\beta=50°$ $s=15.1cm$	$\beta=65°$ $s=8.4m$	$\beta=75°$ $s=4.8cm$	$\beta=85°$ $s=1.6cm$
0s						
0.2s						
0.4s						
0.6s						

续上表

T	$\beta=35°$ $s=25.7\text{cm}$	$\beta=45°$ $s=18\text{cm}$	$\beta=50°$ $s=15.1\text{cm}$	$\beta=65°$ $s=8.4\text{m}$	$\beta=75°$ $s=4.8\text{cm}$	$\beta=85°$ $s=1.6\text{cm}$
0.8s						
1.0s						
1.2s						

由表3-13可知,在坡面因素a、b值不变的情况下,β角和s值联动对小客车乘员碰撞速度和乘员碰撞后加速度影响不大:车辆在碰撞护栏过程中的乘员碰撞速度(纵向和横向)均小于12m/s,且变化不大;乘员碰撞后加速度(纵向和横向)均小于200m/s^2,且变化不大。

小客车乘员碰撞速度、碰撞后加速度(1) 表3-13

s、β值	乘员碰撞速度(m/s)		乘员碰撞后加速度(m/s^2)		全程10ms平均加速度(m/s^2)	
	纵向	横向	纵向	横向	纵向	横向
$\beta=35°$ $s=25.7\text{cm}$	4.1	8.3	97.8	147	97.8	173.0
$\beta=45°$ $s=18\text{cm}$	4.0	8.2	93.9	118	94.6	167.0
$\beta=50°$ $s=15.1\text{cm}$	4.1	8.3	97.6	113	97.6	182.0
$\beta=65°$ $s=8.4\text{cm}$	4.0	8.2	103.0	143.0	103.0	178.0
$\beta=75°$ $s=4.8\text{cm}$	4.1	8.2	114.8	162.8	114.8	178.3
$\beta=85°$ $s=1.6\text{cm}$	4.1	8.2	115.4	170.4	115.4	187.5

通过以上系统分析,在SS级的碰撞条件下,当a、b值不变时,β角和s值联动对小客车影响不大,但对于大型客车,在$\beta<50°$时易发生内翻。综合考虑小客车及大型客车防护效果,应

保证 $\beta \geqslant 50°$。

(2) s 不变，β、a、b 变化

在坡面横向距离 s 不变的情况下，考察 β、a、b 值（$a+b=h$ 保持不变）联动的坡面对车辆碰撞的影响。由表 3-14 可知，随着 β 角和 b 值的增大，小客车跳车趋势先增后降，当 β 达到 55°左右时，跳车现象较为明显，但仍在可接受范围内。由表 3-15 可知，随着 β 角和 b 值的增大，车辆碰撞护栏姿态较为接近，这说明对于 s 值固定的坡面，β 角和 b 值的变化对大型客车碰撞过程影响不大。

小客车碰撞过程(2) 表 3-14

T	$\beta=15°$ $b=3.3$cm	$\beta=25°$ $b=5.8$cm	$\beta=35°$ $b=8.8$cm	$\beta=45°$ $b=12.5$cm	$\beta=55°$ $b=18$cm	$\beta=65°$ $b=26.8$cm	$\beta=75°$ $b=46.7$cm	$\beta=83°$ $b=102.5$cm
0s	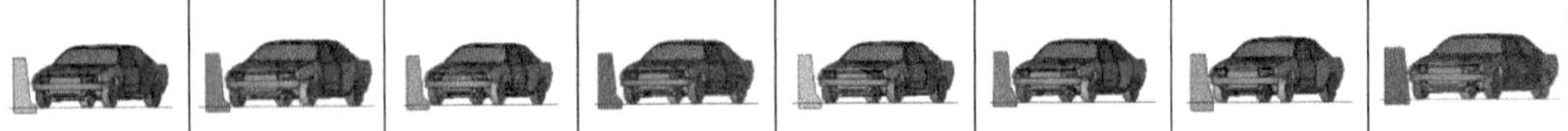							
0.1s								
0.2s	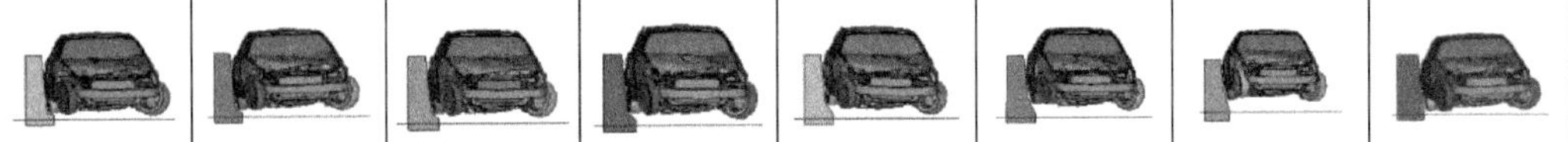							
0.3s	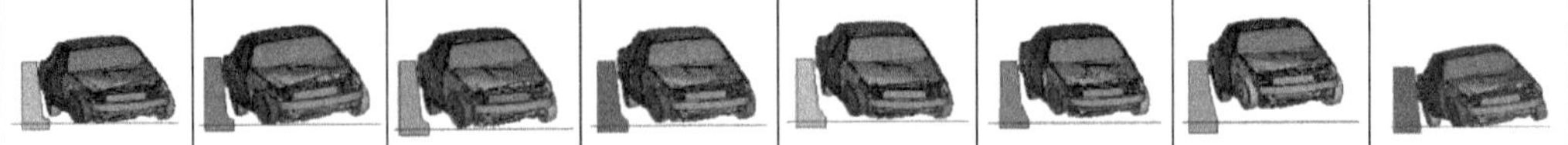							
0.4s	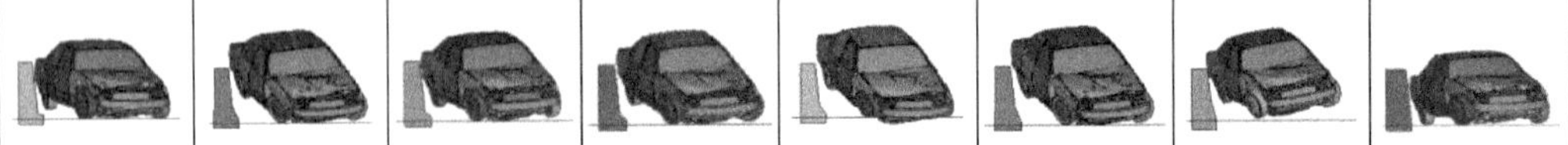							
0.6s	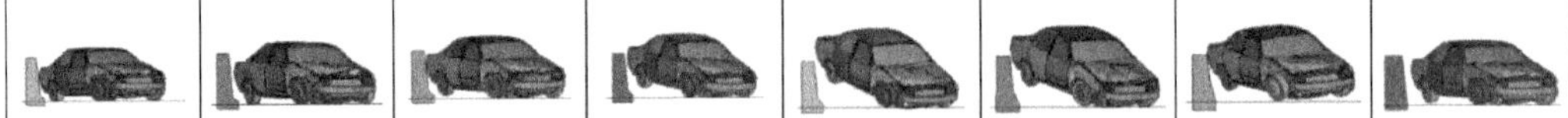							
0.8s	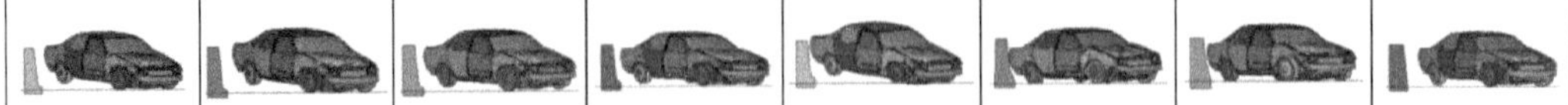							
1.0s	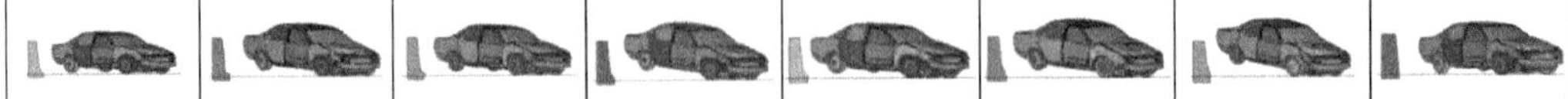							

大型客车碰撞过程(2) 表 3-15

T	$\beta=15°$ $b=3.3\text{cm}$	$\beta=25°$ $b=5.8\text{cm}$	$\beta=35°$ $b=8.8\text{cm}$	$\beta=45°$ $b=12.5\text{cm}$	$\beta=55°$ $b=18\text{cm}$	$\beta=65°$ $b=26.8\text{cm}$	$\beta=75°$ $b=46.7\text{cm}$	$\beta=83°$ $b=102.5\text{cm}$
0s								
0.2s	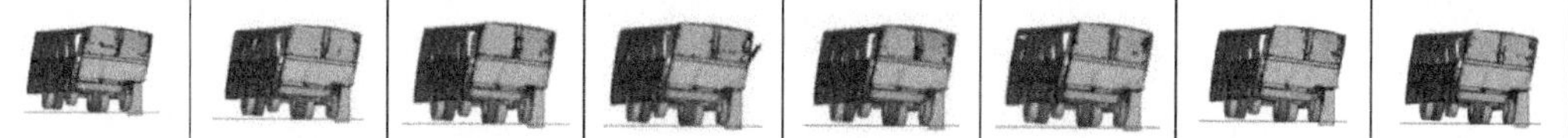							
0.4s								
0.6s	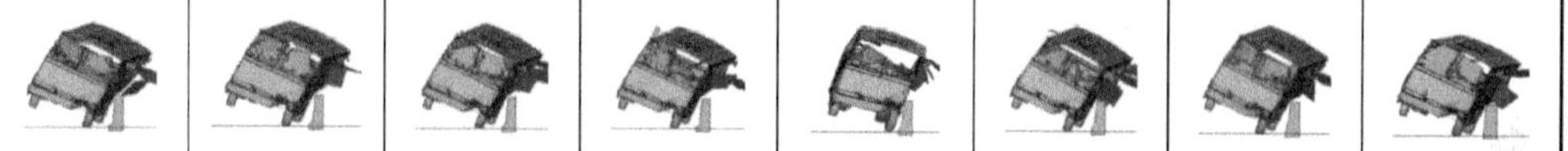							
0.8s	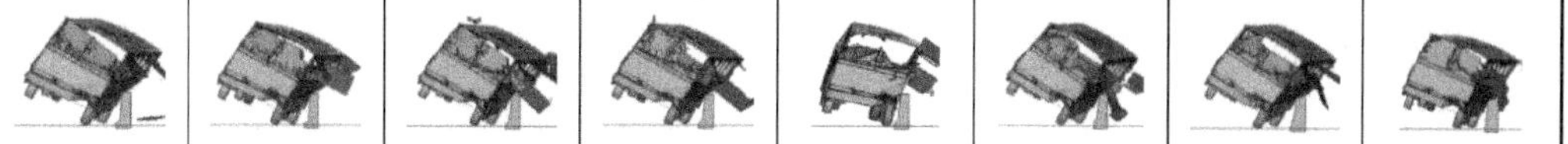							
1.0s								
1.1s	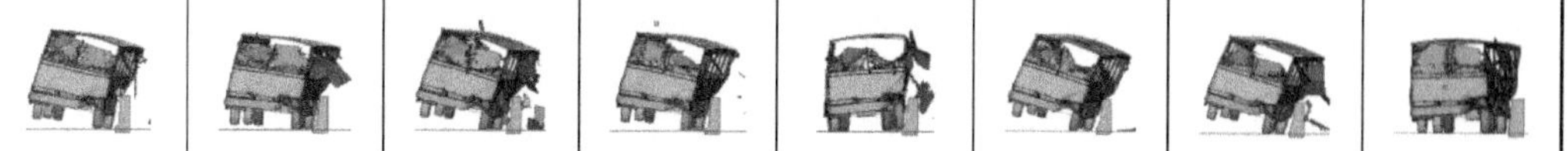							

由表 3-16 可知,在坡面横向距离 s 不变的情况下,β、a、b 值($a+b=h$ 保持不变)联动对小客车乘员碰撞速度和乘员碰撞后加速度影响不大:车辆在碰撞护栏过程中的乘员碰撞速度(纵向和横向)均小于 12m/s,且变化不大;乘员碰撞后加速度(纵向和横向)均小于 200m/s^2,且变化不大。

小客车乘员碰撞速度、碰撞后加速度(2) 表 3-16

β、b 值	乘员碰撞速度(m/s)		乘员碰撞后加速度(m/s^2)		全程 10ms 平均加速度(m/s^2)	
	纵向	横向	纵向	横向	纵向	横向
$\beta=15°$ $b=3.3\text{cm}$	4.1	8.3	112.2	166.4	112.2	187.1
$\beta=25°$ $b=5.8\text{cm}$	4.0	8.2	113.7	163.7	113.7	182.8

续上表

β、b 值	乘员碰撞速度(m/s)		乘员碰撞后加速度(m/s^2)		全程 10ms 平均加速度(m/s^2)	
	纵向	横向	纵向	横向	纵向	横向
β=35° b=8.8cm	4.1	8.4	113.4	153.7	113.4	186.4
β=45° b=12.5cm	4.1	9.6	113.1	156.8	113.1	174.1
β=55° b=18cm	4.1	8.3	100.0	125.9	100.0	171
β=65° b=26.8cm	4.0	8.2	76.8	115.4	87	179.3
β=75° b=46.7cm	4.0	8.2	102.7	135.5	102.7	185.2
β=84° b=118.9cm	4.1	8.3	117.7	168.9	117.7	181.2

通过以上系统分析,在 SS 级的碰撞条件下,对于 s 值固定的坡面,β、a、b 值联动对小客车及大型客车碰撞过程影响均不大。

(3)β 不变,s、a、b 变化

在坡面 β 角不变的情况下,考察 s、a、b 值($a+b=h$ 保持不变)联动的坡面对车辆碰撞的影响。由表 3-17 可知,随着 s 值和 b 值的增大,车辆爬升得越高,发生翻车的风险倍增。由表 3-18可知,随着 s 值和 b 值的增大,车辆发生侧翻的概率增大。

小客车碰撞过程(3) 表 3-17

T	b=21.5cm s=15cm	b=25.5cm s=18cm	b=30cm s=21cm	b=35cm s=24.5cm	b=40cm s=28cm	b=45cm s=31.5cm	b=50cm s=35cm
0s							
0.1s							
0.2s	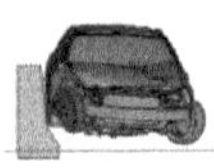	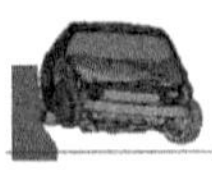	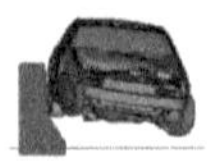	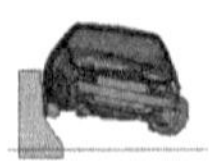			
0.3s	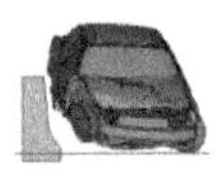				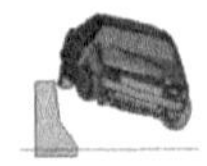	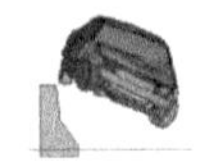	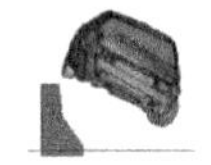

续上表

T	$b=21.5$cm $s=15$cm	$b=25.5$cm $s=18$cm	$b=30$cm $s=21$cm	$b=35$cm $s=24.5$cm	$b=40$cm $s=28$cm	$b=45$cm $s=31.5$cm	$b=50$cm $s=35$cm
0.4s	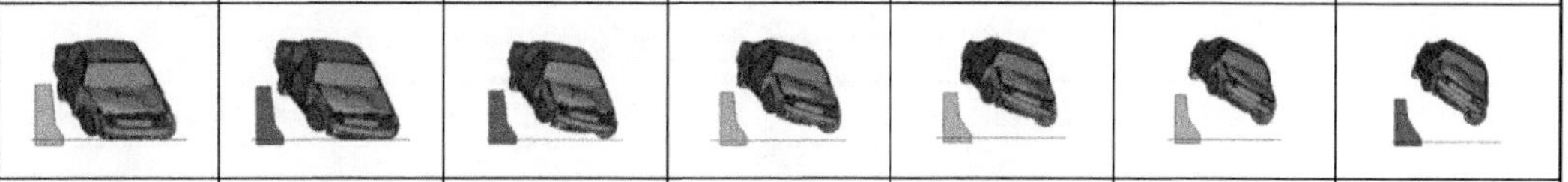						
0.6s	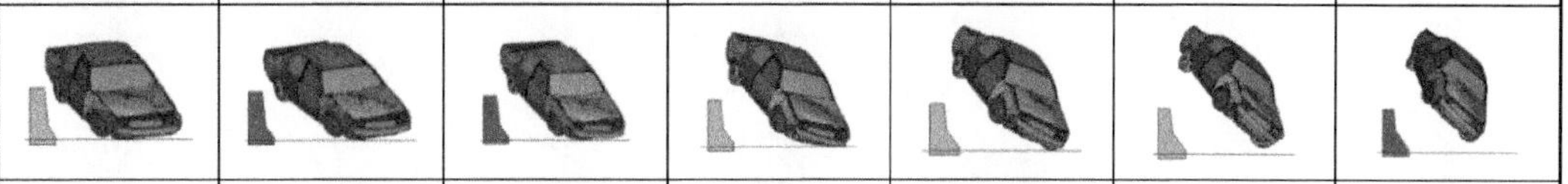						
0.8s	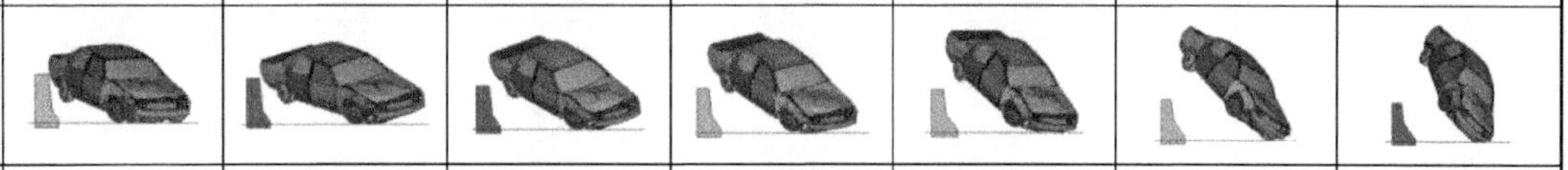						
1.0s							

大型客车碰撞过程(3) 表 3-18

T	$b=21.5$cm $s=15$cm	$b=25.5$cm $s=18$cm	$b=30$cm $s=21$cm	$b=35$cm $s=24.5$cm	$b=40$cm $s=28$cm	$b=45$cm $s=31.5$cm	$b=50$cm $s=35$cm
0s							
0.2s							
0.4s							
0.6s							
0.8s							
1.0s							
1.2s							

由表3-19可知,在β不变的情况下,随着s值和b值的增加,乘员碰撞速度(纵向和横向)均小于12m/s,且呈逐渐减小的趋势;乘员碰撞后加速度(纵向和横向)均小于200m/s^2,且同样呈逐渐减小的趋势。

小客车乘员碰撞速度、碰撞后加速度(3)　　表3-19

s、b	乘员碰撞速度(m/s)		乘员碰撞后加速度(m/s^2)		全程10ms平均加速度(m/s^2)	
	纵向	横向	纵向	横向	纵向	横向
b=21.5cm s=15cm	4.1	8.3	66.1	68.1	94.3	185.0
b=25.5cm s=18cm	4.0	8.2	53.8	68.8	86.4	177.0
b=30cm s=21cm	4.0	8.1	44.4	52.1	88.0	179.0
b=35cm s=24.5cm	4.0	8.2	38.8	47.0	83.9	176.0
b=40cm s=28cm	3.9	7.9	32.8	48.3	82.8	183
b=45cm s=31.5cm	4.0	7.9	37.1	51.4	85.2	168
b=50cm s=35cm	4.0	7.8	34.4	48.4	76.7	172

综上分析,在SS级的碰撞条件下,当β保持不变时,随着s值和b值的增大,护栏下部斜坡面变长(变缓),小客车和大型客车发生翻车的风险不断增加,这也正是NJ型坡面护栏较F型坡面护栏易导致高速碰撞车辆内翻的主要原因,因此混凝土护栏F型坡面s值和b值应采用《公路交通安全设施设计细则》(JTG/T D81—2017)中的标准值,即s为12.5cm、b为18cm。

3)竖直高度c值影响分析

在坡面因素a、b、s、α、β值不变的情况下,考察不同竖直高度(c值)的坡面对车辆碰撞的影响。由表3-20可知,随着迎撞面竖直高度的增加,小客车行驶姿态越来越不稳定,这是由于混凝土护栏迎撞面竖直高度越高,小客车爬升越高,护栏对于小客车的导向功能越差。由表3-21可知,随着迎撞面竖直高度的增加,大型客车碰撞过程中侧倾量和驶出角度逐渐减小,这是由于混凝土护栏越高,其与车辆碰撞接触的位置越高,更容易使大型客车恢复到正常行驶姿态,说明混凝土护栏迎撞面竖直段有效高度即竖直高度越大对于大型客车的阻挡和导向功能越好。

在不同竖直高度小客车碰撞过程 表 3-20

T	竖直面高度 c		
	2.5cm	7.5cm	12.5cm
0s			
0.1s			
0.2s			
0.3s			
0.4s			
0.5s			
0.6s			
0.7s			

在不同竖直高度大型客车碰撞过程 表 3-21

T	竖直高度 c		
	2.5cm	7.5cm	12.5cm
0s			
0.2s			
0.4s	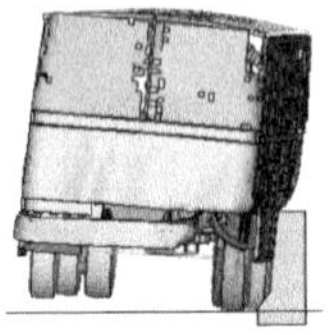	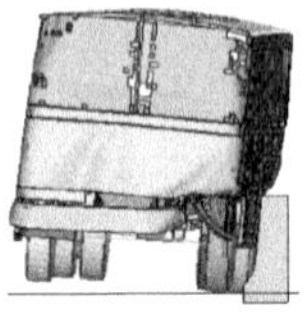	
0.6s	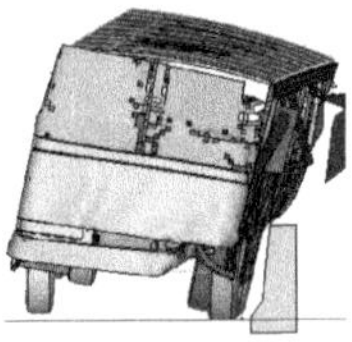		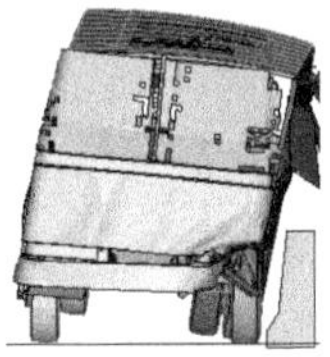
0.8s	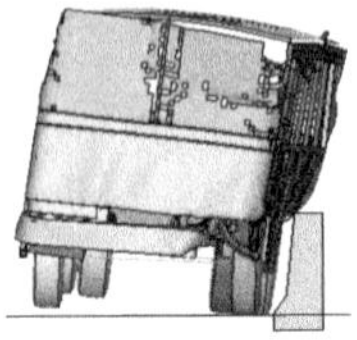	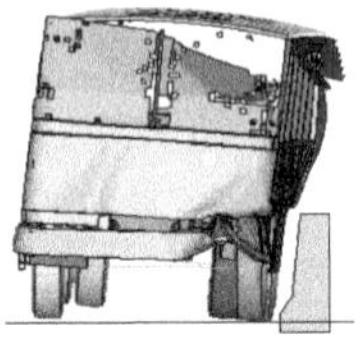	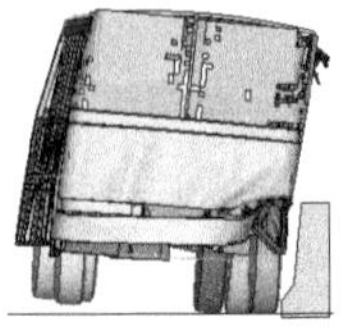
1.0s	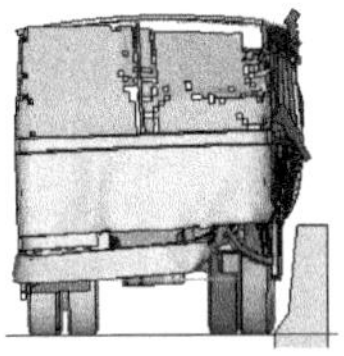	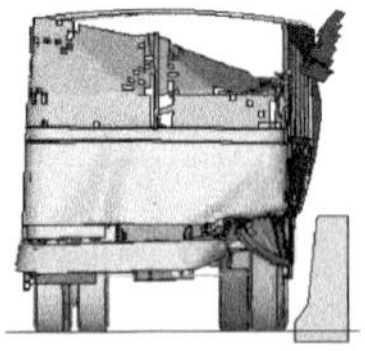	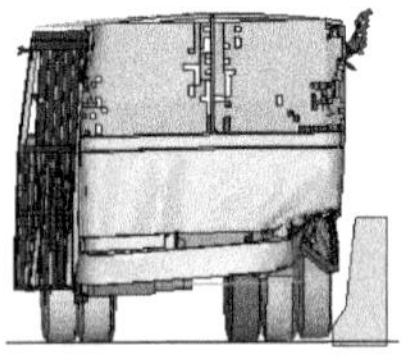
1.2s	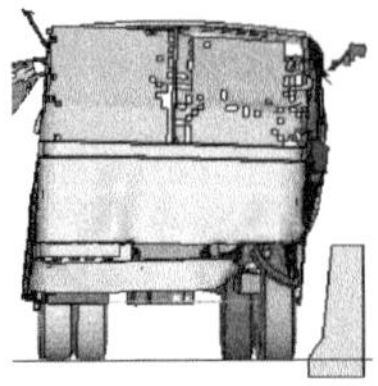	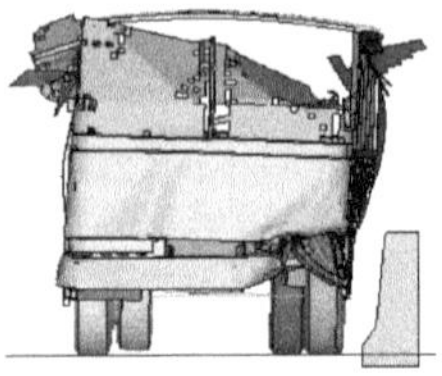	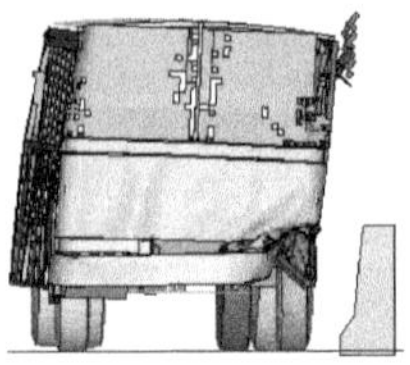

图3-12为在不同竖直高度小客车重心位置碰撞方向(纵向)加速度曲线,从图上可以看出,车辆碰撞后加速度曲线线形基本一致,说明一定范围内护栏竖直段有效高度变化对乘员加速度影响不明显。

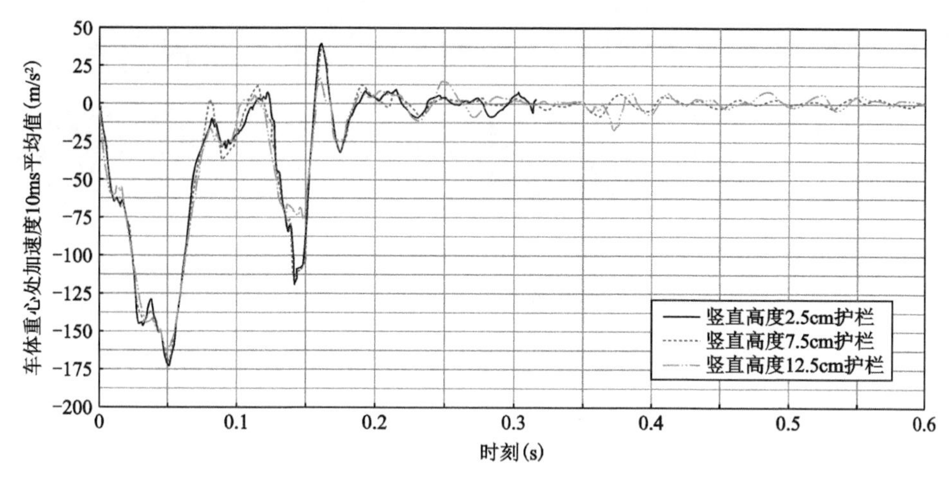

图3-12 在不同竖直高度小客车重心位置碰撞方向(纵向)加速度曲线

综上所述,在SS级的碰撞条件下,当坡面因素 a、b、s、α、β 值不变时,一定范围内随着竖直高度 c 的增大,小客车"跳车"现象愈发明显,而大型客车行驶姿态和驶出角度则越好,经综合考虑,混凝土护栏F型坡面竖直高度(c 值)宜采用7.5cm。

3.2.3 加强型坡面参数对混凝土护栏安全性能影响

加强型坡面基于F型坡面在护栏顶部增加了阻爬坎(图3-13),其主要作用是防止车辆过度爬升,但阻爬坎的实际效果有待验证,有必要进行系统研究。

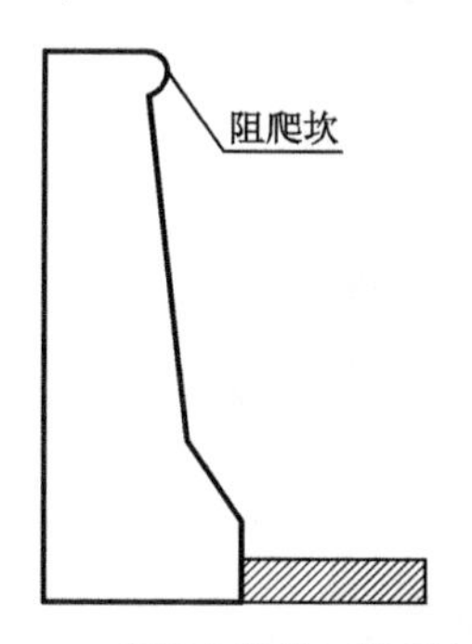

图3-13 混凝土护栏加强型坡面

采用经实车足尺碰撞试验验证的高精度计算机仿真模型,分别建立加强型坡面和F型坡面的混凝土护栏模型(两种护栏的高度 h 以及其他坡面参数保持一致),在SS级护栏碰撞小客车碰撞条件(1.5t小客车、碰撞速度100km/h、碰撞角度20°)和大型客车碰撞条件(18t大型客车、碰撞速度80km/h、碰撞角度20°)下,分析阻爬坎因素对于护栏安全防护性能的影响。

表3-22和表3-23分别为小客车和大型客车碰撞加强型坡面与F型坡面混凝土护栏仿真

计算结果，可见两种护栏对车辆（小客车、大型客车）均能有效防护，且车辆碰撞过程行驶姿态十分接近，说明在F型坡面的基础上增加阻爬坎对于护栏安全防护性能的提升作用不大。

小客车碰撞加强型坡面与F型坡面混凝土护栏过程 表3-22

T	坡面型式	
	F型坡面	加强型坡面
0s	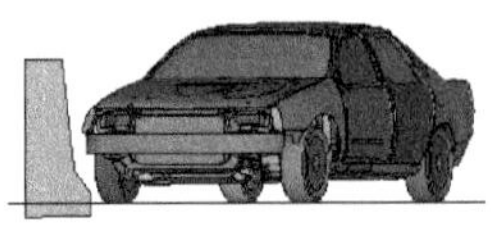	
0.1s	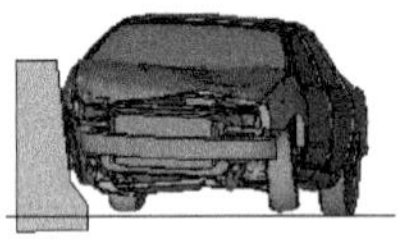	
0.2s	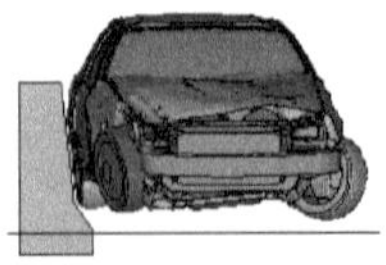	
0.3s	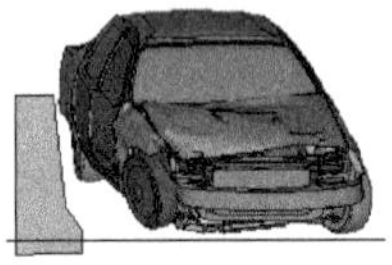	
0.4s	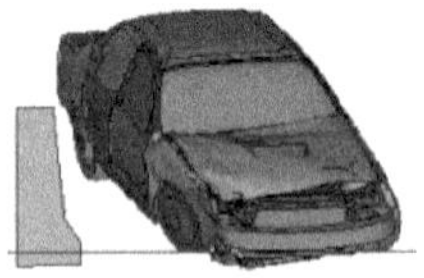	
0.5s	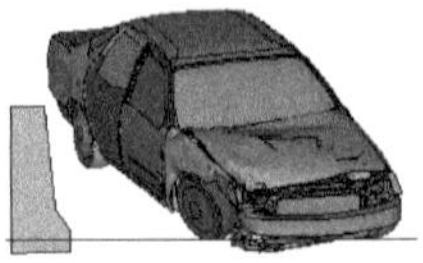	
0.6s	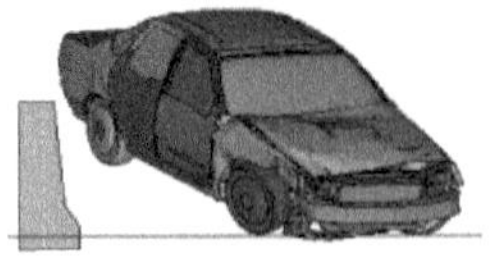	
0.7s		

大型客车碰撞加强型坡面与 F 型坡面混凝土护栏过程 表 3-23

T	坡面型式	
	F 型坡面	加强型坡面
0s		
0.2s		
0.4s		
0.6s		
0.8s		
1.0s		
1.2s		

图 3-14 为在不同坡面型式小客车重心位置碰撞方向(纵向)加速度曲线,从图上可以看出,车辆碰撞后加速度曲线线形基本一致,验证了增加阻爬坎对于 F 型坡面的缓冲功能提升并不明显。

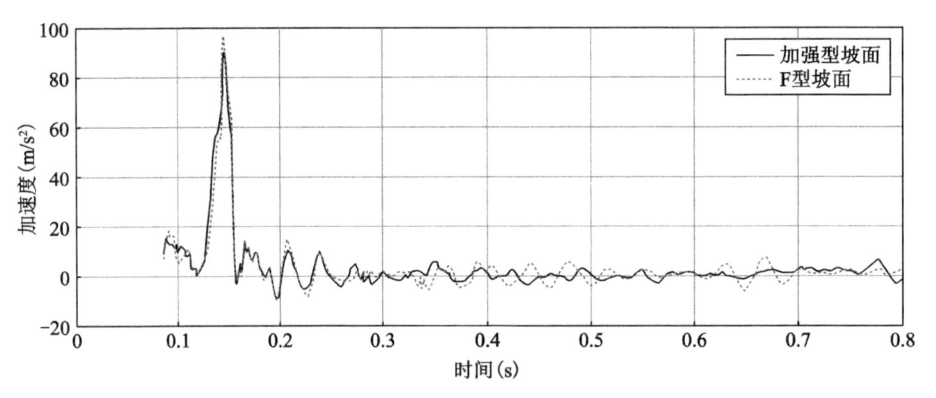

图 3-14 在不同坡面型式小客车重心位置碰撞方向(纵向)加速度曲线

研究表明,阻爬坎的主要作用是防止车辆过度爬升而导致内翻,因此适合在坡面相对较缓的 NJ 型坡面上使用,图 3-15 所示为增加阻爬坎的 NJ 型坡面混凝土护栏成功防护小客车和大型客车的实车碰撞试验。对于 F 型坡面,由于其基本已消除车辆过度爬升的隐患,因此阻爬坎的作用并不明显。

a) 小客车碰撞

b) 大型客车碰撞

图 3-15 增加阻爬坎的 NJ 型坡面护栏成功防护车辆的实车碰撞试验

第 4 章　混凝土护栏高度

4.1　混凝土护栏高度研究概述

高度是混凝土护栏的重要结构参数，其对于大型车辆的防护能力具有重要作用，国内外对混凝土护栏的高度均有些研究和规定。

4.1.1　国外对混凝土护栏高度的研究与规定

美国研究混凝土护栏较早，得到的混凝土护栏结构不但具有多种坡面形式，有效高度也从457mm 到 2290mm 不等，其中 810mm 和 1070mm 是美国混凝土护栏最常用的设计高度。高度为 810mm 的新泽西坡面混凝土护栏、F 型坡面混凝土护栏、单坡型坡面混凝土护栏，均通过了NCHRP 第 350 号报告中规定的 TL-4 试验；高度为 1070mm 的新泽西坡面混凝土护栏、F 型坡面混凝土护栏、单坡型坡面混凝土护栏，也均在 NCHRP 第 350 号报告中规定的 TL-5 测试中获得成功。值得注意的是，810mm 高的新泽西坡面混凝土护栏虽然通过了 NCHRP 第 350 号报告中规定的 TL-4 试验，但是按照 2009 年版《安全设施评价手册》（*MASH*）对安全性能评价指标要求，这种高度的新泽西坡面混凝土护栏却未能通过 MASH 规定的 TL-4 试验测试，从测试结果来看护栏高度对安全性能的影响比坡面更大。

在美国道路中，有一种高度范围在 457 ~ 510mm 的矮型混凝土护栏，这些矮型护栏多用于城市道路，目的是为特定地点应用提供相应的设计，可作为临时护栏应用。这些矮型混凝土护栏可采用现浇施工工艺，也可采用预制施工工艺，制作比较方便。几种不同坡面或截面形式的矮型混凝土护栏通过了 TL-2 试验测试，并在城市道路上推广应用。这些矮型混凝土护栏的应用可以有效提高停车视距，同时可与城市周边环境相适应。图 4-1 为城市道路中用于保护中间带树木的矮型混凝土护栏。

图 4-1　矮型混凝土护栏

高度为1070mm的混凝土护栏可以抵消较高重心或无约束负载的卡车的倾覆力矩，美国公路和运输官员协会*ROADSIDE DESIGN GUIDE*（《公路路侧设计指南》）中指出，针对大型货车重心高度较高，且装载货物稳定性较差，碰撞护栏时易发生倾覆等情况，将护栏高度提高至42英寸（约1.07m）或更高后，其对大型货车的防护效果得到明显改善。在实车足尺碰撞试验中，高度为1070mm的新泽西型坡面混凝土护栏顺利将一辆以84km/h速度、15°角度碰撞的牵引挂车成功导出，体现出良好的安全防护能力。

为提高一些设置在特殊位置的混凝土安全防护能力，美国进一步提升了一些混凝土护栏高度。某公路机构在进行包括牵引挂车在内的众多卡车碰撞的环形坡道的外侧建造了一个2290mm高的混凝土护栏；在一些处于高位的公路匝道位置，美国的一个州也开发并安装了高度2290mm的混凝土护栏。高度为2290mm的混凝土护栏通过了NCHRP第350号报告中规定的TL-6试验测试，具有很高的安全防护水平，在一些特殊位置得到了合理应用，如图4-2所示。

图4-2　美国2290mm高的混凝土护栏

4.1.2　国内对混凝土护栏高度的研究与规定

《公路交通安全设施设计规范》（JTG D81—2017）的第6.3.4条第2款第2项规定：各防护等级桥梁混凝土护栏的高度不应小于表6.3.4-3的规定值（表4-1）。在《公路交通安全设施设计细则》（JTG/T D81—2017）的条文说明中对国外的研究成果进行归纳，指出混凝土护栏高度是确定其防护等级的重要因素。可见高度是混凝土护栏的重要结构参数之一。

桥梁混凝土护栏的高度［《公路交通安全设施设计规范》（JTG D81—2017）中表6.3.4-3］

表4-1

防护等级	高度（cm）	防护等级	高度（cm）
二（B）	70	六（SS）	110
三（A）	81	七（HB）	120
四（SB）	90	八（HA）	130
五（SA）	100		

4.2　高度对混凝土护栏安全性能的影响

高度是混凝土护栏的重要参数之一，对大型车辆的安全防护能力起到至关重要的作用，也是划分混凝土护栏安全防护等级的主要依据之一。图4-3为一辆牵引挂车骑跨上混凝土护栏

的照片和牵引挂车碰撞加高混凝土护栏的照片,通过照片对比可以看出,护栏高度增加后对于大型车的阻挡功能大幅度提升。由于混凝土护栏有单坡型坡面、新泽西型坡面、F 型坡面和加强型坡面多种坡面类型(图 4-4),结合不同的坡面型式,采用计算机仿真模拟的手段研究高度对混凝土护栏安全性能的影响。

图 4-3　牵引挂车骑跨上混凝土护栏(左图)和牵引挂车碰撞加高混凝土护栏(右图)

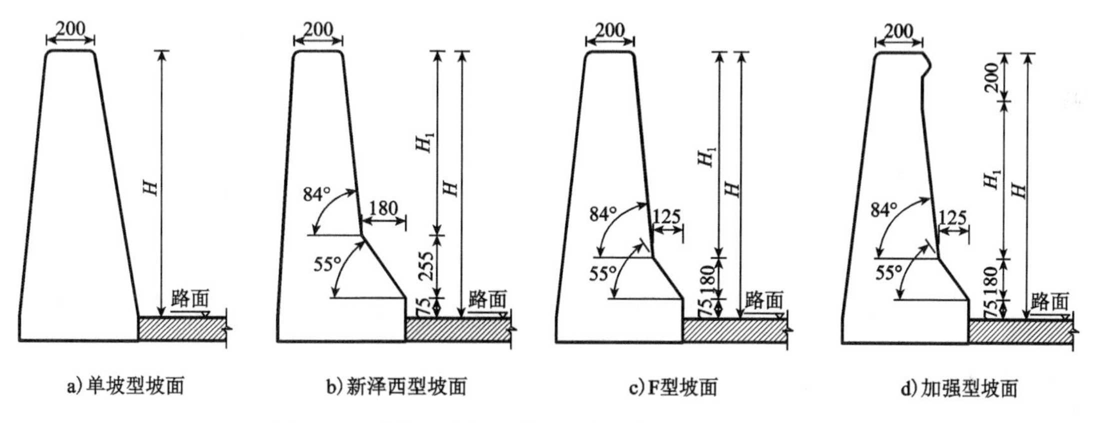

图 4-4　四种坡面形式的混凝土护栏示意图(尺寸单位:mm)

考虑到混凝土护栏主要应用在大型车辆较多的路段,选取路上允许的最大吨位典型大型车辆作为防护对象进行分析。同时,有些路段或道路类型,如城市道路主要满足小型车辆防护需求,也将小型车辆作为碰撞车型之一。《公路交通安全设施设计规范》(JTG D81—2017)中规定的混凝土护栏的最高防护等级为 HA 级,《公路护栏安全性能评价标准》(JTG B05-01—2013)中,HA 级护栏的碰撞车型为小客车和路上允许的最大吨位典型大型车辆,和高度研究中选取的车型相符。《公路交通安全设施设计细则》(JTG/T D81—2017)中规定的 HA 级混凝土护栏的高度不应小于 1.3m。为了探索混凝土护栏对上述不同车型能够实现有效防护的最小高度,对于小客车的混凝土护栏最小高度研究中,在保持护栏坡面不变的基础上建立了高度为 0.4m、0.5m、0.6m、0.7m、0.9m、1.1m 和 1.3m 的混凝土护栏仿真模型;对于大型车辆(特大型客车、整体式货车和鞍式货车)的混凝土护栏最小高度研究中,在保持护栏坡面不变的基础上建立了高度为 0.7m、0.9m、1.1m 和 1.3m 的混凝土护栏仿真模型,然后按照《公路护栏安全性能评价标准》(JTG B05-01—2013)规定的 HA 级碰撞条件(表 4-2),针对各个高度的四种坡面混凝土护栏进行不同车型仿真碰撞分析。

碰撞条件 表4-2

碰撞车型	碰撞速度(km/h)	碰撞角度(°)	车辆总质量(t)	碰撞能量(kJ)
小客车	100	20	1.5	—
特大型客车	85	20	25	≥760
大型货车(整体式货车)	65	20	40	≥760
大型货车(鞍式货车)	65	20	55	≥760

表4-3为小客车碰撞四种坡面形式、不同高度混凝土护栏的仿真计算结果,可以看出:混凝土护栏对于小客车防护的安全储备较足,护栏高度由1.3m分别降低至1.1m、0.9m和0.7m后,从碰撞后车辆运行姿态结果来看,高度降低对于小客车的安全防护效果影响较小,而继续降低高度后,小客车碰撞四种坡面形式的护栏时才均出现明显爬高和侧翻趋势,其中碰撞0.4m单坡型坡面护栏时车体发生侧翻,碰撞0.45m新泽西型坡面和0.4mF型坡面时均发生骑跨,碰撞0.5m加强型坡面时侧翻趋势明显;四种坡面形式的混凝土护栏中,小客车碰撞新泽西型坡面时爬升现象最为明显。

小客车碰撞四种坡面形式、不同高度混凝土护栏仿真计算结果 表4-3

坡面	时刻	不同高度下车辆碰撞过程					
		0.4m~0.5m	0.6m	0.7m	0.9m	1.1m	1.3m
单坡型坡面	0.1s	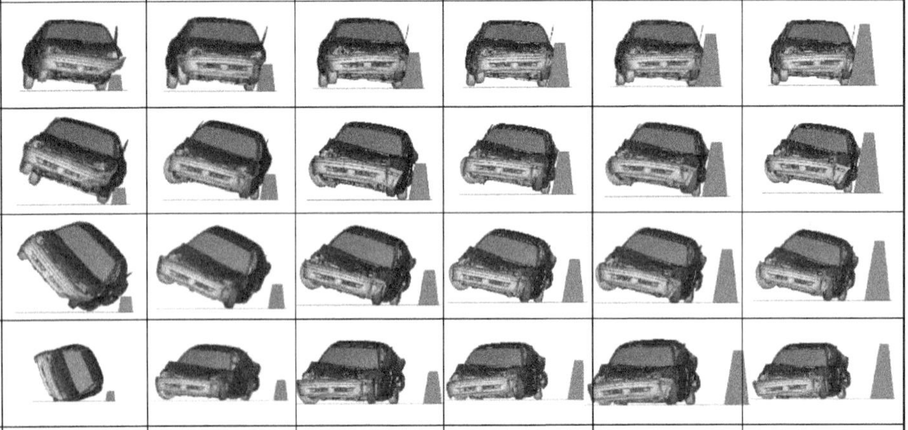					
	0.2s						
	0.4s						
	0.6s						
新泽西型坡面	0.1s	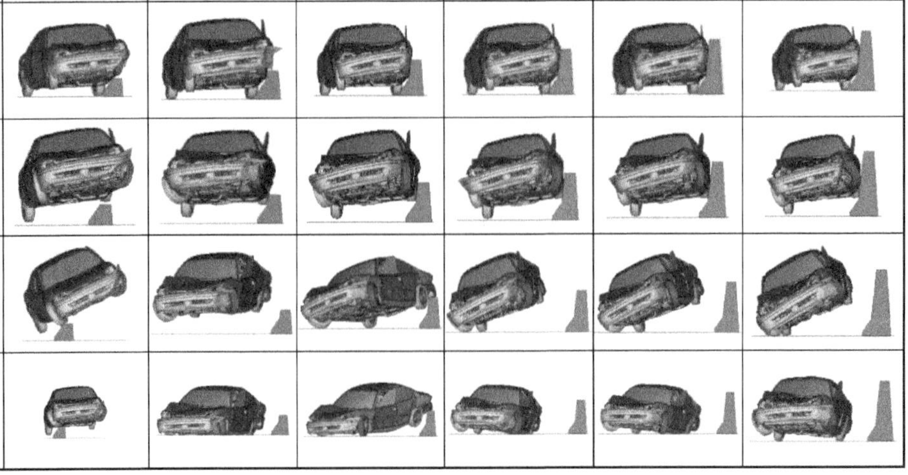					
	0.2s						
	0.6s						
	0.8s						

续上表

坡面	时刻	不同高度下车辆碰撞过程					
		0.4m～0.5m	0.6m	0.7m	0.9m	1.1m	1.3m
F 型坡面	0.1s	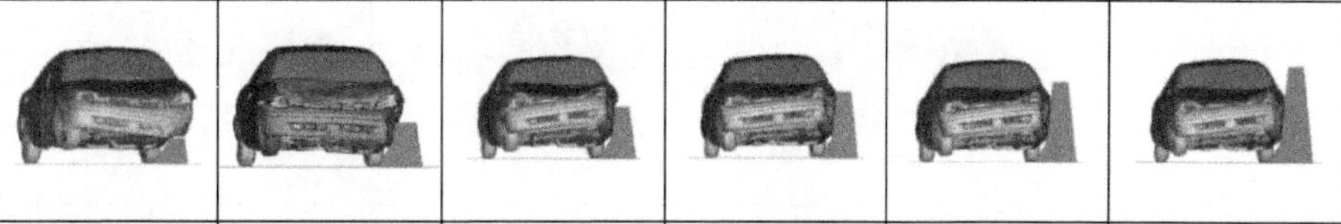					
	0.2s	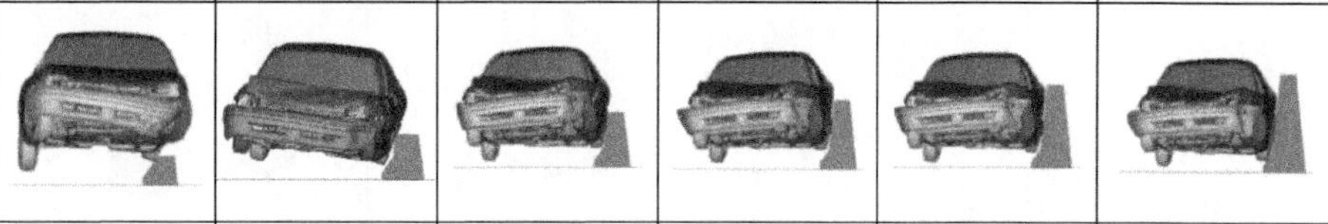					
	0.4s	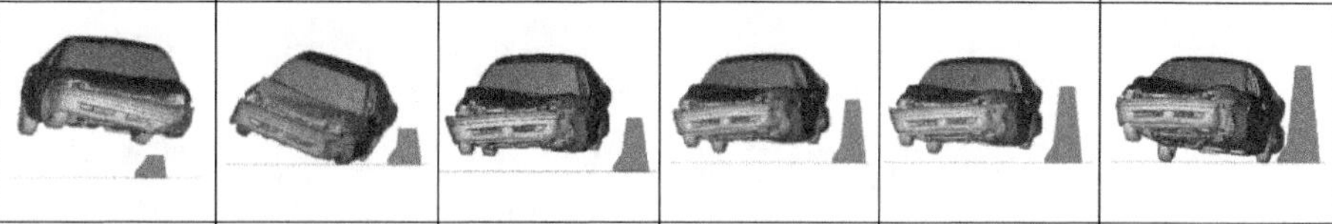					
	0.6s	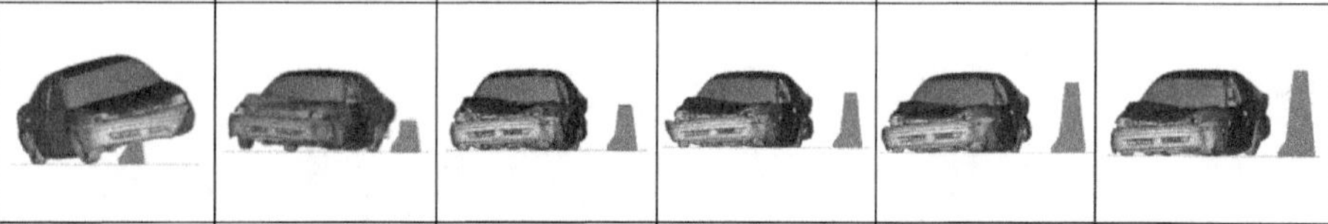					
加强型坡面	0.1s	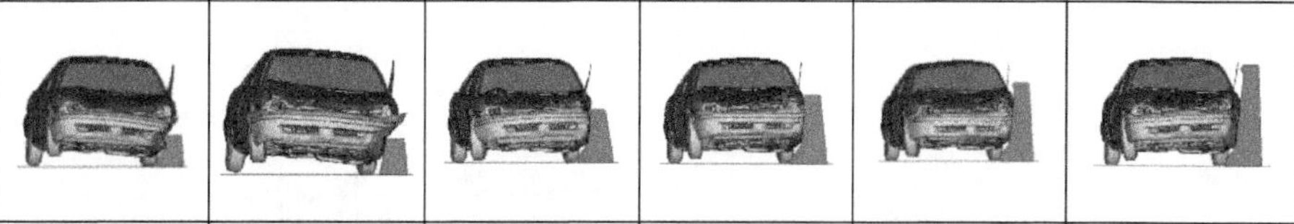					
	0.2s	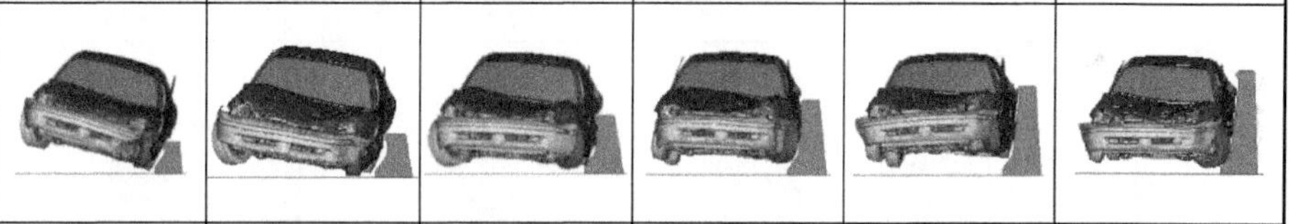					
	0.4s	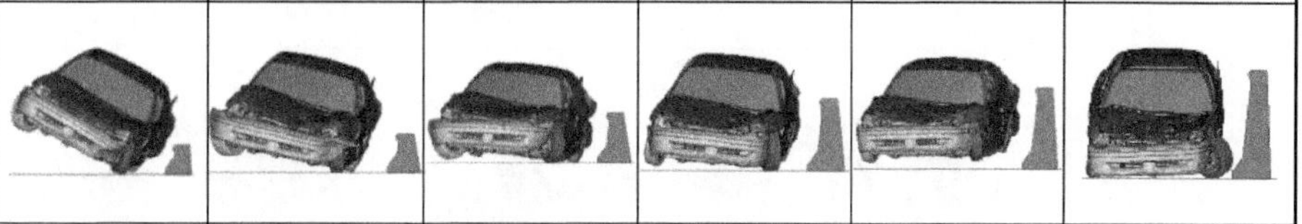					
	0.6s	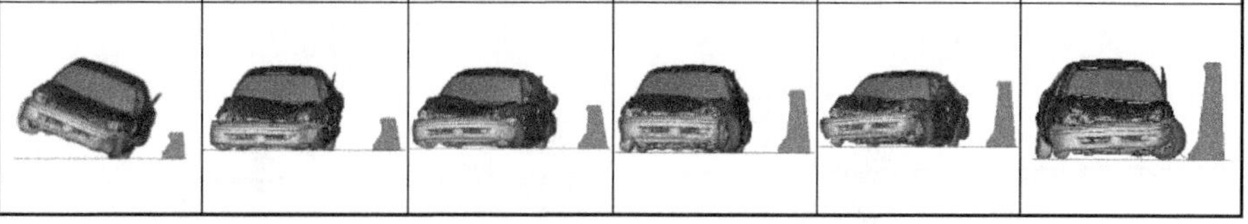					

表 4-4 为特大型客车碰撞四种坡面形式、不同高度混凝土护栏的仿真计算结果，可以看出：随着混凝土护栏高度由 1.3m 逐渐降低，大型客车碰撞护栏后车体侧倾现象愈加明显，发生侧翻的风险增加；当高度降低至 0.9m 时，车辆碰撞四种坡面形式的护栏后均处于近乎侧翻状态；高度继续降低后，大型客车均发生翻车；四种坡面形式的混凝土护栏中，大型客车碰撞新泽西型坡面时爬升现象最为明显。

特大型客车碰撞四种坡面形式、不同高度混凝土护栏仿真计算结果　　表4-4

坡面	时刻	不同高度下车辆碰撞过程			
		0.7m	0.9m	1.1m	1.3m
单坡型坡面	0.2s				
	0.4s				
	1.6s	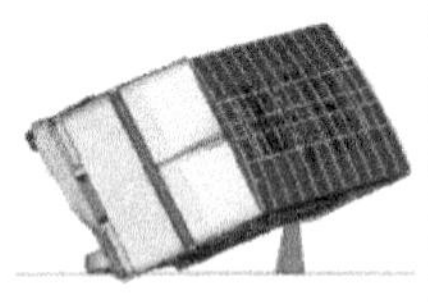			
新泽西型坡面	0.2s				
	0.4s				
	1.6s	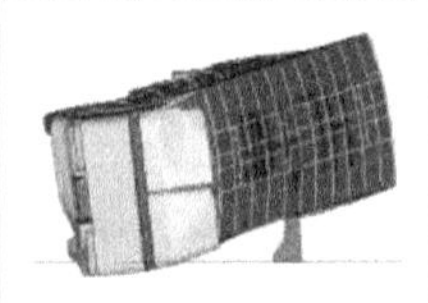			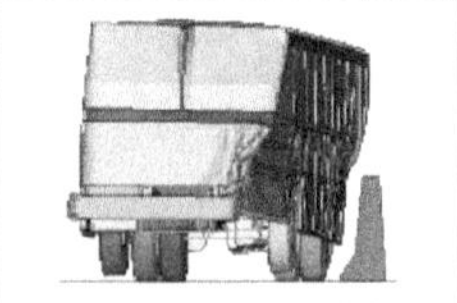
F型坡面	0.2s				
	0.4s				
	1.6s	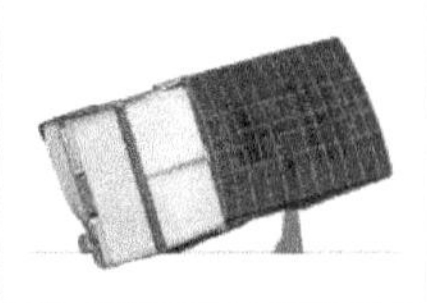			

续上表

坡面	时刻	不同高度下车辆碰撞过程			
		0.7m	0.9m	1.1m	1.3m
加强型坡面	0.2s				
	0.4s				
	1.4s	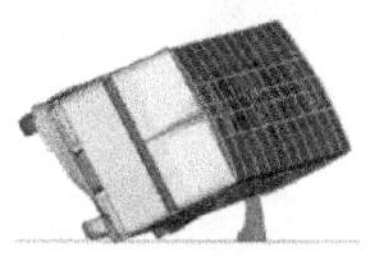			

表4-5为大型整体货车碰撞四种坡面形式、不同高度混凝土护栏的仿真计算结果，可以看出：随着混凝土护栏高度由1.3m逐渐降低，整体式货车碰撞护栏后车厢侧倾程度加重，发生侧翻的风险增加；当高度降低至1.1m时，车辆碰撞新泽西型坡面形式的护栏后近乎侧翻；高度降低至0.9m时，车辆碰撞单坡型坡面、新泽西型坡面和F型坡面护栏后均发生翻车，加强型坡面对整体式货车的防护效果则优于其他三种坡面形式；对于0.9m以下高度，如表4-5中0.7m仿真结果，车辆碰撞后同样发生侧翻。

大型整体货车碰撞四种坡面形式、不同高度混凝土护栏仿真计算结果 表4-5

坡面	时刻	不同高度下车辆碰撞过程			
		0.7m	0.9m	1.1m	1.3m
单坡型坡面	0.2s				
	0.4s				
	0.8s		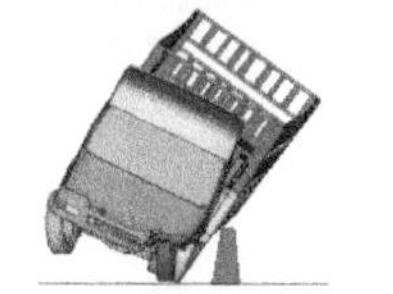		
	1.6s		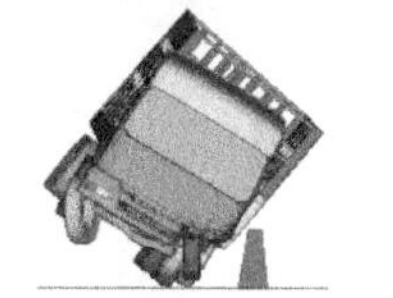		

续上表

坡面	时刻	不同高度下车辆碰撞过程			
		0.7m	0.9m	1.1m	1.3m
新泽西型坡面	0.2s				
	0.4s				
	0.8s			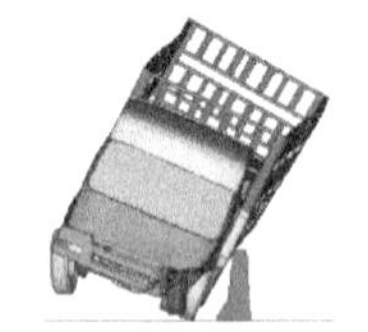	
	1.2s			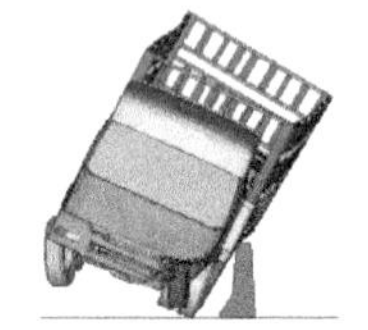	
F 型坡面	0.2s				
	0.4s				
	0.8s			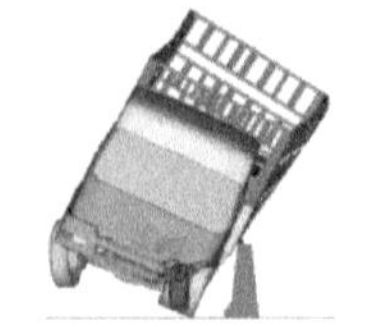	
	1.6s				

续上表

坡面	时刻	不同高度下车辆碰撞过程			
		0.7m	0.9m	1.1m	1.3m
加强型坡面	0.2s				
	0.4s				
	0.8s				
	1.4s				

表4-6为大型鞍式货车碰撞四种坡面形式、不同高度混凝土护栏的仿真计算结果：相比前面三种车型，由于大型鞍式货车具有更大碰撞能量，且车辆重心较高，在碰撞相同坡面和高度的混凝土护栏时，车厢侧倾现象更加显著，在高度降至1.1m时，车辆碰撞四种坡面形式的护栏时均接近临界侧翻状态，高度继续降低后车辆均发生翻车；四种坡面形式的混凝土护栏中，大型鞍式货车碰撞新泽西型坡面时爬升现象同样最为明显，同时车辆甩尾后车体侧倾值较大。

大型鞍式货车碰撞四种坡面形式、不同高度混凝土护栏仿真计算结果 表4-6

坡面	时刻	不同高度下车辆碰撞过程			
		0.7m	0.9m	1.1m	1.3m
单坡型坡面	0.2s				
	0.4s				

续上表

坡面	时刻	不同高度下车辆碰撞过程			
		0.7m	0.9m	1.1m	1.3m
单坡型坡面	0.8s	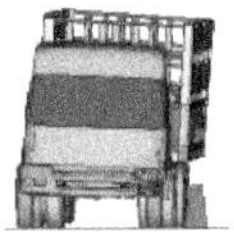			
	1.2s		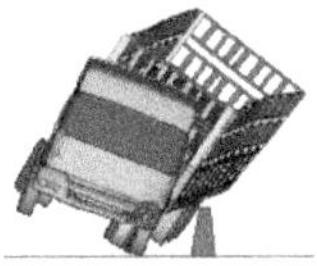		
	2.4s		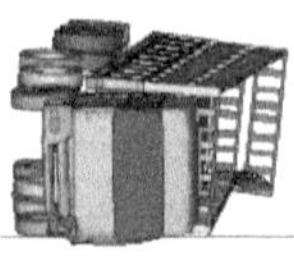		
新泽西型坡面	0.2s			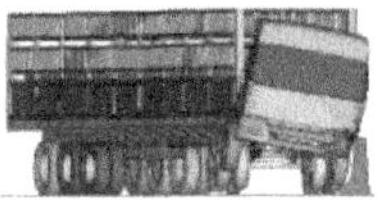	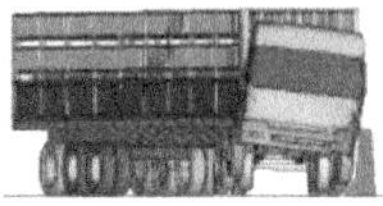
	0.4s		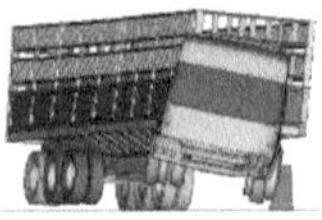		
	0.8s				
	1.2s				
	2.4s				

续上表

坡面	时刻	不同高度下车辆碰撞过程			
		0.7m	0.9m	1.1m	1.3m
F 型坡面	0.2s				
	0.4s				
	0.8s				
	1.2s				
	2.4s				
加强型坡面	0.2s				
	0.4s				
	0.8s				
	1.2s				
	2.4s				

第5章 混凝土护栏承载能力

相对于其他结构形式的护栏,对事故车辆的阻挡功能强是混凝土护栏安全防护性能的最大优势,而混凝土护栏的承载能力是保证其阻挡功能的重要技术指标。路基混凝土护栏一般采用嵌固基础、桩基础或座椅式基础,比桥梁混凝土护栏对混凝土墙体的强度要求低,尤其在抗拉强度方面,路基混凝土护栏墙体一般按照设计规范要求达到一定的配筋率即可,不进行承载力计算。桥梁混凝土护栏多采用钢筋固结的方式设置护栏基础,受力情况类似于悬臂结构,护栏墙体和基础在碰撞力的作用下会产生较大的力矩,需要结构同时具有足够的抗拉和抗压能力,加之桥梁混凝土护栏设计防护等级均较高,其承载能力计算和校核也较为关键。《公路交通安全设施设计规范》(JTG D81—2017)、《公路交通安全设施设计细则》(JTG/T D81—2017)基于一定假设条件,给出了混凝土护栏承载力理论计算方法,交通运输部颁布的《提升公路桥梁安全防护能力专项行动技术指南》给出了混凝土护栏承载能力的具体算例。桥梁混凝土护栏固结在桥梁板悬臂上,其承载能力包括墙体的承载能力和桥梁板悬臂承载能力两个方面。承载能力的计算目前可采用两种计算方法,一种方法是按照常规的钢筋混凝土受弯进行计算,这种方法已较为成熟;另一种较新的方法是基于屈服线分析和强度设计的理论进行计算。

5.1 设计荷载

按照《公路交通安全设施设计规范》(JTG D81—2017)的规定,桥梁护栏设计采用的作用应符合表5-1,其中汽车碰撞荷载的作用虽然具有偶然性,但是作用最为强烈,产生的破坏也最大。

桥梁护栏设计采用的作用 表5-1

作用名称	作用分类
结构重力(包括结构附加重力)	永久作用
风荷载	可变作用
人行道或自行车道栏杆荷载	
汽车碰撞荷载	偶然作用

混凝土护栏的承载能力主要体现在护栏对碰撞车辆的阻挡功能,阻挡功能作为护栏最基本和最重要的功能。根据汽车碰撞荷载按承载能力极限状态的偶然荷载效应组合进行设计验算,能够大体估算出护栏能否有效阻挡该防护等级的碰撞车辆。

车辆碰撞护栏时，碰撞荷载的作用点是沿着护栏迎撞面移动的，并随时间变化，在整个碰撞过程的不同时间点（例如客车头部接触护栏、货车驾驶室和车厢前部接触护栏、客车和货车驶离护栏时车辆尾部接触护栏）出现碰撞力峰值。但在客车头部、货车驾驶室和车厢前部接触护栏时车辆穿越护栏的可能性最大，车辆驶离护栏时已改变行驶方向，穿越护栏越出路外的危险性降低，所以取客车头部、货车驾驶室和车厢前部接触护栏时的碰撞力峰值作为设计碰撞荷载。

车辆碰撞护栏是十分复杂的过程，到目前为止尚没有精确计算方法来进行描述。车辆碰撞护栏常用的数学模型如图5-1所示。该数学模型的建立基于以下基本假设：

①从车辆碰撞护栏起到车辆改变方向平行于护栏止，车辆的纵向和横向加速度不变。

②车辆的竖向加速度和转动加速度忽略不计。

③车辆改变方向平行于护栏时车辆的横向速度分量为0。

④车辆在改变方向时不发生绊阻。

⑤车辆碰撞护栏期间容许车辆发生变形，但车辆的重心位置不变。

⑥车辆近似为质点运动。

⑦刚性护栏的变形值 $Z=0$，半刚性护栏和柔性护栏的变形值 $Z>0$。

⑧车辆与护栏、车轮与公路路面的摩擦力忽略不计。

⑨护栏连续设置。

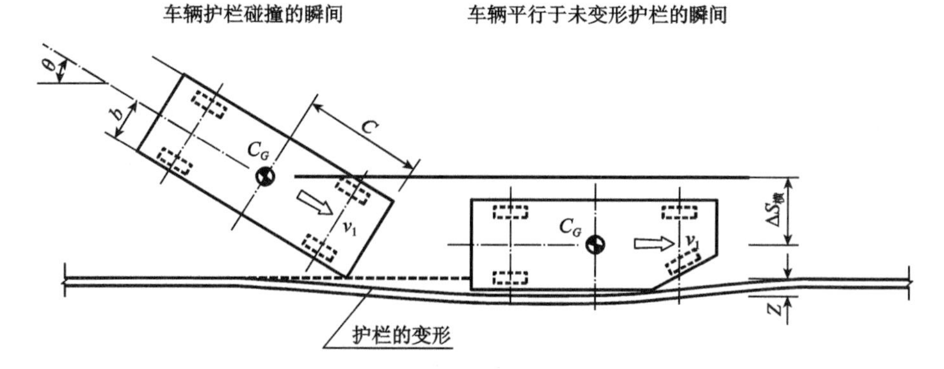

图5-1　车辆与护栏碰撞的数学模型

设车辆的横向位移 $\Delta S_{横}$：

$$\Delta S_{横} = C\sin\theta - b(1-\cos\theta) + Z \tag{5-1}$$

车辆横向位移 $\Delta S_{横}$ 所需时间：

$$\Delta t = \frac{\Delta S_{横}}{横向平均速度} \tag{5-2}$$

因为横向平均速度 $=1/2\{v_1\sin\theta+0\}$，所以：

$$\Delta t = \frac{C\sin\theta - b(1-\cos\theta) + Z}{v_1\sin\theta/2} \tag{5-3}$$

又因为车辆横向平均加速度$G_{横}$为：

$$G_{横}=a_{横}=\frac{(\Delta v)_{横}}{\Delta t} \tag{5-4}$$

横向速度变化

$$(\Delta v)_{横}=v_1\sin\theta-0 \tag{5-5}$$

则

$$G_{横}=\frac{v_1\sin\theta}{\Delta t} \tag{5-6}$$

所以

$$G_{横}=\frac{v_1^2\sin^2\theta}{2[C\sin\theta-b(1-\cos\theta)+Z]} \tag{5-7}$$

根据$F_{横}=ma_{横}$，有：

$$F_{横}=\frac{m(v_1\sin\theta)^2}{2[C\sin\theta-b(1-\cos\theta)+Z]} \tag{5-8}$$

$F_{横}$单位取 kN，有：

$$F_{横}=\frac{m(v_1\sin\theta)^2}{2000[C\sin\theta-b(1-\cos\theta)+Z]} \tag{5-9}$$

假设车辆和护栏的刚度可理想化为线性弹簧，则碰撞荷载与时间的关系曲线是正弦曲线，车辆横向最大加速度$G_{横\max}$为：

$$G_{横\max}=\frac{\pi}{2}G_{横} \tag{5-10}$$

所以

$$F_{横\max}=\frac{\pi}{2}\cdot\frac{m\,v_1^2\sin^2\theta}{2000[C\sin\theta-b(1-\cos\theta)+Z]} \tag{5-11}$$

式中：$F_{横\max}$——车辆作用在护栏上的最大横向碰撞力（kN）；

m——车辆质量（kg）；

v_1——车辆的碰撞速度（m/s）；

θ——车辆的碰撞角度（°）；

C——车辆重心至前保险杠之间的距离（m）；

b——车辆宽度的一半（m）；

Z——护栏的横向变形（m），对于混凝土护栏取 $Z=0$。

为验证式（5-9）和式（5-11）预测的精度，美国曾用其预测的横向碰撞荷载与碰撞试验实测的碰撞荷载相比较，得出公式的预测精度为 +20%，见表 5-2。可见，对于小汽车，式（5-9）和式（5-11）预测的碰撞荷载和试验的实测值很相近，英国桥梁护栏标准中护栏的设计荷载就直接采用式（5-11）的计算值。

刚性护栏横向碰撞荷载(v_1 =96km/h,θ=15°)　　表 5-2

车辆质量(kg)	平均力(kN)	最大荷载(kN)		
	式(5-9) 计算值	式(5-11) 计算值	布卢姆 试验值	布什 试验值
2043	84.5	129.0	133.4	124.5
9080	155.7	244.6	311.4	373.6
18160	258.0	404.8	667.2	667.2
31780	—	—	1112.0	—
32688	404.8	636.1	—	—

日本现行车辆用刚性护栏碰撞荷载见表 5-3。日本金属制桥梁护栏(刚性护栏)碰撞试验的结果见表 5-4。

日本刚性护栏碰撞荷载　　表 5-3

碰撞条件	碰撞能量 (kJ)	碰撞荷载(kN)		
		单坡型坡面	F 型坡面	直墙型坡面
25t,50km/h,15°	160	34	35	43
25t,65km/h,15°	280	57	58	72
25t,80km/h,15°	420	86	88	109
25t,100km/h,15°	650	135	138	170

日本金属制护栏碰撞试验条件和结果　　表 5-4

序号	护栏等级	碰撞条件			车体接触长度 (m)
		车辆质量(t)	碰撞速度(km/h)	碰撞角度(°)	
1	A	1.3	60.6	15	3.7
2	A	13.87	60.6	15	11.2
3	B	1.41	40.4	15	2.8
4	B	14.0	40.4	15	3.7
5	A	14.02	60.6	15	9.15
6	A	14.01	60.6	15	8.8
7	A	1.64	60.6	15	3.4
8	B	13.84	40.4	15	4.1
9	B	13.95	40.4	15	4.81
10	SB	1.1	80	15	2.90
11	SB	14.0	80	15	13.35

美国对钢筋混凝土墙式护栏碰撞试验的结果见图 5-2、图 5-3 和表 5-5,美国推荐的设计荷载分布见图 5-4 和表 5-6。

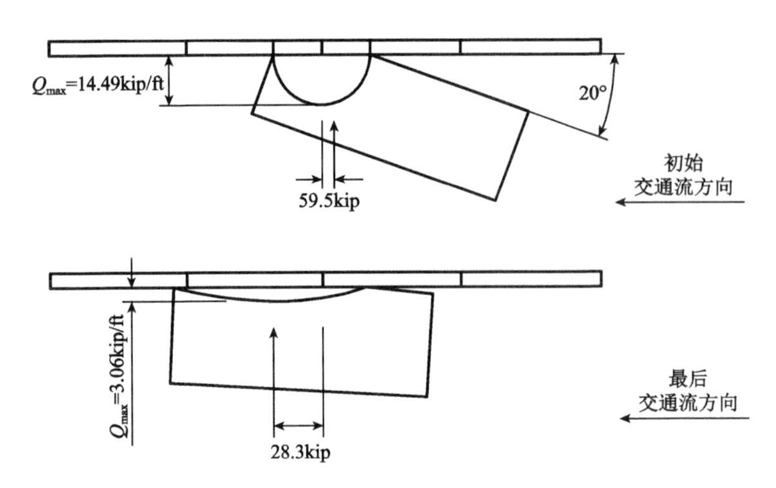

图 5-2　混凝土墙式护栏的碰撞过程

（碰撞条件：m = 47401b；v = 59.9mph；θ = 24°）

注：1lb = 453.592g；1kip = 4.445kN；1mph = 1.609km/h；1kip/ft = 1.458kN/m。

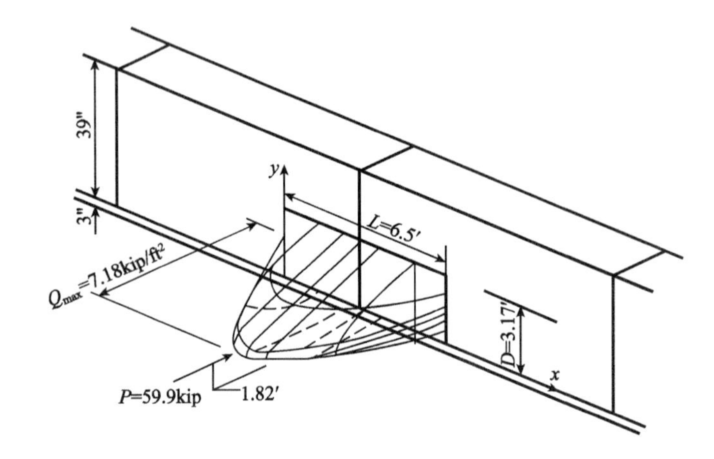

图 5-3　接触应力的分布

注：1kip = 4.445kN；1mph = 1.609km/h；1kip/ft = 1.458kN/m；1′ = 0.305m；1″ = 2.54cm。

混凝土护栏碰撞试验结果　　表 5-5

试验条件			碰撞状态	合力				最大力	
质量 (lb)	速度 (mph)	角度 (°)		高度 (in)	大小 (kip)	接触高度 (ft)	接触长度 (ft)	单位面积 (kip/ft²)	单位长度 (kip/ft)
2050	59.0	15.5	始	17.0	18.4	2.33	5.0	3.89	5.76
			终	18.7	8.4	2.58	7.6	1.11	1.82
2090	58.5	21.0	始	19.0	21.1	2.67	6.0	3.25	5.52
			终	20.7	13.1	3.00	8.0	1.35	2.58
2800	58.3	15.0	始	18.1	18.5	2.50	5.0	3.85	5.81
			终	15.3	13.9	2.08	10.8	1.82	2.01

续上表

试验条件			碰撞状态	合力				最大力	
质量 (lb)	速度 (mph)	角度 (°)		高度 (in)	大小 (kip)	接触高度 (ft)	接触长度 (ft)	单位面积 (kip/ft^2)	单位长度 (kip/ft)
2830	56.0	18.5	始	19.3	22.0	2.92	4.8	3.65	7.61
			终	21.3	22.5	3.00	10.2	1.52	3.48
4680	52.9	15.0	始	21.4	52.5	3.08	7.3	5.73	11.24
			终	24.0	28.3	3.25	10.7	2.01	4.16
4740	59.9	24.0	始	21.8	59.5	3.17	6.5	7.18	14.49
			终	22.5	28.3	3.25	14.5	1.48	3.06
20030	57.6	15.0	始	29.0	63.7	2.17	12.3	5.88	21.20
			终	32.7	73.8	1.58	25.5	4.51	4.54
32020	60.0	15.0	始	26.3	85.0	2.58	6.3	12.90	21.20
			终	28.4	11.0	2.25	15.0	15.40	22.10

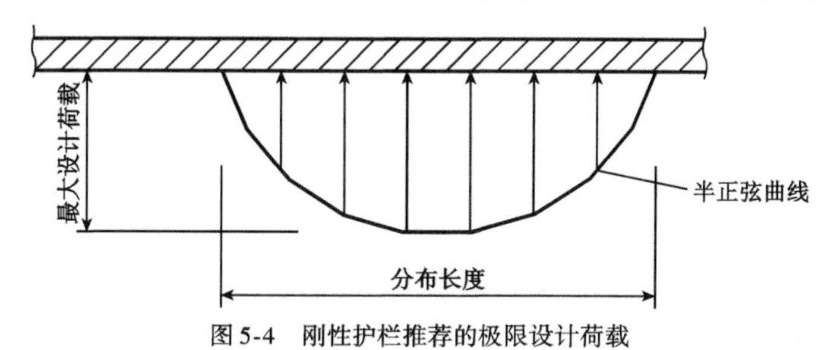

图5-4 刚性护栏推荐的极限设计荷载

刚性护栏推荐的极限设计荷载 表5-6

设计试验条件	最大设计荷载(kN/m)	设计荷载分布长度(m)	有效高度(m)
2043kg、96km/h、$\theta=15°$	15.2	2.3	0.6
2043kg、96km/h、$\theta=25°$	19.7	2.0	0.6
9080kg、96km/h、$\theta=15°$	11.0	3.8	0.85
14528kg、96km/h、$\theta=15°$	30	4.6	0.75

我国桥梁刚性护栏碰撞试验中碰撞荷载的实测结果见表5-7。

我国刚性护栏碰撞荷载的实测结果 表5-7

试验序号	碰撞条件			碰撞能量 (kJ)	碰撞荷载实测值 (kN)
	碰撞角度(°)	车辆总质量(t)	碰撞速度(km/h)		
1	21.6	2	91.5	87	192.4
2	21.1	18	81	590	589.1
3	20.4	18	84	595	719.6
4	19.2	2	95	75	176.4
5	20.5	20	64	387	443.2
6	21.1	20	86	739	797.6

通过对不同国家刚性护栏碰撞荷载的比较,中国实测的刚性护栏碰撞荷载最大,英国和日本最小,美国居中。我国部分桥梁护栏实车试验各测点的最大应变测量值如图5-5所示。

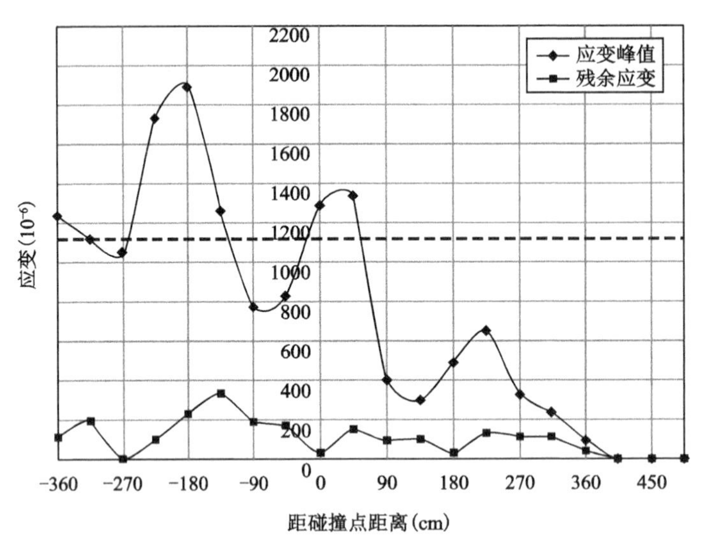

图5-5 我国部分桥梁护栏实车试验各测点的最大应变测量值

依据国内外研究资料,并参考国内外相关标准规范,在《公路交通安全设施设计规范》(JTG D81—2017)中对桥梁护栏的汽车横向碰撞荷载标准值和分布长度进行了规定,见表5-8。

桥梁护栏的汽车横向碰撞荷载标准值和分布长度 表5-8

防护等级	代码	标准值(kN)		分布长度(m)
		Z=0m	Z=0.3~0.6m	
一	C	70	55~45	1.2
二	B	95	75~60	1.2
三	A	170	140~120	1.2
四	SB	350	285~240	2.4
五	SA	410	345~295	2.4
六	SS	520	435~375	2.4
七	HB	650	550~500	2.4
八	HA	720	620~550	2.4

注:Z为桥梁护栏的最大横向动态变形值(mm),对于混凝土桥梁护栏Z=0。

5.2 钢筋混凝土受弯构件承载力计算

一般情况下,钢筋混凝土桥梁护栏的迎撞面和背面均配有钢筋,护栏关于桥梁纵轴的弯曲承载力矩M_c和护栏关于其竖向轴的弯曲承载力矩M_w,参照《混凝土结构设计规范》(GB 50010—2010)关于单筋矩形截面正截面承载力计算,计算简图如图5-6所示。

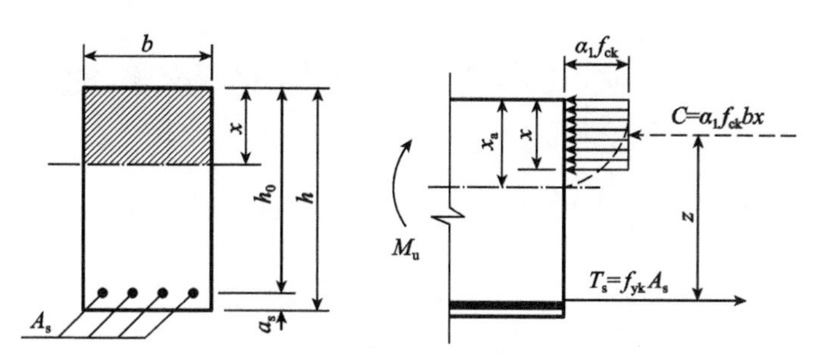

图5-6 单筋矩形截面计算简图

所有各力在水平轴方向上的合力为零，则：

$$\sum X=0 \quad \alpha_1 f_{ck}bx=f_{yk}A_s \tag{5-12}$$

式中：α_1——系数，查表获得，混凝土强度≤C50时，$\alpha_1=1.0$；

f_{ck}——混凝土轴心抗压强度标准值；

b——矩形截面宽度；

x——按等效矩形应力图形计算的受压区高度；

f_{yk}——钢筋屈服强度标准值；

A_s——受拉区纵向受力钢筋的截面面积。

对受拉区纵向受力钢筋的合力作用点取矩：

$$\sum M_s=0 \quad M\leqslant M_u=\alpha_1 f_{ck}bx\left(h_0-\frac{x}{2}\right) \tag{5-13}$$

式中：M——荷载在该截面上产生的弯矩标准值；

M_u——截面破坏时的极限弯矩；

h_0——截面的有效高度，$h_0=h-a_s$，h为矩形截面高度，a_s为受拉区边缘到受拉钢筋合力作用点的距离。

对受压区混凝土压应力的合力作用点取矩：

$$\sum M_S=0 \quad M\leqslant M_u=f_{yk}A_S\left(h_0-\frac{x}{2}\right) \tag{5-14}$$

承载力校核时，截面的弯矩设计值M、截面尺寸$b\times h$、钢筋种类、混凝土的强度等级、受拉钢筋截面面积A_s为已知量，可按照以下步骤，确定截面能否抵抗弯矩设计值。

(1)计算截面有效高度h_0。

(2)计算受压区高度x：

$$x=\frac{f_{yk}A_S}{\alpha_1 f_{ck}b} \tag{5-15}$$

(3)计算截面受弯承载力M_u：

$$M_u=A_s f_{yk}\left(h_0-\frac{x}{2}\right) \tag{5-16}$$

(4)判断截面是否安全：

截面能够抵抗的弯矩M_u求出后，将M_u与截面的弯矩设计值M相比较：如果$M\leqslant M_u$，则截面承载力足够，截面工作可靠；如果$M>M_u$，则截面承载力不够，需进行加强。

5.3 桥梁混凝土护栏墙体承载能力

5.3.1 屈服线理论

屈服线理论是一种极限荷载分析方法。屈服线是指钢筋混凝土板上的一条裂缝,沿该裂缝的钢筋已经屈服,并产生塑性旋转。根据屈服线理论可获得裂缝处构件的承载能力,该理论可用于很多板类构件。

在《公路交通安全设施设计细则》(JTG/T D81—2017)条文说明中对屈服线理论进行了详细说明。如图5-7所示的一块方板,在四边简单支撑。该板将承受平均分布的荷载,并逐渐增加直至破坏。开始时,在荷载作用下,板的反应是弹性的,钢筋的应力为最大,变形出现在板的中心。这一阶段在板底将出现很细的裂缝,跨中处混凝土的弯曲抗拉强度已被超过。增加荷载将加速这些细裂缝的形成,进一步增加荷载将进一步增加裂缝的尺寸,导致钢筋的屈服,从最大变形点处放射出大的裂缝。仍进一步增加荷载,这些裂缝将向板的自由边转移,这时所有穿过屈服线的钢筋将屈服。在这种极限状态下,板将发生破坏。如图5-8所示,板将分为*A*、*B*、*C*和*D*四个刚性平面区。屈服线构成了这些刚性区之间的边界,而这些区域将围绕这些线旋转。这些区域也将绕沿支撑线的旋转轴转动,使得支撑荷载发生移动。在该结合点处,由旋转的屈服线的铰分担的功等于移动区域上的荷载消耗的功。这就是屈服线理论。

根据这个理论,可以忽略弹性变形,所有的变形均假定集中在屈服线处。

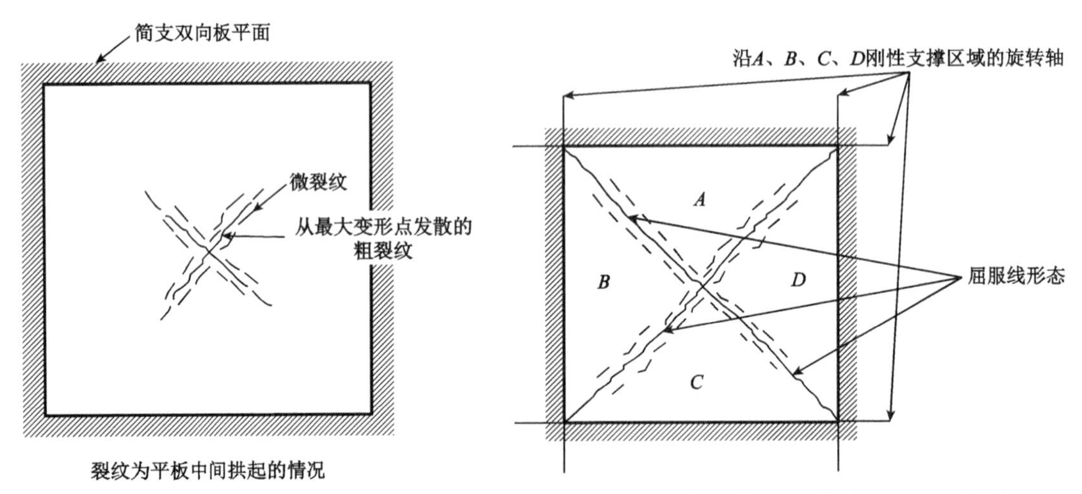

图5-7 板内最大变形点处底部钢筋开始屈服

图5-8 板底部钢筋沿屈服线屈服的机理示意图

5.3.2 计算方法

《公路交通安全设施设计细则》(JTG/T D81—2017)基于屈服线理论给出了适用于桥梁混凝土护栏的计算方法,但该方法不适用于刚性结构上安装的护栏,如挡土墙或扩大基础,因为在这种情况下,裂缝将扩展到支撑构件。

碰撞发生在护栏标准段时屈服线分析方法如图 5-9 所示。

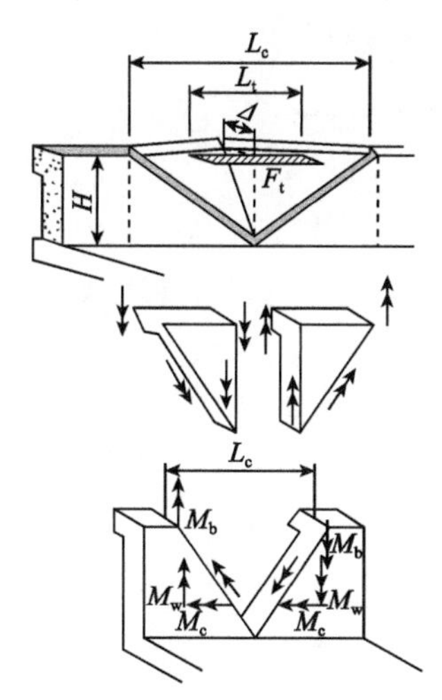

图 5-9　碰撞发生在护栏标准段时屈服线分析方法

护栏的总的横向荷载承载能力为：

$$R_w = \frac{2}{2L_c - L_t}\left(8M_b + 8M_w + \frac{M_c L_c^2}{H}\right) \tag{5-17}$$

屈服线发生的临界长度L_c应为：

$$L_c = \frac{L_t}{2} + \sqrt{\left(\frac{L_t}{2}\right)^2 + \frac{8H(M_b + M_w)}{M_c}} \tag{5-18}$$

碰撞发生在护栏端部时屈服线分析方法如图 5-10 所示。

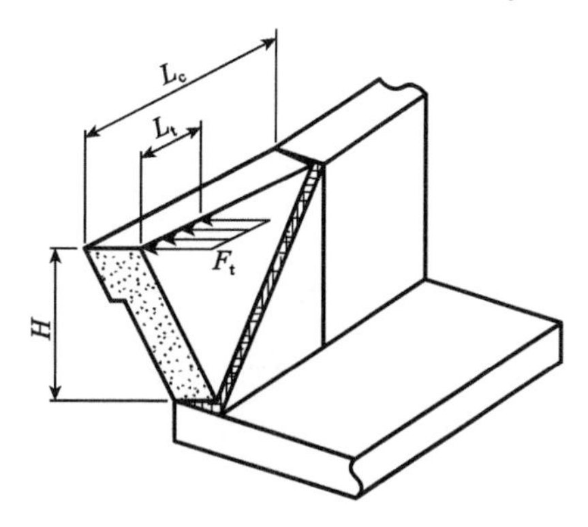

图 5-10　碰撞发生在护栏端部时屈服线分析方法

注：F_t——作用于混凝土护栏顶部的横向荷载(kN)。

护栏的总的横向荷载承载能力为：

$$R_w = \frac{2}{2L_c - L_t}\left(M_b + M_w + \frac{M_c L_c^2}{H}\right) \tag{5-19}$$

屈服线发生的临界长度L_c应为：

$$L_c = \frac{L_t}{2} + \sqrt{\left(\frac{L_t}{2}\right)^2 + H\frac{(M_b + M_w)}{M_c}} \tag{5-20}$$

式中：H——护栏的有效高度(m)；

L_c——屈服线破坏模式的临界长度(m)；

L_t——碰撞荷载分布的纵向长度(m)；

R_w——护栏的总的横向承载能力(kN)；

M_w——护栏关于其竖向轴的弯曲承载力矩(kN·m)；

M_b——护栏顶部除M_w之外的横梁附加弯曲承载力矩(kN·m)；

M_c——悬臂型护栏关于桥梁纵轴的弯曲承载力矩(kN·m/m)。

在使用上面的公式时，M_c和M_w不应在其高度范围内发生很大的变化。

5.3.3 算例

采用5.3.2小节的计算方法对图5-11所示的混凝土护栏标准段断面进行计算。路面以上墙体高度为1100mm，即$H = 1100\text{mm}$；墙体顶面宽度为200mm，底面宽度为500mm；墙体竖筋为直径$d_1 = 16\text{mm}$的HRB400钢筋，间距为$l_2 = 200\text{mm}$；纵筋为直径$d_2 = 12\text{mm}$的HRB400钢筋。C30混凝土的抗压强度取$f_{ckC30} = 20.1\text{MPa}$，C50混凝土的抗压强度取$f_{ckC50} = 32.4\text{MPa}$，HRB400筋屈服强度取$f_{yk} = 400\text{MPa}$。《公路交通安全设施设计规范》(JTG D81—2017)表3.5.5给出五(SS)级碰撞荷载的分布长度为2.4m，则$L_t = 2.4\text{m}$。

(1)护栏关于桥梁纵轴的弯曲承载力矩M_c

护栏按照图5-12所示划分为1-1、2-2、3-3断面进行计算。护栏迎撞面保护层为45mm，直径$d_1 = 16\text{mm}$的钢筋单筋面积为$S_1 = 201\text{mm}^2$，直径$d_2 = 12\text{mm}$的钢筋单筋面积为$S_2 = 113\text{mm}^2$。

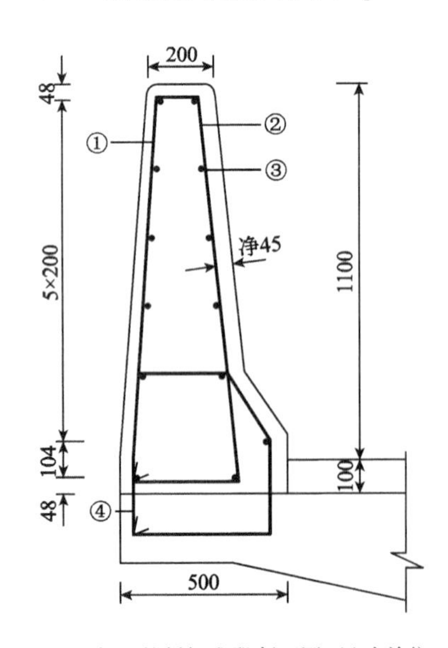

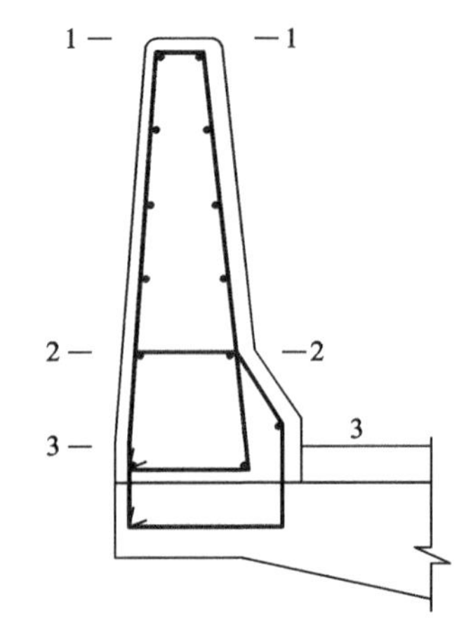

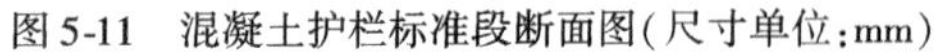

图5-11 混凝土护栏标准段断面图(尺寸单位：mm)

图5-12 护栏断面划分

断面1：断面到路面距离$L_{1\text{-}1} = 1100\text{mm}$，断面宽$h = 200\text{mm}$，断面边缘到竖筋中心$a_s = 53\text{mm}$，计算区域取竖筋间距$b = l_2$，受压区高度$x = \dfrac{f_{yk}S_1}{f_{ckC30}b} = 20\text{mm}$，截面的有效高度$h_0 = h - a_s =$

147mm，则$M_{c1\text{-}1}=\frac{f_{yk}S_1}{b}\left(h_0-\frac{x}{2}\right)=55074\text{N}\cdot\text{mm/mm}$。

断面2：$L_{2\text{-}2}=255\text{mm}$，$h=356\text{mm}$，$a_s=53\text{mm}$，受压区高度$x=\frac{f_{yk}S_1}{f_{ckC30}b}=20\text{mm}$，截面的有效高度$h_0=h-a_s=303\text{mm}$，则$M_{c2\text{-}2}=\frac{f_{yk}S_1}{b}\left(h_0-\frac{x}{2}\right)=117786\text{N}\cdot\text{mm/mm}$。

断面3：$L_{3\text{-}3}=0\text{mm}$，$h=500\text{mm}$，$a_s=45+\frac{d_1}{2}=53\text{mm}$，受压区高度$x=\frac{f_{yk}S_1}{f_{ckC30}b}=20\text{mm}$，截面的有效高度$h_0=h-a_s=447\text{mm}$，则$M_{c3\text{-}3}=\frac{f_{yk}S_1}{b}\left(h_0-\frac{x}{2}\right)=175674\text{N}\cdot\text{mm/mm}$。

当破坏模式为护栏底部破坏时，有：

$$M_{c1}=\frac{\frac{(M_{c1\text{-}1}+M_{c2\text{-}2})}{2}(L_{1\text{-}1}-L_{2\text{-}2})+\frac{(M_{c2\text{-}2}+M_{c3\text{-}3})}{2}(L_{2\text{-}2}-L_{3\text{-}3})}{L_{1\text{-}1}}=100408.64\text{N}\cdot\text{mm/mm}$$

当破坏模式为断面2破坏、护栏底部未破坏时，有：

$$M_{c2}=\frac{\frac{(M_{c1\text{-}1}+M_{c2\text{-}2})}{2}(L_{1\text{-}1}-L_{2\text{-}2})}{(L_{1\text{-}1}-L_{2\text{-}2})}=86430\text{N}\cdot\text{mm/mm}$$

（2）护栏关于其竖向轴的弯曲承载力矩M_w

按照划分的断面共将护栏分为两个区域，如图5-13所示。

区域1：区域内左右各有4根纵筋承受正负弯矩，则$A'_s=4S_2$，断面边缘到纵筋中心$a_s=67\text{mm}$，区域高度$b=845\text{mm}$，受压区高度$x=\frac{f_{yk}A'_s}{f_{ckC30}b}=10.64\text{mm}$，截面的有效高度$h_0=\bar{h}-a_s=211\text{mm}$，则$M_{w1\text{-}1}=f_{yk}A'_s\left(h_0-\frac{x}{2}\right)=37186944\text{N}\cdot\text{mm}$。

区域2：按区域内左右各有1根纵筋承受正负弯矩计算，则$A'_s=S_2$，$a_s=67\text{mm}$，$b=255\text{mm}$，受压区高度$x=\frac{f_{yk}A'_s}{f_{ckC30}b}=8.82\text{mm}$，截面的有效高度$h_0=\bar{h}-a_s=361\text{mm}$，则$M_{w2-2}=f_{yk}A'_s\left(h_0-\frac{x}{2}\right)=16117868\text{N}\cdot\text{mm}$。

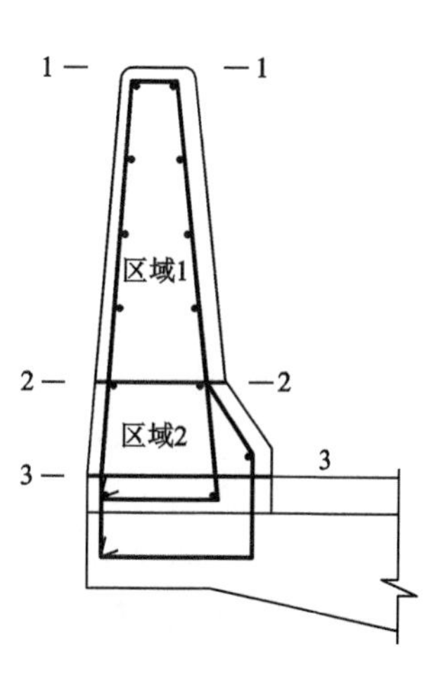

图5-13　护栏区域划分

当破坏模式为护栏底部破坏时，有：

$$M_{w1}=M_{w1\text{-}1}+M_{w2\text{-}2}=53304812\text{N}\cdot\text{mm}$$

当破坏模式为断面2破坏、护栏底部未破坏时，有：

$$M_{w2}=M_{w1\text{-}1}=37186944\text{N}\cdot\text{mm}$$

（3）护栏墙体总的横向荷载承载力R_w

当破坏模式为护栏底部破坏时，屈服线发生的临界长度为：

$$L_{c1}=\frac{L_t}{2}+\sqrt{\left(\frac{L_t}{2}\right)^2+\frac{8H\,M_{w1}}{M_{c1}}}=3672.19\text{mm}$$

未设置上部钢结构,因此横梁附加弯曲承载力矩为0,则有:

$$R_{w1}=\left(\frac{2}{2L_{c1}-L_t}\right)\left(8M_{w1}+\frac{M_{c1}L_{c1}^2}{H}\right)=670427.86\text{N}=670.43\text{kN}$$

当破坏模式为断面2破坏、护栏底部未破坏时,屈服线发生的临界长度为:

$$L_{c2}=\frac{L_t}{2}+\sqrt{\left(\frac{L_t}{2}\right)^2+\frac{8HM_{w2}}{M_{c2}}}=3285.31\text{mm}$$

横梁附加弯曲承载力矩为0,则有:

$$R_{w2}=\left(\frac{2}{2L_{c2}-L_t}\right)\left(8M_{w2}+\frac{M_{c2}L_{c2}^2}{H}\right)=672069.76\text{N}=672.07\text{kN}$$

混凝土护栏墙体总的横向荷载承载力为上述两种破坏模式的较小值,即:

$$R_w=\min(R_{w1},R_{w2})=R_{w2}=670.43\text{kN}$$

$R_w=670.43\text{kN}>520\text{kN}$,满足要求。

5.4 桥梁混凝土护栏桥面板悬臂强度校核

5.4.1 计算方法

桥面板悬臂强度应分别考虑下列三种极限状态。

状态Ⅰ:横向和纵向碰撞荷载作为偶然荷载的承载能力极限状态。对于支撑混凝土护栏的桥面板,桥面板悬臂可提供弯曲承载能力M_s(kN·m/m),与式(5-21)规定的拉力T(kN/m)同时作用,应超过护栏根部的M_c。轴向拉力T可表示为:

$$T=\frac{R_w}{L_c+2H} \tag{5-21}$$

式中:R_w——护栏墙体总的横向承载能力(kN);

L_c——屈服线破坏模式的临界长度(m);

H——护栏的有效高度(m);

T——桥面板每单位长度的轴向拉力(kN/m)。

如果桥面板悬臂的承载能力小于所规定的值,那么混凝土护栏不能采用5.3节所给的方法进行计算。

状态Ⅱ:竖向碰撞荷载作为偶然荷载的承载能力极限状态,对于支撑混凝土护栏的桥面板,承受竖向荷载的桥面板悬臂应以桥面板的悬臂部分为基础进行设计。

状态Ⅲ:根据《公路桥涵设计通用规范》(JTG D60—2015)规定的作用于悬臂梁上的汽车荷载等作为可变荷载的承载能力极限状态。

5.4.2 算例

桥面板悬臂结构如图5-14所示。悬挑长度1026mm,边缘厚度180mm,抗拉筋采用$d_1=16\text{mm}$和$d_2=12\text{mm}$的HRB400筋,间距均为$l_1=100\text{mm}$,直径d_1的单筋面积为201mm^2,直径d_2的单筋面积为113mm^2,取$A_s=201\text{mm}^2+113\text{mm}^2=314\text{mm}^2$;混凝土采用C50混凝土;桥面

板上方保护层厚度25mm。按照1-1、2-2截面,分别对截面混凝土发生破坏时引起的悬臂板弯矩M_u和承载能力M_n进行计算。若$M_n > M_u$,则该截面桥梁板悬臂强度满足要求,反之则不满足要求。

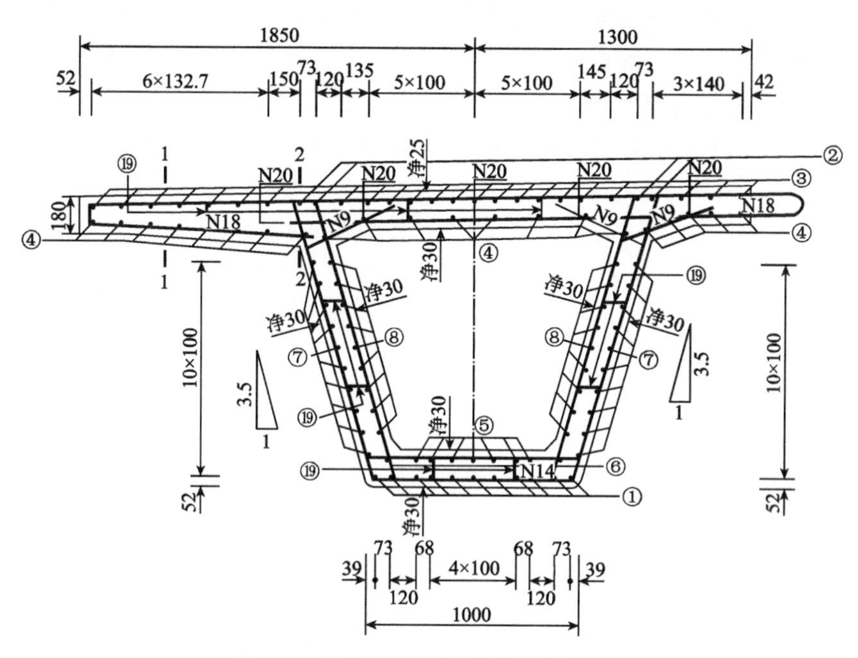

图5-14　桥面板悬臂配筋(尺寸单位:mm)

采用5.3.3小节的混凝土护栏结构,桥梁纵轴的弯曲承载力矩M_c、屈服线发生的临界长度L_c、护栏混凝土墙体对横向荷载的抗力标准值R_w均为已知量。

(1)桥面板悬臂截面1-1

①截面1-1混凝土发生破坏引起的悬臂板弯矩M_u

取重力加速度$g = 9.8\text{m/s}^2$,护栏每米自重$F_b = 9.43\text{kN}$,桥面板悬臂每米自重(含铺层)$F_s = 3.43\text{kN}$,重力荷载系数取1.2,则护栏自重在截面产生力矩$M_b = 9.43\text{kN} \times 0.3\text{m} \times 1.2 = 3.39\text{kN/m}$,悬臂板自重在截面产生力矩$M_s = 3.43\text{kN} \times 0.25\text{m} \times 1.2 = 1.03\text{kN/m}$。截面处护栏纵向承载力矩$M'_{c1\text{-}1} = M_{c1} = 100408.64\text{N} \cdot \text{mm/mm} = 100.41\text{kN} \cdot \text{m/m}$。

桥面板悬臂截面混凝土发生破坏时引起的悬臂板弯矩为:

$$M_u = M'_{c1\text{-}1} + M_s + M_b = 104.83\text{kN} \cdot \text{m/m}$$

②截面1-1混凝土发生破坏悬臂板的承载能M_n

计算区域取$b = 1\text{m}$,桥面板悬臂该截面厚度$h = 200\text{mm}$,边缘到钢筋中心$a_s = 33\text{mm}$,截面的有效高度$h_0 = h - a_s = 167\text{mm}$,$L_c = L_{c1} = 3672.19\text{mm} = 3.7\text{m}$,护栏破坏时引起的悬臂板内拉力$T = \dfrac{R_w}{L_c + 2H} = 113.63\text{kN/m}$,截面下部混凝土承受的压力$C = A_s f_{yk} \dfrac{b}{l_1} - T = 1142.37\text{kN/m}$,混凝土受压区高度为$x = \dfrac{C}{f_{ck} b} = 35.26\text{mm}$,则该截面悬臂板的承载能力为:

$$M_n = A_s f_{yk} \left(h_0 - \frac{x}{2}\right)\frac{b}{l_1} - T\left(\frac{h_0}{2} - \frac{x}{2}\right) = 180123912\text{N} \cdot \text{mm/m} = 180.12\text{kN} \cdot \text{m/m}$$

可见$M_n > M_u$，桥面板悬臂强度满足要求。

(2)桥面板悬臂截面2-2

截面2-2包括两种计算状态，第一种状态考虑车辆碰撞在截面2-2产生弯矩，第二种状态考虑车辆重力在截面2-2产生弯矩，根据计算结果可知，碰撞荷载产生弯矩远大于车辆重力产生弯矩，这里仅说明第一种状态的验算过程。

①截面2-2混凝土发生破坏引起的悬臂板弯矩M_u

护栏每米自重$F_s = 9.43\text{kN}$，桥面板悬臂每米自重$F_b = 7.67\text{kN}$，重力荷载系数取1.2，则护栏自重在截面产生力矩$M_s = 9.43\text{kN} \times 0.826\text{m} \times 1.2 = 9.35\text{kN/m}$，悬臂板自重在截面产生力矩$M_b = 7.67\text{kN} \times 0.513\text{m} \times 1.2 = 4.72\text{kN/m}$；截面1-1与截面2-2的距离为$L_{ds} = 526\text{mm}$，$L_c = L_{c1} = 3672.19\text{mm} = 3.7\text{m}$，截面2-2护栏纵向承载力矩为$M'_{c2\text{-}2} = \dfrac{M'_{c1\text{-}1} L_c}{L_c + 2L_{ds}\tan 30°} = 86.2\text{kN} \cdot \text{m/m}$，截面混凝土发生破坏时引起的悬臂板弯矩为：

$$M_u = M'_{c2\text{-}2} + M_s + M_b = 100.27\text{kN} \cdot \text{m/m}$$

②截面2-2混凝土发生破坏悬臂板的承载能M_n

计算区域取$b = 1\text{m}$，桥面板悬臂该截面厚度$h = 250\text{mm}$，边缘到钢筋中心$a_s = 33\text{mm}$，截面的有效高度$h_0 = h - a_s = 217\text{mm}$，$L_c = L_{c1} = 3672.19\text{mm} = 3.7\text{m}$，护栏破坏时引起的悬臂板内拉力$T = \dfrac{R_w}{L_c + 2H + 2L_{ds}\tan 30°} = 102.98\text{kN/m}$，截面下部混凝土承受的压力$C = A_s f_{yk} \dfrac{b}{l_1} - T = 1153.02\text{kN/m}$，混凝土受压区高度为$x = \dfrac{C}{f_{ck} b} = 35.59\text{mm}$，则该截面悬臂板的承载能力为：

$$M_n = A_s f_{yk} \left(h_0 - \frac{x}{2}\right) \frac{b}{l_1} - T \left(\frac{h_0}{2} - \frac{x}{2}\right) = 240860679.1\text{N} \cdot \text{mm/m} = 240.86\text{kN} \cdot \text{m/m}$$

可见$M_n > M_u$，该截面桥面板悬臂强度满足要求。

通过对桥面板悬臂进行校核计算，桥面板悬臂强度满足设置该混凝土桥梁护栏的要求。

第6章　混凝土护栏典型结构

我国自20世纪末开始，在混凝土护栏方面开展了一系列的科学设计与试验研究，得到一些典型的混凝土护栏结构，具有一定代表性。

6.1　桥梁混凝土护栏

6.1.1　典型坡面的桥梁混凝土护栏

我国早期建造的混凝土护栏主要采用的是NJ型（新泽西型）坡面，这种坡面的优点是在一定的车速、车重、车体重心高度的情况下，具有良好的防护效果。但是这种坡面也存在一些缺陷：一是在当碰撞速度较高的情况下，失控车辆爬上、越过或外倾翻过护栏的概率增大，二是当车速较高、车体重心较低时，失控车辆在护栏内侧翻车的概率增大。通过大量的资料调研分析和数值模拟结果发现，NJ型坡面护栏结构下部的坡面形式对于缓冲车辆的碰撞能量和引导车辆行驶方向是一种较优形式，继而确定保持其下部NJ型坡面的前提下对其上部进行改进的护栏方案：提高混凝土护栏高度以降低车辆外翻和越出护栏的概率，在护栏上部设置阻爬坎，以降低车辆内侧翻的概率。增设阻爬坎的新泽西型坡面混凝土护栏（图6-1）为我国独创的结构形式，继承了新泽西型坡面混凝土护栏优点的同时弥补了其缺点。

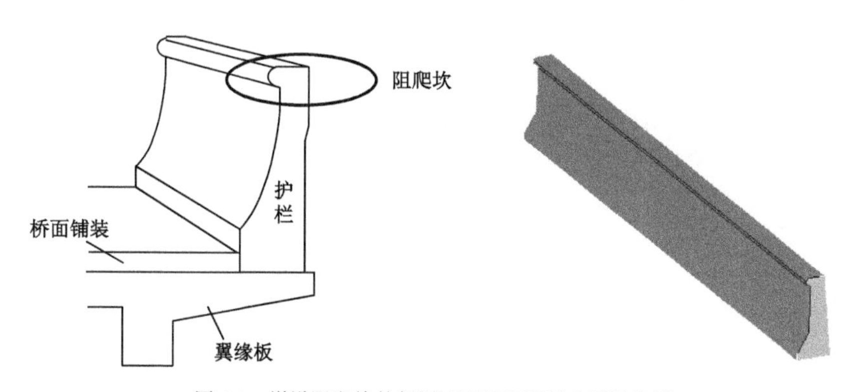

图6-1　增设阻爬坎的新泽西型坡面混凝土桥梁护栏

阻爬坎的新泽西型坡面混凝土护栏是我国最早开始进行实车足尺碰撞试验的混凝土护栏结构，当时其碰撞条件处于摸索当中，增设阻爬坎的新泽西型坡面混凝土护栏共分两阶段进行了12次实车足尺碰撞试验，实车包括小客车、小型货车、大型客车和大型货车等多种车型（图6-2）。

a)小客车

b)小型货车

c)大型客车

d)大型货车

图6-2 增设阻爬坎的新泽西型坡面混凝土桥梁护栏碰撞车型

增设阻爬坎的新泽西型坡面混凝土护栏碰撞条件见表6-1,由于当时的实车足尺碰撞试验尚不成熟,第3次实车碰撞试验组织失败,未记录于表6-1中。

增设阻爬坎的新泽西型坡面混凝土护栏碰撞条件 表6-1

试验阶段	试验序号	车型	总重(t)	碰撞角度(°)		误差(%)	碰撞速度(km/h)		误差(%)
				设计值	实测值		设计值	实测值	
第一阶段	1	小型货车	2	20	21.6	8	95	91.5	3.7
	2	大型客车	18	20	21.1	5.5	80	81	1.3
	4	大型客车	18	20	20.4	2	80	84	5
	5	小客车	2	20	19.2	4	100	95	5
	6	大型货车	20	20	20.5	2.5	60	64	6.7
	7	大型客车	18	20	19.9	0.5	80	79	1.3
	8	大型货车	20	20	21.1	5.5	90	86	4.4
第二阶段	9	小客车	2	20	20.4	2	100	98	2
	10	小客车	2	20	20.4	2	100	99	1
	11	大型客车	18	20	20.7	3.5	80	83	3.8
	12	大型客车	14	20	18.2	9	90	89	1.1

增设阻爬坎的新泽西型坡面混凝土护栏12次实车足尺碰撞试验车辆的运行轨迹,见表6-2,通过试验记录数据表明,绝大多数车辆驶出角度较小,且多数车辆没有翻车,说明该护栏具有较好的导向能力。

碰撞增设阻爬坎的新泽西型坡面混凝土护栏车辆的运行轨迹 表6-2

试验阶段	试验序号	车 型	碰撞角度(°)	驶出角度(°)	驶出角度与碰撞角度之比(%)	翻车情况
第一阶段	1	小型货车	21.6	4.17	19.3	右侧内翻
	2	大型客车	21.1	3.03	14.4	右侧内翻
	4	大型客车	20.4	5.09	25.0	右侧内翻
	5	小客车	19.2	8.53	44.4	未翻
	6	大型货车	20.5	0	0	未翻
	7	大型客车	19.9	6.84	34.4	未翻
	8	大型货车	21.1	1.91	9.1	右侧内翻
第二阶段	9	小客车	20.4	3.4	16.7	未翻
	10	小客车	20.4	4.0	19.6	未翻
	11	大型客车	20.7	0	0	未翻
	12	大型客车	18.2	0	0	未翻

通过测量安装在小客车上的模拟假人身上的加速度传感器测量乘员加速度，表6-3列出了两阶段试验小型车驾乘人员所受冲击加速度的测量结果，其中x、y、z三个方向分别对应驾乘人员的前后、左右和上下三个方向。

碰撞增设阻爬坎的新泽西型坡面混凝土护栏的驾乘人员加速度（单位：g） 表6-3

试验阶段	试验次数	车型	驾驶员				乘客			
			头部		胸部		头部		胸部	
			最大值	方向	最大值	方向	最大值	方向	最大值	方向
第一阶段	1	小型货车	9.5	y	12.6	z	19.2	y	7.7	z
	5	小客车	19.3	x	4.7	y	4.9	z	4.0	x
第二阶段	9	小客车	13.3	x	7.5	x				

通过录像、照片对车辆和护栏的损坏情况进行记录，如图6-3所示。车体的右前部损坏一般较大，形态表现为前保险杠弯曲变形、前轴及右前轮或底盘变形、车窗玻璃大量破碎、车厢变形、有时会发生爆胎等现象。护栏的破坏形态主要表现为表面擦痕、破损，或者裂纹：对于小型车而言，护栏的破坏一般为表面擦痕；对于大型车，护栏的破坏不仅表现为表面擦痕与破损，还会出现护栏墙体的裂纹。

增设阻爬坎的新泽西型坡面混凝土桥梁护栏已经在实际工程中应用多年，表现出良好的安全防护能力。随着人们对安全的重视，对于公路护栏的安全性能指标要求也越来越严格和科学，在《公路护栏安全性能评价标准》（JTG B05-01—2013）中，更是规范了实车足尺碰撞试验方法并给出了护栏的安全性能评价指标。由于增设阻爬坎的新泽西型坡面混凝土护栏研发较早，当时的实车足尺碰撞试验尚不成熟且碰撞方法及指标与《公路护栏安全性能评价标准》(JTG B05-01—2013)出入较大，山东高速股份有限公司和北京华路安交通科技有限公司在基于早期混凝土护栏再利用的升级改造项目中，将旧护栏改造成增设阻爬坎的新泽西型坡面混凝土护栏，并按《公路护栏安全性能评价标准》(JTG B05-01—2013)进行了SS级实车足尺碰撞试验，通过速度100km/h、20°角1.5t小客车，速度80km/h、20°角18t大型客车，速度60km/h、20°角33t大型货车碰撞增设阻爬坎的新泽西型坡面混凝土护栏，各项检测指标满足阻挡功能、缓冲功能和导向功能评价标准要求，验证了该种护栏同样满足现行标准规定，可以在实际工程中安全应用。图6-4所示为实车碰撞试验的车辆变形，详细试验数据见8.1.3小节“2)钢筋混凝土护栏加高再利用方案”。

a)车辆情况

b)护栏情况

图6-3 增设阻爬坎的新泽西型坡面混凝土桥梁护栏后车辆和护栏损坏情况

图6-4 增设阻爬坎的新泽西型坡面混凝土桥梁护栏实车碰撞试验

由第3章可知，F型坡面是新泽西型坡面的一种改进方式，可以降低车辆的爬升程度，结合增设阻爬坎的新泽西型坡面混凝土护栏研究成果，《公路交通安全设施设计规范》(JTG D81—2006)和《公路交通安全设施设计细则》(JTG/T D81—2006)中规定了F型坡面+阻爬坎的坡面形式，并命名为加强型坡面。由于有规范规定，加强型坡面在我国得到了广泛应用。图6-5为某加强型坡面桥梁SA级混凝土护栏的实车足尺碰撞试验，各项指标满足《公路护栏安全性能评价标准》(JTG B05-01—2013)指标要求。

a)试验车辆

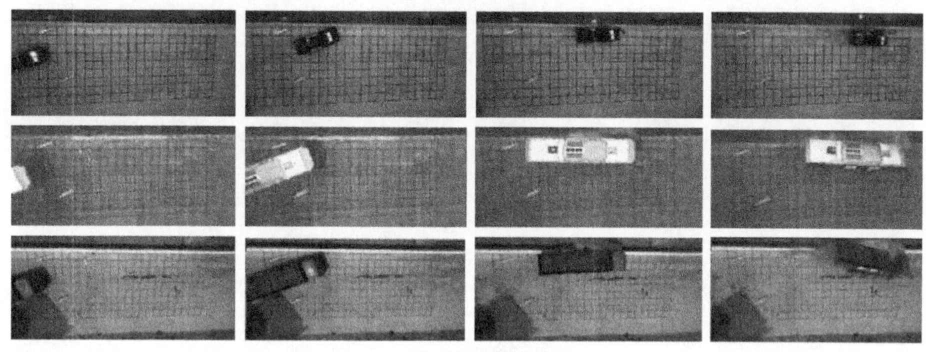

b)车辆碰撞过程

c)碰撞后车辆

图6-5 加强型坡面桥梁SA级混凝土护栏实车足尺碰撞试验

北京华路安交通科技有限公司在广东省交通运输厅市场主导性科技项目“安全经济型桥梁护栏及高速公路易正碰特殊位置安全防护关键技术研究”(科技-2017-02-009)中对F型坡面和加强型坡面进行了对比分析,并首次在该项目和新型玻璃纤维筋混凝土护栏研发项目中就F型坡面混凝土护栏进行了SS级实车足尺碰撞试验(图6-6),各项指标均满足《公路护栏安全性能评价标准》(JTG B05-01—2013)要求。基于对坡面认识的不断进步,在《公路交通安全设施设计细则》(JTG/T D81—2017)中也将阻爬坎的设置列为可选项,不再做强制要求。

图6-6 F型坡面混凝土护栏实车足尺碰撞试验

单坡型坡面混凝土护栏结构较为呆板,相对于F型坡面和加强型坡面其在桥梁路段应用较少,在第二届全国公路交通安全设施设计与安全保障工程技术研讨会上发表的《二郎山—康定公路护栏的开发研究》文章中提到了这种单坡型坡面与阻爬坎组合的坡面型式,有效提高了单坡型坡面混凝土护栏的景观效果和诱导功能，护栏的设计目标是有效防护速度为80km/h的1.5t小客车以20°角碰撞和速度为40km/h的14t大型客车以20°角的碰撞，为验证其安全储备，除设计目标碰撞组合外，还进行了60km/h的14t大型客车以20°角的碰撞试验。碰撞试验数据表明，小客车的加速度最大值为13.6g，14t大型客车以40km/h速度、20°角碰撞护栏后，护栏表面仅留有擦痕，在14t大型客车以40km/h速度、20°角碰撞护栏后未更换护栏的基础上继而进行14t大型客车以60km/h速度、20°角碰撞试验，护栏只是出现了少量裂纹，说明其安全储备较大。图6-7为单坡型坡面和阻爬坎组合坡面桥梁混凝土护栏的实车足尺碰撞试验。

a）速度80km/h的1.5t小客车碰撞过程

b）速度40km/h的14t大型客车碰撞过程

c）速度60km/h的14t大型客车碰撞过程

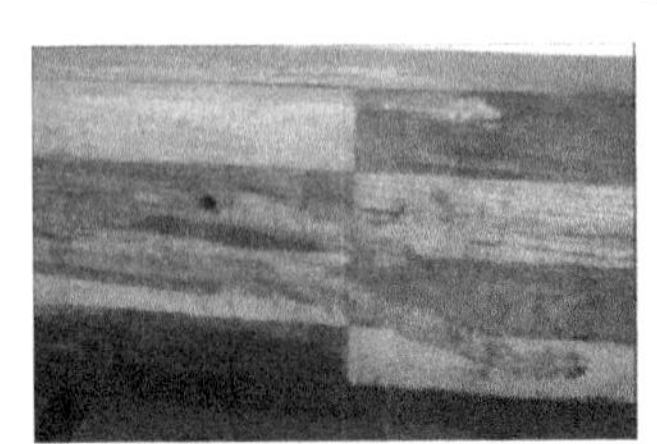
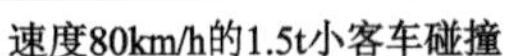
速度80km/h的1.5t小客车碰撞

速度40km/h的14t大型客车碰撞

速度60km/h的14t大型客车碰撞

d）碰撞后护栏

速度80km/h的1.5t小客车碰撞

速度40km/h的14t大型客车碰撞

速度60km/h的14t大型客车碰撞

e）碰撞后车辆

图6-7　单坡型坡面和阻爬坎组合坡面桥梁混凝土护栏实车足尺碰撞试验

虽然单坡型坡面混凝土护栏结构较为呆板，但是结构简捷、方便模板制作和施工、造价较低的优点却非常突出，同时通过碰撞试验可知，由于其坡面简洁，碰撞时受力比较均匀，结构出现裂纹和局部破损较少，具有易维护的特点，如图6-8所示。

a）小客车碰撞后

b）大型客车碰撞后

图6-8　单坡型坡面桥梁混凝土护栏实车足尺碰撞试验

6.1.2　典型基础的桥梁混凝土护栏

桥梁护栏的基础设置在桥面板上，基础与护栏协同受力抵抗车辆的碰撞，其设置方式与结构强度会对护栏的防撞性能产生一定的影响。桥梁混凝土护栏一般设置在混凝土箱梁上，也有少数设置在钢箱梁上，基础设置形式主要有通过连接钢筋将护栏墙体与桥面板固结、扩大稳定基础、抗剪挡块与受拉筋协同受力基础、中央分隔带嵌入式基础等。

通过连接钢筋将混凝土护栏墙体与桥面板固结的基础设置方式，是目前国内应用最为广泛的设计形式。连接钢筋一般预埋在桥梁翼缘板中，有直筋，也有封口的门形筋。这两种连接筋形式各有特点，直筋便于调整方便施工，由于其依靠长度锚固于混凝土墙体内，一般比较长，门形筋的锚固长度可以大幅度减少，但是施工时不便于调整。图6-9为两种连接筋方式。

a）直筋

b）封口门形筋

图6-9　连接钢筋形式

在一些较为薄弱的桥梁翼缘板上，若是采用连接钢筋与桥梁翼缘板固结，事故车辆碰撞荷载传递到翼缘板上时有可能对其造成损伤，采用扩大稳定基础是一个选择。通过将连接筋深入桥面现浇层中，把混凝土护栏的基础扩大并有效稳定，是扩大稳定基础的特征，如图6-10所示。

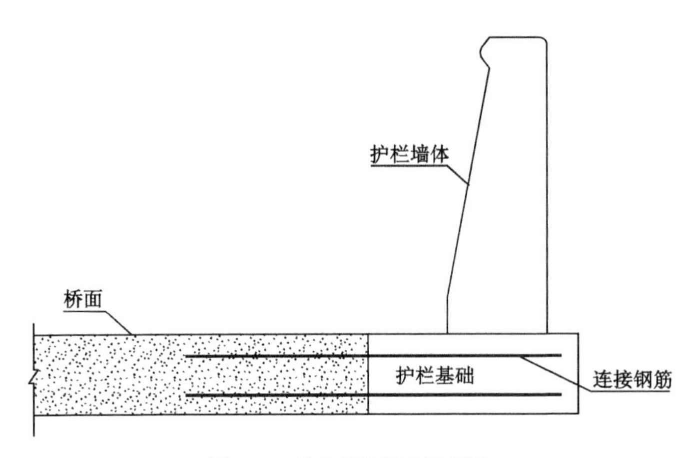

图 6-10　扩大稳定基础示意图

综合混凝土护栏的受力特性,混凝土护栏的基础应具有抗倾覆和抗滑移两种功能,基于功能分析,在人民交通出版社股份有限公司出版的《防撞护栏再利用技术在高速公路扩建中的系统应用》中第 3 章桥梁混凝土护栏再利用关键技术 3.5 节中,给出了一种抗剪挡块与受拉筋协同受力基础形式,如图 6-11 所示:锚固钢筋设置于现浇层内提供抵抗倾覆的拉力,在护栏背面底部设置抗剪挡块提供抵抗滑移的剪力。抗剪挡块与受拉筋协同受力基础经过实车足尺碰撞试验验证,可对 SA 级混凝土护栏提供安全可靠的基础稳定性。

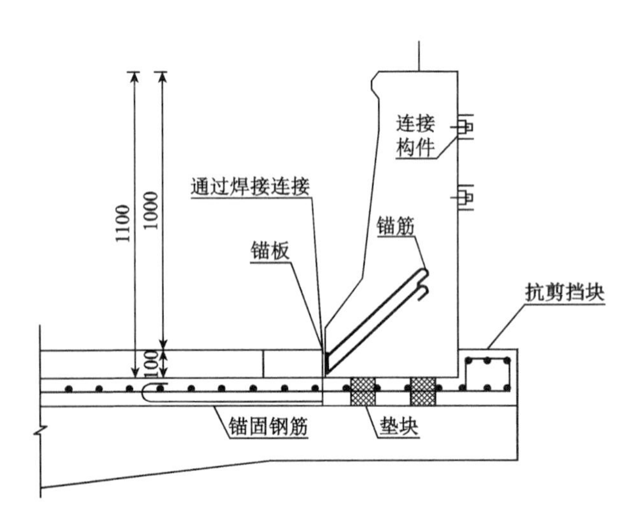

图 6-11　抗剪挡块与受拉筋协同受力基础示意图(尺寸单位:mm)

在满足桥梁设计荷载的前提下,若是能够通过技术手段将中央分隔带护栏通过桥梁两端或两侧现浇层有效嵌入,则可以将两道中央分隔带护栏变成一道,大幅度降低工程造价,同时行车视距和侧向余宽得到有效改善,对于提升运营安全具有重要意义。《公路工程》2010 年第 6 期刊登了闫书明等发表的《单坡面混凝土桥梁中分带护栏安全性能分析》,在文章中首次结合单坡型坡面桥梁混凝土护栏对嵌入式基础的可靠性和安全性进行了分析,并通过实际工程应用对嵌入式基础进行了成功实践。为更好地验证嵌入式基础的可靠性,北京华路安交通科技有限公司依托湖北石首长江大桥,进行了基础嵌固式钢护栏结构和混凝土护栏结构研发,并组织实施了实车足尺碰撞试验(图6-12),进一步验证了该基础的可靠性。

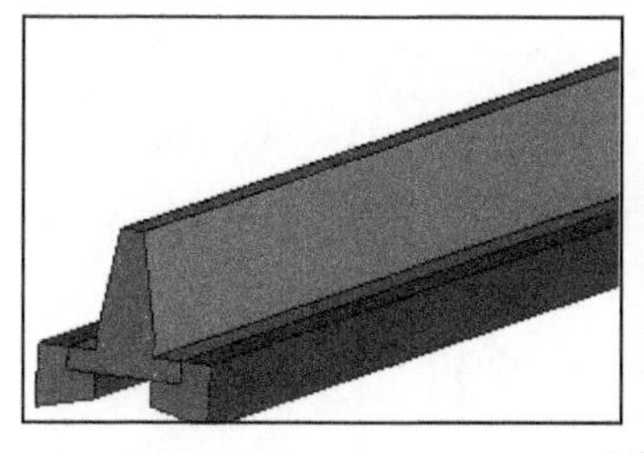
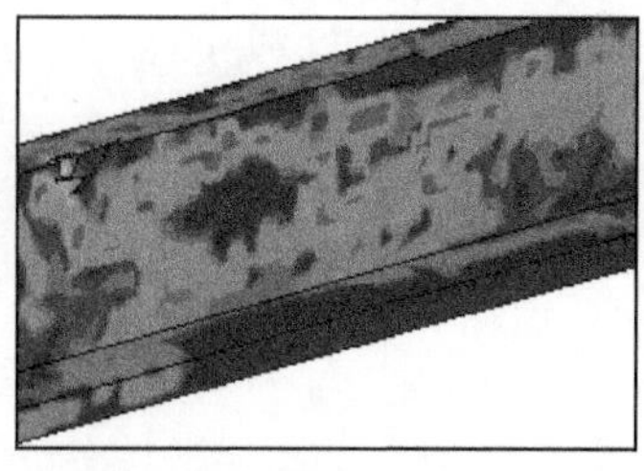
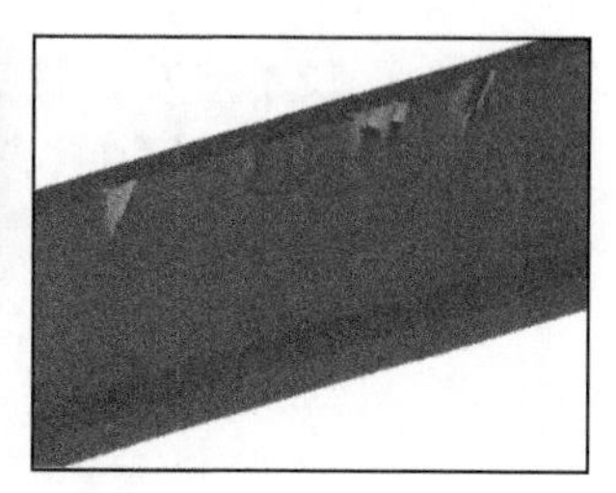

a)嵌入式基础单坡型坡面桥梁混凝土护栏

b)嵌入式基础型钢护栏HA级大型客车碰撞试验

c)嵌入式基础混凝土护栏SS级大型货车碰撞试验

图6-12 嵌入式桥梁护栏基础与碰撞试验

6.2 路基混凝土护栏

6.2.1 路侧混凝土护栏

路侧混凝土护栏结构与桥梁护栏类似,按坡面可分为单坡型坡面、F型坡面、加强型坡面等多种形式,相对较为成熟,这里不再累述。路侧混凝土护栏的基础处理是保证其安全防护能力的关键所在,桩基础、座椅式基础、扩大稳定基础是典型的路侧混凝土护栏基础形式。

桩基础方式主要应用在现浇混凝土护栏中,一般在现浇路侧混凝土护栏前先打入钢管桩,或钻孔插入钢管桩,或开挖埋入钢管桩,钢管桩规格为ϕ140mm×4.5mm,长90~120cm,纵向间距为100cm。为提高桩基础的稳定性,地基的承载能力非常关键,对于较高等级混凝土护栏,规范要求地基的承载力不小于150kN/m^2,通过设置混凝土基座层或压实紧密的集料层是提高地基承载力的有效方式;为充分发挥桩基抗倾覆作用,降低发生碰撞时桩基从基座或混凝土护栏墙体中脱出的概率,钢管桩必须牢固埋入基座中,并与混凝土护栏连成整体,如

图6-13a)所示。对于较低等级混凝土护栏的桩基设置可以适当放宽要求，在《公路交通安全设施设计细则》(JTG/T D81—2017)中提到，根据国家"十二五"科技支撑计划项目"低等级公路安全防控关键技术研发与集成示范"成果，开发的适用于三、四级公路C级混凝土护栏，采用了ϕ89mm×3mm的钢管桩，并已通过《公路护栏安全性能评价标准》(JTG B05-01—2013)的实车碰撞试验验证，安全性能可靠，如图6-13b)所示。

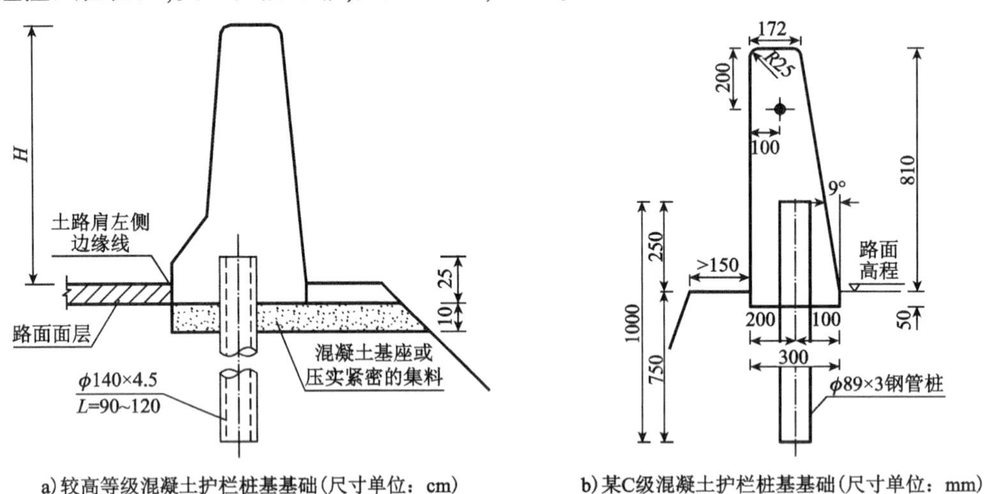

a)较高等级混凝土护栏桩基基础(尺寸单位：cm) b)某C级混凝土护栏桩基基础(尺寸单位：mm)

图6-13 路侧混凝土护栏桩基基础方式

座椅式基础是交通部2001年度西部交通建设科技项目"公路陡崖峭壁护栏的开发研究"的成果，座椅式基础腿部伸入路面基层中，利用路面基层对基础腿部位移产生的抗力来提高护栏的抗倾覆稳定性，有应用在挡土墙和土基两种基础方式，如图6-14所示。

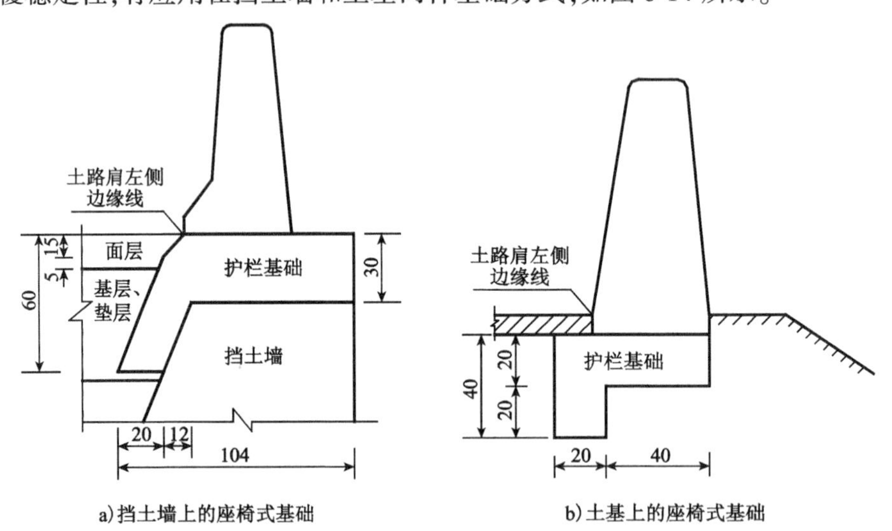

a)挡土墙上的座椅式基础 b)土基上的座椅式基础

图6-14 路侧混凝土护栏座椅式基础方式(尺寸单位：cm)

在交通部2001年度西部交通建设科技项目"公路陡崖峭壁护栏的开发研究"中，对挡土墙上的座椅式基础进行了碰撞试验研究，试验护栏为1.0m高的带有阻爬坎的单坡型坡面混凝土护栏，共进行了3次大型车辆碰撞试验：第1次采用14t大型客车以60km/h、速度20°角度碰撞设置在挡土墙上的座椅式基础上的混凝土护栏，碰撞能量为224kJ，碰撞后护栏能够有效阻挡并导正车辆，主体没有破坏，只是挡坎局部破碎，挡土墙完好无损；为了检验座椅式基础和护栏的安全裕度，对在第一次碰撞已受到损伤的护栏，进行了超负荷的第2次试验，将车速提高到80km/h，碰撞能量达475kJ，护栏仍然有效地将车辆阻挡并顺利导出，护栏主体结构没有发生破坏，挡土墙也完好无损，只是护栏背面裂缝增多；为了考察座椅式基础和护栏的极限能力，最后又用20t的大型货车以86km/h、19.9°碰撞角、碰撞能量660kJ，进行破坏性试验，护栏仍然没有被撞坏，且能够将大型货车拦住并顺利导出，但护栏已有较大损伤，基础与路面接缝开裂。挡土墙座椅式基础混凝土护栏实车试验如图6-15所示，说明该基础的安全性和稳定性。

a）224kJ碰撞能量下护栏与基础

b）475kJ碰撞能量下护栏与基础

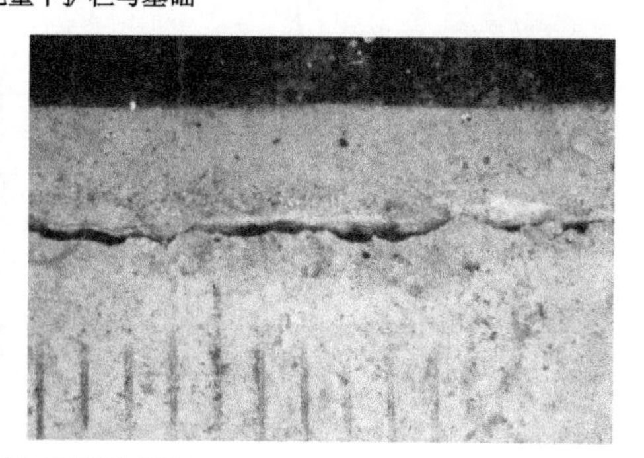

c）660kJ碰撞能量下护栏与基础

图6-15　挡土墙座椅式基础混凝土护栏实车试验

在交通部2001年度西部交通建设科技项目中，对土基上的座椅式基础同样进行了碰撞试验研究，试验护栏为0.9m高的单坡型坡面混凝土护栏，共进行了5次大型车辆碰撞试验，碰撞能量在107.21~435.9kJ;碰撞能量比较小时,护栏表面仅有擦痕且基础完好无位移;碰撞能量较大时,护栏表面会产生剐痕同时路面出现裂缝,说明座椅式基础发生了少量位移。土基上座椅式基础混凝土护栏实车试验如图6-16所示。

a)擦痕

b)剐痕

c)路面裂缝

图6-16 土基上座椅式基础混凝土护栏实车试验

与前面桥梁混凝土基础中的扩大稳定基础原理相同,路基扩大稳定基础通过将基础进行加大或加宽,来提高混凝土护栏的抗倾覆或抗滑移能力。香港路政署公布了一种代号为L5HCCB路侧混凝土护栏,这种混凝土护栏路面以上高度为1.5m,采用类新泽西型坡面,路面以下采用了宽度1200mm×600mm的扩大稳定混凝土基础,L5HCCB路侧混凝土护栏设计防护能力为可抵抗38t的牵引挂车以65km/h速度、20°角碰撞,为欧盟规定的最高防护等级。通过建立有限元模型,考察在设计防护条件下护栏的安全性和基础的稳定性,在碰撞荷载作用下,L5HCCB路侧混凝土护栏成功防护了38t牵引挂车,同时护栏出现了少量位移,说明在这种碰撞能量下,路面会产生一定裂缝,如图6-17所示。

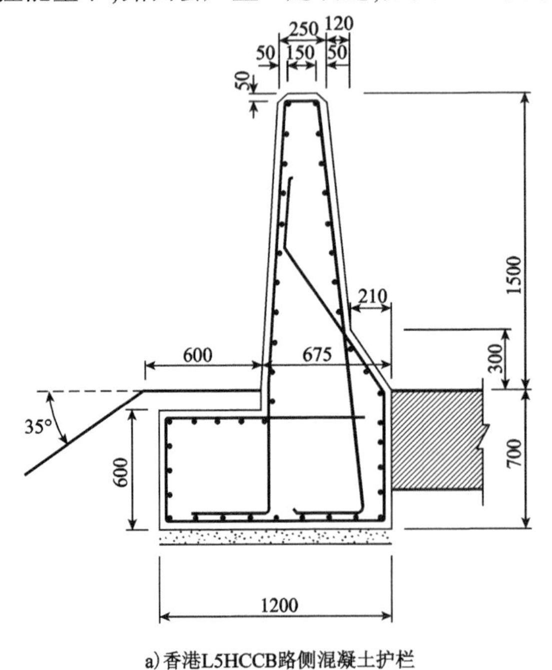

a)香港L5HCCB路侧混凝土护栏

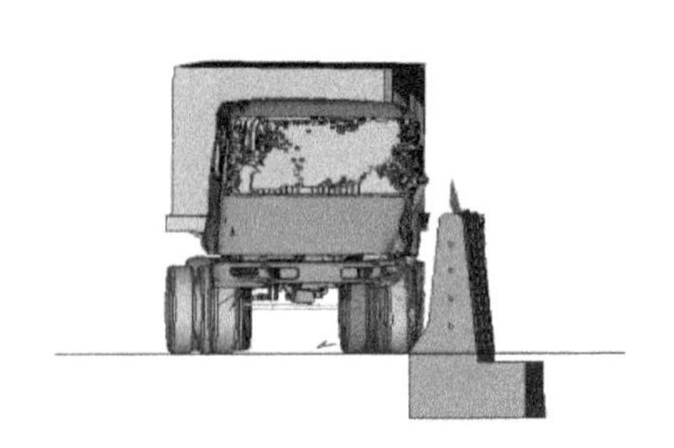

b)仿真结果

图6-17 香港L5HCCB路侧混凝土护栏(尺寸单位:mm)

6.2.2　中央分隔带混凝土护栏

中央分隔带混凝土护栏从构造上可分为分离式和整体式两种。当中央分隔带较宽且需要设置监控、通信、电力管线等设施时，可采用分离式混凝土护栏，中央分隔带宽度较窄或中央分隔带内通信、电力管线较少的路段可采用整体式混凝土护栏。

1)分离式混凝土护栏

分离式混凝土护栏两侧为两片对称的混凝土墙体，墙体嵌入路面以下一定距离，混凝土墙体的坡面一般分为F型坡面、单坡型坡面、加强型坡面。为了更好地调整混凝土墙体高度线形，混凝土墙体底部设置有调平层，调平层的平整度和压实度应满足要求，当压实度小于90%时，可以采用间隔一定距离满足刚度要求的钢筋混凝土枕梁(规范推荐钢筋混凝土枕梁宽40cm、厚10cm，间隔4m设置)作为调平层；为了使车辆碰撞时两片混凝土墙体能够协同受力，两片混凝土墙体之间设置支撑结构，支撑结构的主要作用是对混凝土墙体起到有效嵌固，从而起到抗滑移和抗倾覆作用，支撑结构可以是连续的，也可以是间隔的块状结构[《公路交通安全设施设计细则》(JTG/T D81—2017)推荐钢筋混凝土支撑块按宽40cm、厚10cm、间隔2m设置]。分离式混凝土护栏两片混凝土墙体之间可填充种植土进行绿化，填土对于两片混凝土墙体受力起到了一定的协同作用；混凝土墙体一般为预制结构，预制块纵向之间需要进行有效连接，提高其受力长度范围。图6-18为中央分隔带分离式混凝土护栏示意图。

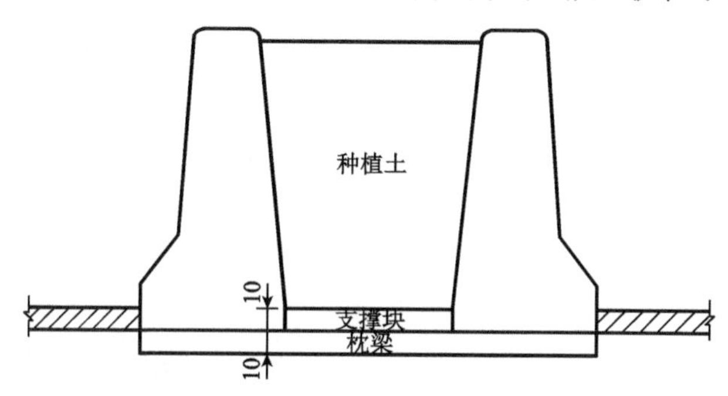

图6-18　中央分隔带分离式混凝土护栏示意图(尺寸单位：cm)

分离式混凝土护栏中土体与支撑块、墙体、墙体之间的连接是主要受力构件，对其安全防护性能起到了重要作用。以某加强型坡面分离式混凝土护栏为对象，通过单元试验、计算机仿真模拟、实车碰撞试验对这些构件的作用以及中央分隔带分离式混凝土护栏的安全防护性能进行说明。

当车辆碰撞护栏时，双侧护栏槽中的土体与护栏基础的支撑块共同约束护栏的横向变形，同时将一部分碰撞荷载传递到对向护栏。采用静力单元试验对土体与支撑块作用的贡献进行分析，试验中采用千斤顶水平加载顶推一侧的混凝土墙体，通过顶推力和位移来初步判断土体与支撑块对护栏安全性能的贡献程度，如图6-19所示。共设计了四组试验工况：第一组单元试验中设置了土体和支撑块，第二组单元试验中有支撑块没有土体，第三组单元试验中仅有土体没有支撑块，第四组试验既没有支撑块又没有土体。对于第四组既无填土又无支撑块情况下的护栏，护栏仅由底面水平摩擦力提供滑动抵抗力，在非常小的推力作用下护栏就倾覆了，基本上没有稳定性；其他3组模型试验护栏顶部都产生0.6cm的水平位移时，有土体和支撑块护栏需要 129.7kN 的水平推力，只有支撑块护栏需要 74.4kN 水平推力，只有土体护栏需要 27.9kN 水平推力；在支撑块和土体都存在的情况下，护栏承受载荷初期主要由护栏和支撑块承受水平力的作用，从有土体无支撑块护栏曲线可以看到：随着护栏位移的增加，土体对护栏承力作用有所提高，同时土体对护栏的作用比较稳定。通过顶推试验可知，支撑块对于护栏结构的稳定起着重要的作用，当护栏有一定变形的时候，土体对护栏稳定的作用才能够体现出来。

图 6-19　土体与支撑块作用静力模型

鉴于支撑块的重要作用，通过重锤冲击试验来考察护栏在不同支撑边界条件下承受冲击作用的表现，来确定护栏基础支撑块的布置方式。在重锤冲击试验中，取长度为 4m 的混凝土墙体，设置 4 种支撑方式，并采用提升高度为 65cm 左右的质量为 3000kg 的重锤进行自由落体冲击试验，如图 6-20 所示。试验结果如下：支撑块按 4m 间距布置时，在冲击荷载作用下，护栏体中部承受较大弯矩，护栏直接折断，说明护栏基础支撑块间距 4m 过大，护栏基础支撑不足；支撑块满铺设置时，护栏墙体没有出现明显破坏，进一步说明支撑块的作用明显；支撑块间距 2m 布置时，碰撞支撑位置时，与满铺设置相同墙体没有明显破坏，碰撞 2 支撑点中间时，墙体出现微小裂纹但未发生整体破坏。根据试验结果分析，支撑块间距不宜大于 2m。

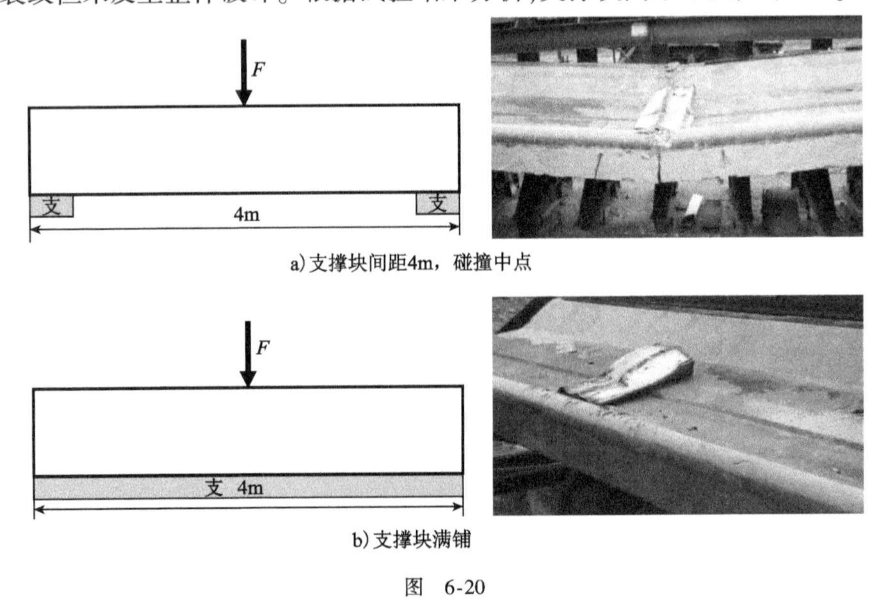

a）支撑块间距4m，碰撞中点

b）支撑块满铺

图　6-20

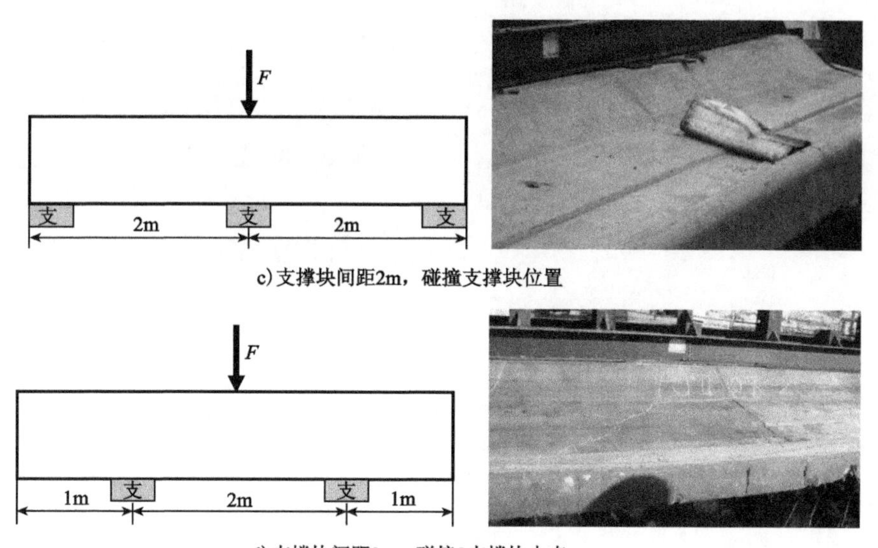

c）支撑块间距2m，碰撞支撑块位置

d）支撑块间距2m，碰撞2支撑块中点

图6-20 支撑块不同位置测试重锤试验

分离式混凝土护栏的设计防护等级为SAm级，采用14t大型客车以80km/h速度、20°角碰撞试验对墙体轮廓和配筋进行了合理性探索，墙体路面以上高度为90cm，墙体最大厚度为325mm，首先在墙体里每米配置4根直径为10mm的竖向钢筋和6根直径为8mm的纵向钢筋，通过碰撞试验发现大型客车严重侧倾甚至翻车，护栏的斜向裂缝较大，需要对护栏进行加高和加强，如图6-21a）所示；将护栏高度由90cm更新为100cm，在墙体里每米配置4根直径为12mm的竖向钢筋和9根直径为12mm的纵向钢筋，通过碰撞试验发现护栏墙体仅局部出现较小的裂缝，基本可以不用维修，如图6-21b）所示；将护栏高度保持100cm，在墙体里每米配置4根直径为10mm的竖向钢筋和9根直径为10mm的纵向钢筋，通过碰撞试验发现墙体出现了较大的斜裂缝，并且护栏迎撞面有明显的水平向裂缝，如图6-21c）所示；将护栏高度保持100cm，在墙体里每米配置5根直径为12mm的竖向钢筋和9根直径为10mm的纵向钢筋，通过碰撞试验发现墙体出的裂纹较小，如图6-21d）所示。

a）90cm高低配筋量墙体

图 6-21

b)100cm高较高配筋量墙体

c)100cm高较低配筋量墙体

d)100cm高较优配筋量墙体

图6-21　配筋优化实车碰撞试验

墙体之间的连接方式可以采用企口连接、传力杆连接、背部型钢连接等方式，在人民交通出版社股份有限公司出版的《防撞护栏再利用技术在高速公路扩建中的系统应用》中对这三种方式进行了台车试验研究，如图6-22所示，研究表明：企口连接在台车正面碰撞下产生了破坏并失效，这是由于企口的阴口和阳口配筋较为困难，属于薄弱部位；传力杆连接在台车正面碰撞连接位置发生了局部破损，但连接仍然有效；背部型钢连接在台车正面碰撞下显示出良好的整体协调性，即使在整个结构倾覆条件下连接尚能保持完好，较为可靠。

a)企口连接

图　6-22

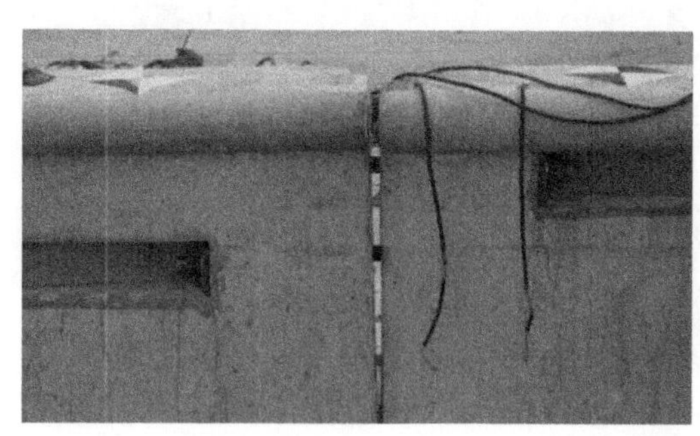

b)传力杆连接

c)背部型钢连接

图6-22 混凝土墙体连接与台车碰撞结果

通过台车试验可知,传力杆连接和背部型钢连接从结构上都是可行的方案。值得注意的是,不管是传力杆连接还是背部型钢连接,连接构件都要具有较强的抗弯和抗剪能力,若是抗弯抗剪能力不足,很有可能影响护栏的安全防护性能。图6-23为采用抗弯能力较弱的钢板和抗弯能力较强的方钢连接的实车碰撞结果,可见采用抗弯能力较弱的钢板碰撞后预制墙体之间产生了大的错台,车辆在该位置有可能会发生严重绊阻,影响护栏整体的安全防护性能。

a)背部钢板连接

b)背部方钢连接

图6-23 不同抗弯性能连接构件实车碰撞结果

我国早期研究开发的分离式混凝土护栏有两种,一种是加强型坡面形式,另一种是单坡型坡面形式,如图6-24所示。

a)加强型坡面

b)单坡型坡面

图6-24 两种早期研发的分离式混凝土护栏

我国早期研发的分离式混凝土护栏较《公路交通安全设施设计细则》(JTG/T D81—2017)中规定的相应结构尺寸要小很多:该细则规定的F型或加强型坡面SAm级分离式混凝土墙体厚度为503mm,而早期研发的分离式加强型坡面混凝土护栏墙体厚度为325mm;该细则规定的单坡型坡面SAm级分离式混凝土墙体厚度为472mm,而早期研发的单坡型坡面分离式混凝土墙体厚度为300mm。由于早期建造的分离式混凝土护栏较该细则规定的结构经济性要优越,在国内的好多条高速公路得到了推广应用,特别是广东省交通主管部门将其作为参考图在全省使用,获得了良好的经济效益。

我国早期研发的分离式混凝土护栏虽然进行过实车足尺碰撞试验,但当时的碰撞条件和评价指标均与交通运输部2013年颁布的《公路护栏安全性能评价标准》(JTG B05-01—2013)规定有所出入,为对早期研发的分离式混凝土护栏进行客观评价,北京华路安交通科技有限公司对加强型坡面分离式混凝土护栏按《公路护栏安全性能评价标准》(JTG B05-01—2013)规定的SAm碰撞条件实施了实车碰撞试验。图6-25为分离式混凝土试验护栏和准备进行碰撞试验的小客车、大型客车、大型货车试验车辆,试验车辆的参数严格满足《公路护栏安全性能评价标准》(JTG B05-01—2013)的要求。

a)分离式混凝土试验护栏

b)试验车辆

图6-25 分离式混凝土试验护栏与试验车辆

图6-26为小客车碰撞分离式混凝土护栏试验结果。从小客车碰撞护栏行驶轨迹图可见，小客车碰撞护栏后平稳驶出，并恢复到正常行驶姿态，没有穿越、翻越和骑跨护栏；从小客车碰撞后护栏和车辆情况图可以看出，护栏仅表面有剐痕，剐擦长度3.6m，车辆碰撞护栏后，前保险杠损坏，车辆左前大灯损坏，车体左侧前段有凹陷变形损坏，护栏构件及其脱离碎片没有侵入车辆乘员舱，满足阻挡评价指标要求；从小客车导向驶出框图可以看出，小客车在10m范围内没有越过4.5m，满足导向评价指标要求；经测量，小客车的乘员碰撞时刻为0.4024s，乘员碰撞速度纵向为3.8m/s，横向为7.6m/s，乘员碰撞后加速度纵向为32.6m/s^2，横向为136.2m/s^2，满足缓冲评价指标要求。

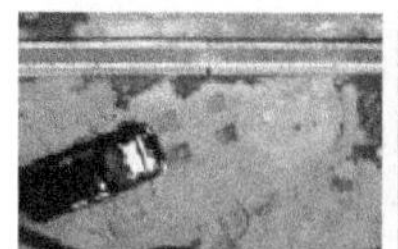

a)小客车碰撞护栏轨迹图

b)小客车碰撞后护栏和车辆情况

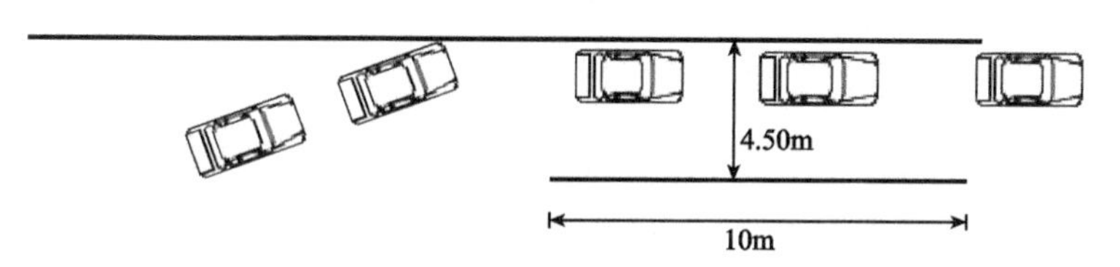

c)导向驶出框图

图6-26　小客车碰撞分离式混凝土护栏试验结果

图6-27为大型客车碰撞分离式混凝土护栏试验结果。从大型客车碰撞护栏行驶轨迹图可见，大型客车碰撞护栏后平稳驶出，并恢复到正常行驶姿态，没有穿越、翻越和骑跨护栏；从大型客车碰撞后护栏和车辆情况图可见，混凝土护栏顶部轻度损坏但未影响护栏主体防护性能，车辆与护栏剐擦长度12.6m，经测量护栏最大横向动态变形量小于5cm，大型客车保险杠损坏，车辆左前大灯损坏脱落，车辆左前侧车体剐擦损坏，车辆最大动态外倾值为1.25m，车辆最大动态外倾当量值为1.85m，护栏构件及其脱离碎片没有侵入车辆乘员舱，满足阻挡评价指标要求；从大型客车导向驶出框图可以看出，大型客车在20m范围内没有越过8.7m，满足导向评价指标要求。

图6-28为大型货车碰撞分离式混凝土护栏试验结果。从大型货车碰撞护栏行驶轨迹图可见，大型货车碰撞护栏后平稳驶出，并恢复到正常行驶姿态，没有穿越、翻越和骑跨护栏；从大型货车碰撞后护栏和车辆情况图可见，护栏整体结构没有损坏，上部阻爬坎表面有少量脱落，同时墙体表面有较深剐痕，剐擦长度为22m，经测量护栏最大横向动态变形量小于5cm，大

型货车保险杠损坏，车辆左前大灯损坏脱落，车辆左前侧车体剐擦损坏，车辆最大动态外倾值为 1.7m，车辆最大动态外倾当量值为 1.9m，护栏构件及其脱离碎片没有侵入车辆乘员舱，满足阻挡评价指标要求；从大型货车导向驶出框图可以看出，大型货车在 20m 范围内没有越过 8.81m，满足导向评价指标要求。

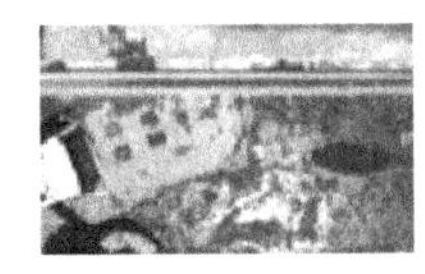

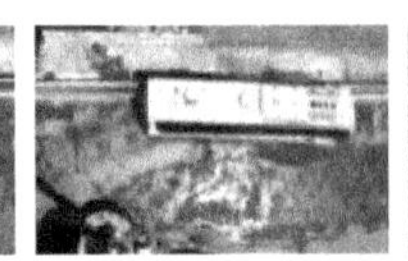

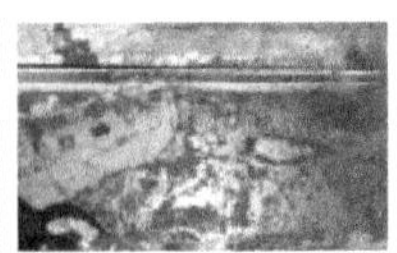

a）大型客车碰撞护栏轨迹图

b）大型客车碰撞后护栏和车辆情况

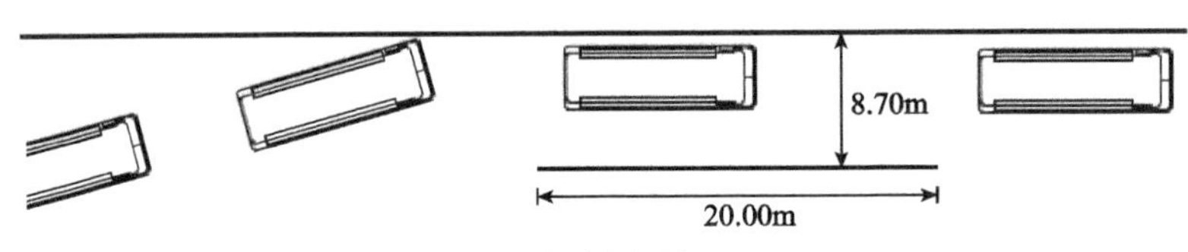

c）导向驶出框图

图 6-27　大型客车碰撞分离式混凝土护栏试验结果

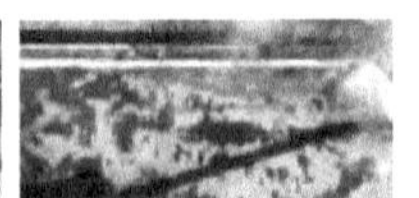

a）大型货车碰撞护栏轨迹图

b）大型货车碰撞后护栏和车辆情况

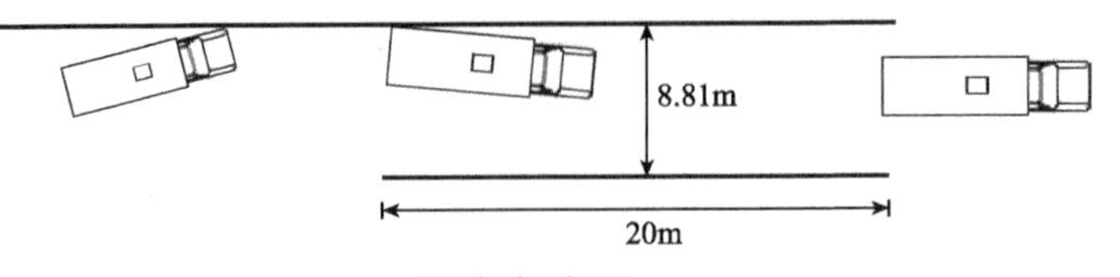

c）导向驶出框图

图 6-28　大型货车碰撞分离式混凝土护栏试验结果

表6-4为按SAm级碰撞条件车辆碰撞分离式混凝土护栏的试验检测结果与《公路护栏安全性能评价标准》(JTG B05-01—2013)指标对比,可见三种车型碰撞分离式混凝土护栏各项指标均满足评价标准要求,防护等级达到了SAm级,可对车辆和乘员形成有效保护。从分离式混凝土护栏碰撞后损坏情况来看,若是能够在碰撞试验检验结构的基础上进一步加强,可进一步提高其免维护功能,广东省的部分高速公路,将分离式混凝土护栏墙体厚度从32.5cm提高到了40cm,是一种比较好的处理方式。

车辆按SAm级碰撞条件碰撞分离式混凝土护栏安全性能评价简表 表6-4

评价项目			小客车		大型客车		大型货车	
			测试结果	是否合格	测试结果	是否合格	测试结果	是否合格
阻挡功能	车辆是否穿越、翻越和骑跨试验样品		否	合格	否	合格	否	合格
	试验样品构件及其脱离碎片是否侵入车辆乘员舱		否	合格	否	合格	否	合格
导向功能	车辆碰撞后是否翻车		否	合格	否	合格	否	合格
	车辆碰撞后的轮迹是否满足导向驶出框要求		满足	合格	满足	合格	满足	合格
缓冲功能	乘员碰撞速度(m/s)	纵向x	3.8	合格	—	—	—	—
		横向y	7.6	合格	—	—	—	—
	乘员碰撞后加速度(m/s^2)	纵向x	32.6	合格	—	—	—	—
		横向y	136.2	合格	—	—	—	—
护栏最大横向动态变形量D(m)			0		0		0	
护栏最大横向动态位移外延值W(m)			1.00		1.15		1.05	
车辆最大动态外倾距离VI(m)			—		1.25		1.70	
车辆最大动态外倾距离标准值VI_n(m)			—		1.85		1.90	

2)整体式混凝土护栏

整体式混凝土护栏的结构组成较分离式简单,其与分离式混凝土墙体相同,一般将墙体设置在路面以下一定距离,利用路面嵌固力提供抗滑移和抗倾覆能力。《公路交通安全设施设计细则》(JTG/T D81—2017)推荐整体式混凝土护栏坡面为F型坡面或单坡型坡面,如图6-29所示。同时规范还强调防护等级较高的路段可根据需要在护栏顶部设置阻爬坎。

对于整体式混凝土护栏的结构及安全性,相对研究较多,如2012年闫书明在《北京工业大学学报》上发表《单坡面混凝土护栏碰撞分析》,该文章对于单坡型坡面整体式现浇混凝土护栏进行了结构研究和碰撞分析;2013年海霞等在《公路》上发表《基于预制工艺的高速公路中央分隔带单片式混凝土护栏研究》,该文章对增设阻爬坎的F型坡面(加强型坡面)整体式预制混凝土护栏进行了结构研究,并实施了实车足尺碰撞试验。图6-30为整体式混凝土护栏碰撞结果。

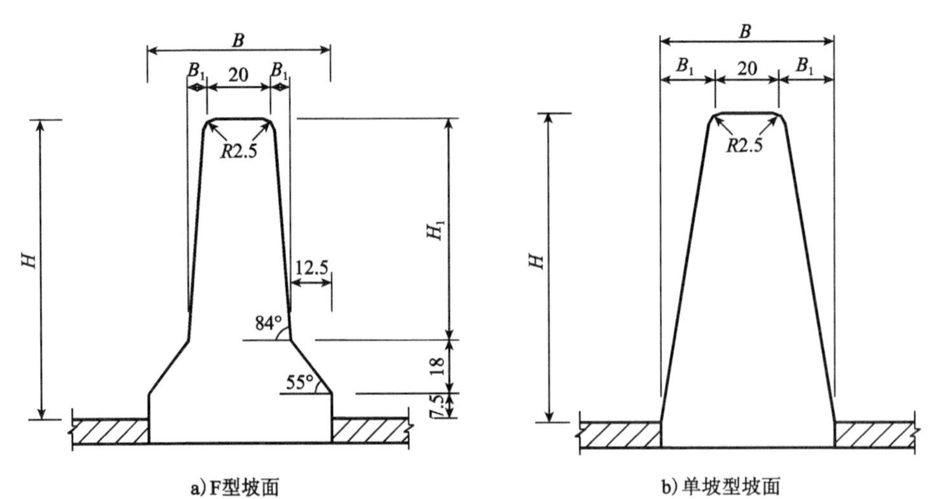

图 6-29 规范推荐的整体式混凝土护栏(尺寸单位:cm)

a)整体式单坡型坡面混凝土护栏试验结果

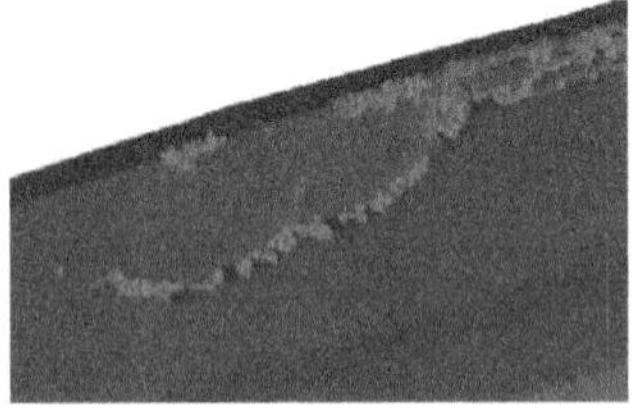
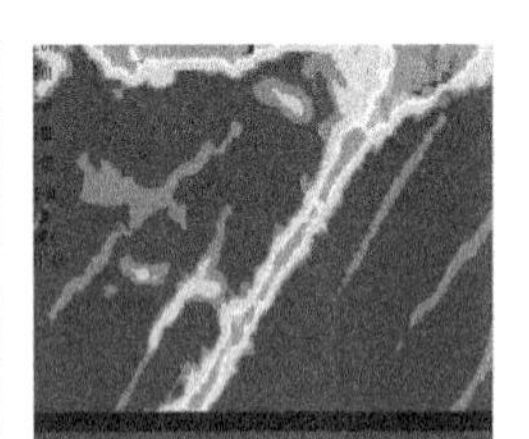

b)整体式单坡型坡面混凝土护栏仿真结果

c)整体式加强型坡面混凝土护栏试验结果

d)整体式加强型坡面混凝土护栏仿真结果

图 6-30 整体式混凝土护栏碰撞结果

6.3 桥墩位置混凝土护栏

随着我国交通运输事业的快速发展,高速公路上跨桥梁等跨线结构物的修建成为缓解交通压力的重要途径。在上跨桥梁位置,桥墩多设置于高速公路路基范围内,如果该位置防撞护栏的安全性能存在不足,一旦发生车辆碰撞事故,则极有可能造成车辆穿越护栏后正面碰撞桥墩或车辆碰撞护栏后发生较大外倾撞击桥墩,不仅会造成事故车辆和司乘人员自身损伤,还会造成高速公路运营中断,甚至会引起桥墩损坏,造成桥梁主体垮塌事故,后果不堪设想。

与常规路段不同,高速公路桥墩位置具有特殊性,其对公路护栏安全防护功能提出了更高要求,即护栏不仅要有效拦截事故车辆,还需尽可能地减小护栏变形和车辆外倾,从而最大程度上降低车辆碰撞桥墩的风险。混凝土护栏属于刚性护栏,对于拦截事故车辆和护栏变形方面具有显著的优越性,是应用在桥墩位置的防护设施的最佳选择。

设置在一般路段的混凝土护栏多采用 F 型坡面、单坡型坡面、加强型坡面,这些坡面在车辆碰撞时都会使车辆有一定的爬升和倾斜,这样会有效延长车辆的碰撞时间,从而降低车辆所受的冲击力,对提升混凝土护栏的缓冲保护功能有一定作用,但是这些坡面的设置也会使车辆的外倾值会比较大,从而碰撞桥墩的概率和程度有所增加。结合桥墩防护对于车辆侧倾限制的需求,采用直壁式坡面混凝土护栏比较合适。同时混凝土护栏高度越高对于降低车辆侧倾的能力越强,对于桥墩位置宜采用加高的直壁式混凝土护栏。这种设计理念不仅适用在桥墩位置防护,也适合应用在其他对车辆侧倾有限制的区段,如隧道洞口位置。

以济青高速公路某桥墩防护为例,进行桥墩位置混凝土护栏设计方案说明。在济青高速公路中某桥墩距相邻车道建筑限界最近距离只有 0.4m,车辆碰撞桥墩的风险较大,针对这种最不利情况,提出桥墩位置防撞护栏设计方案。桥墩处进行混凝土围绕包封处理,为有效减小车辆外倾值,护栏迎撞面采用直壁式设计,同时考虑护栏高度越高,越有利于减小车辆外倾值,为使车辆碰撞护栏时的外倾值较小且运行姿态较平稳,护栏高度应高于大型客车车辆重心高度以及大型货车货箱底板高度,根据《公路护栏安全性能评价标准》(JTG B05-01—2013)中的车辆技术参数,大中型客车车辆重心高度范围为 1.10 ~ 1.55m,大中型货车货箱底板高度范围为 0.93 ~ 1.57m,桥墩位置混凝土护栏高度设计为 1.6m。为了实现桥墩处混凝土护栏与中央分隔带标准段护栏的平顺过渡,设计采用在混凝土护栏与波形梁护栏之间设置高度过渡段和角度过渡段,以达到平顺过渡的效果,其中高度过渡段迎撞面采用单坡型设计,既达到缓冲车辆碰撞力的效果,又方便与波形梁护栏过渡连接,其设计长度为 15m,高度由 1.1m 过渡为 1.6m,然后通过 2m 长的角度过渡段与桥墩处直壁混凝土护栏平顺过渡。图 6-31 为桥墩防护混凝土护栏设计方案。

图 6-32 为车辆碰撞桥墩防护混凝土护栏过程。可见采用加高的直壁式混凝土护栏时,车辆侧倾非常小,对桥墩起到了良好的防护作用。

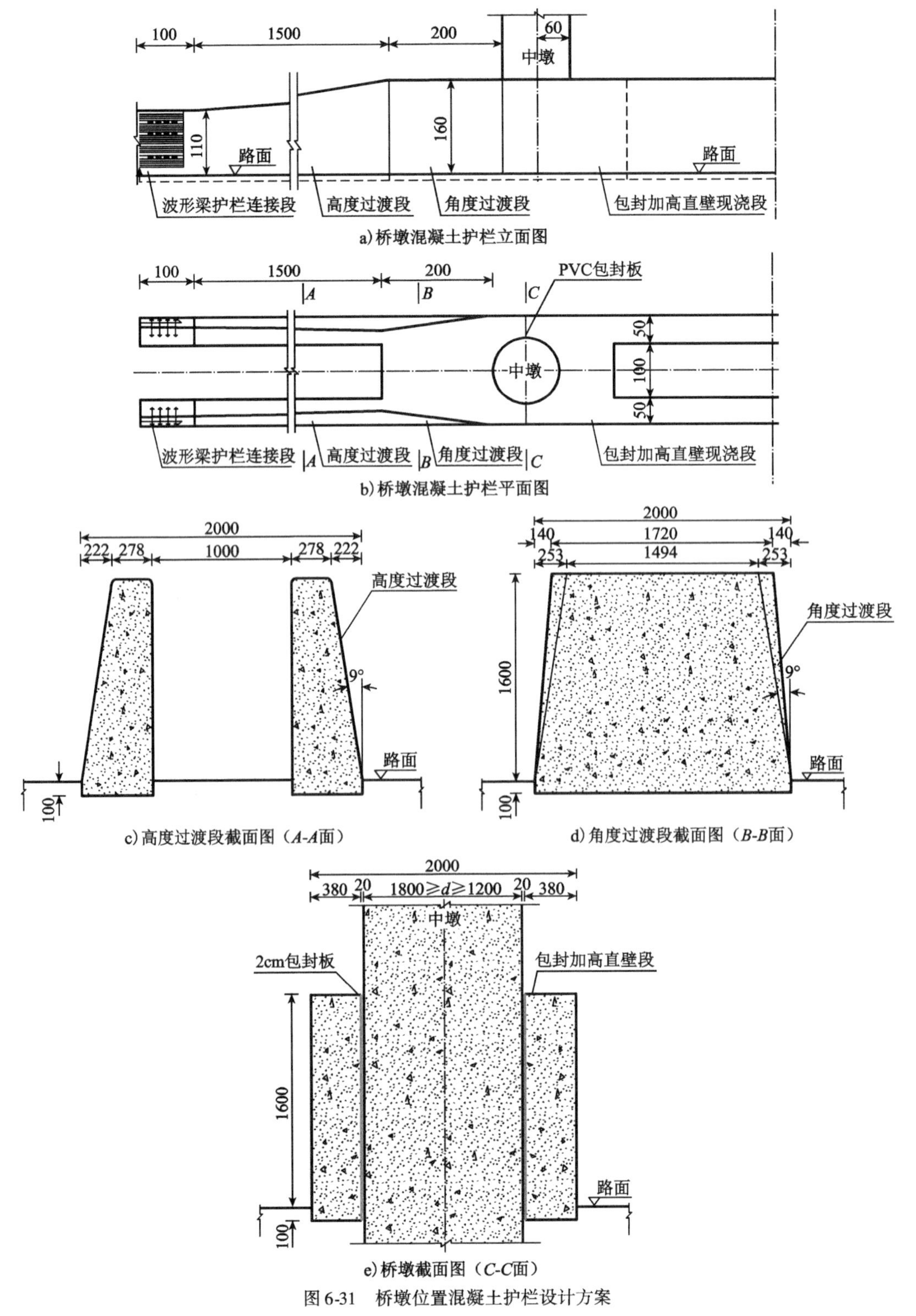

图 6-31　桥墩位置混凝土护栏设计方案

注：a)、b)分图尺寸单位 cm；c)、d)、e)分图尺寸单位 mm。

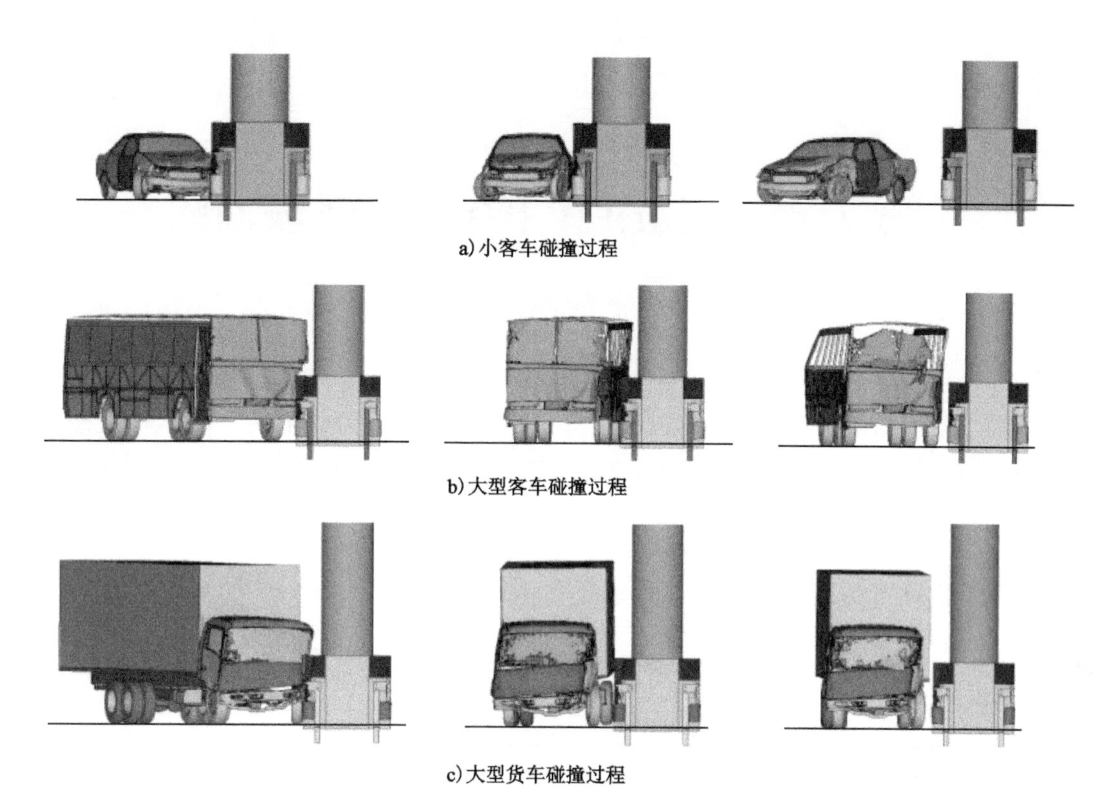

a)小客车碰撞过程

b)大型客车碰撞过程

c)大型货车碰撞过程

图6-32 车辆碰撞桥墩防护混凝土护栏过程

第7章　混凝土护栏景观设计

混凝土护栏在安全性能较其他结构形式护栏具有一定优势，但是其为不通透的墙体结构，有些景观要求较高的地方对该结构的应用有所抵触。将景观设计应用在混凝土护栏上，则可以在保留混凝土护栏安全性能的基础上，使得混凝土护栏结构能够更好地与周边环境或文化相协调，缓解驾驶疲劳感且美化了公路交通环境，达到安全与美观的双重效果。本章在对混凝土护栏景观设计的基本原则、技术手段与思路介绍的基础上，对基于墙体涂装、墙体刻槽、墙体开孔三种景观设计方式进行重点阐述，并给出了一些具体案例。

7.1　混凝土护栏景观设计的基本原则、手段与思路

7.1.1　基本原则

混凝土护栏景观设计所遵循的基本原则主要包括以下7个方面：

(1)满足安全防护的原则

混凝土护栏作为公路护栏的一种，其主要作用仍是对驾乘人员形成有效保护，降低死伤率。景观设计在混凝土护栏上的应用必须在保证其安全防护能力不受影响或影响较小的前提下进行，这是混凝土护栏景观设计的最主要原则。有些景观混凝土护栏虽然通过了碰撞试验，各项指标也满足了评价标准要求，但是明显牺牲了混凝土护栏应有的结构强度和导向功能(图7-1)，同样会在实际应用中产生安全隐患。

a)结构强度影响

b)导向功能影响

图7-1　混凝土景观设计影响安全防护举例

(2)与环境相协调的原则

混凝土护栏的景观设计理念与公路本身的景观设计理念应相互协调统一，避免因护栏结构形式的单一性，使人产生单调乏味的感觉，而应在长距离内使公路产生和谐的美感。

(3)体现地域文化特色的原则

公路所经地区普遍具有各自独特的地域文化特色，混凝土护栏景观设计的过程中，应充分考虑当地的人文特色、风情民俗等因素，将沿线特色文化因子合理植入护栏设计中，提高行车舒适性和愉悦度，还可推介沿线地域文化特色，带动区域旅游经济发展。

(4)美学和交通心理学相结合的原则

作为公路景观的一部分，护栏的景观设计不能脱离社会审美观而独立存在，必须结合交通心理学，以高速公路使用者心理活动为指导原则，在满足其交通功能的前提下，以美学理论为指导，以大比例、大尺度的动态化设计为原则，赋予护栏景观更赏心悦目的形式和内在涵义。

(5)耐久性原则

公路护栏长时间暴露于室外，受外界环境影响较大，若混凝土护栏景观设计不合理或处理不恰当，很容易导致墙体表面起皮、开裂、钢筋锈蚀等(图7-2)，大大降低护栏的使用寿命，对护栏耐久性带来不利影响。因此，混凝土护栏景观设计过程中，需对混凝土材料特性、钢筋配置、防腐等进行合理设计，以保证护栏的使用寿命与外观效果，使其具有良好的耐久性。

图7-2　混凝土护栏墙体耐久性不佳示例

(6)经济性原则

与传统混凝土护栏相比，景观设计势必会增加护栏的建设成本，例如混凝土护栏模板需要特殊定制。因此，应在保证护栏结构强度可靠的基础上，充分考虑经济性因素，对混凝土护栏景观造型进行合理设计。

(7)方便性原则

混凝土护栏景观设计时，应在保证安全性能和景观效果的基础上，具有施工安装高效快捷及易维修养护特性，以满足公路建设管理部门对护栏应用效率的要求。

7.1.2　混凝土护栏景观设计技术手段

混凝土护栏景观设计所采用的技术主要包括以下4个方面：

(1)三维效果图技术

在护栏景观造型初步设计阶段，可采用三维效果图的技术手段进行展现。景观设计主要考虑的是对公路使用者的视觉冲击，二维图形较难分辨美学特性，而三维图形具有更加立体的展现功能，在了解护栏是否美观的同时，还可将护栏融入公路主体及周边环境中，较为直观地看到护栏在实际工程中的应用效果，对护栏景观设计方案初选具有重要的指导意义，如图 7-3所示。

（2）单元实体模型技术

在护栏景观造型优选阶段，可采用 1∶1 实体模型的方法，对其实际效果进行评价与优选。通过制作 1∶1 实体模型能够对混凝土护栏的景观效果做出最为直观的评价，对护栏景观设计方案优选提供更加准确的判断依据，如图 7-4 所示。

图 7-3 景观混凝土护栏三维效果图示例

图 7-4 景观混凝土护栏单元实体模型示例

（3）计算机仿真模拟技术

图 7-5 景观混凝土护栏计算机仿真分析示例

在护栏景观结构优化阶段，需要从安全防护角度出发，采用可靠的计算机仿真模拟技术进行迭代计算与分析。采用计算机仿真模拟对景观混凝土护栏进行碰撞分析，不但能够得到较为优化的结构，还能评判景观设计是否对混凝土护栏应有的阻挡功能、缓冲功能、导向功能造成了不利影响。图 7-5所示为景观混凝土护栏计算机仿真分析示例。

（4）实车足尺碰撞试验技术

在护栏安全性能评价阶段，需要采用实车足尺碰撞试验作为最终的考核依据。融入景观设计的混凝土护栏，是一种新的护栏形式。根据《公路护栏安全性能评价标准》（JTG B05-01—2013）要求，需要通过实车足尺碰撞试验验证其安全性能，方可在实际工程中合法应用。图 7-6 所示为景观混凝土护栏实车足尺碰撞试验示例。

图 7-6 景观混凝土护栏实车足尺碰撞试验示例

7.1.3 混凝土护栏景观设计整体思路

混凝土护栏景观设计的基本思路主要包括以下5个方面：

(1)背景调研

调研应用路段沿线地区的民俗文化(如当地的独特自然或人文景观、文化传统、历史故事和神话传说等)、建筑特点、公路整体风格等情况，为混凝土护栏造型设计提供灵感。

(2)设计主题选取

选取具有代表性，能够体现地域文化特色、体现良好寓意、给人留下深刻印象的事物或理念作为混凝土护栏景观设计主题，如图7-7所示。

图7-7 设计主题选取示例

(3)设计元素提取

提取有代表性的元素，采用抽象、联想、形象思维等方法，将元素加工修饰，尽量用大方、简洁、流畅、抽象的线条来体现设计主题，同时还要考虑提取的元素外形、尺寸等能够在保证安全的前提下很好体现出来。图7-8所示为设计元素提取示例。

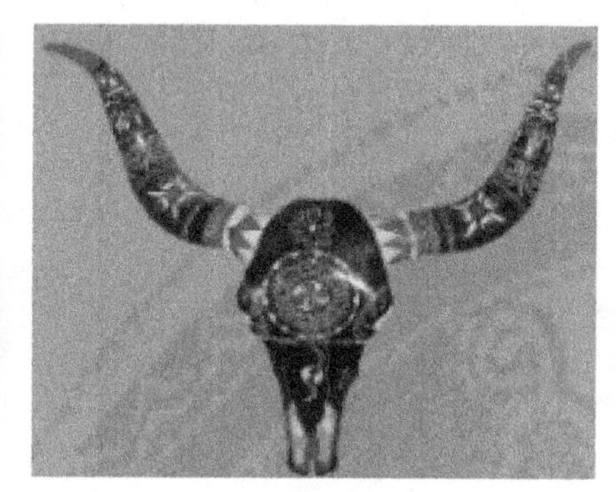
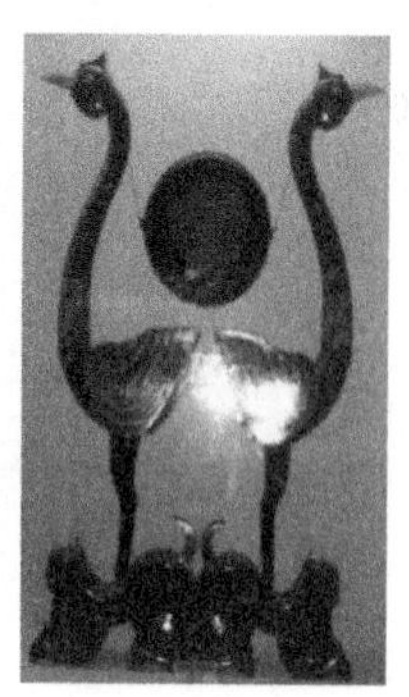

图7-8 设计元素提取示例

(4)与护栏结构融合

结合应用路段所选混凝土护栏基本结构形式，综合考虑结构安全性和行车景观效果两方面因素，将提取的设计元素与混凝土护栏融合在一起，应保证护栏造型设计的简洁性、流畅性及一定的连贯性。图7-9所示为设计元素与护栏结构融合示例。

(5)综合性能优化

从安全、耐久、经济、工艺维护方便等角度出发，对具备良好景观效果的混凝土护栏成果进行整体优化设计，保证优化后的设计在实际工程中达到良好使用效果。

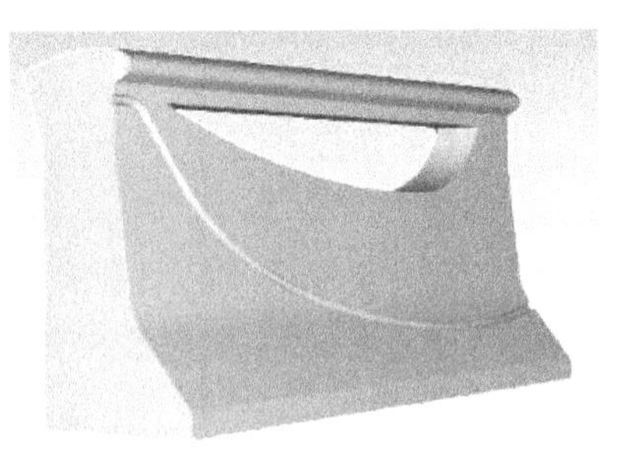

图 7-9 设计元素与护栏结构融合示例

7.2 墙体涂装型景观设计

墙体涂装型景观设计主要通过调整墙体表面的色彩来提高混凝土护栏的景观效果，是一种较为直接、有效、快捷的处理方式，且不会改变混凝土护栏的整体结构。混凝土护栏涂装造型可根据所设置的环境（如自然地理环境、社会人文环境、历史文化环境、技术经济环境和规划建设环境等）进行合理设计，可以很好地产生美学效果，提高驾乘人员在公路上行驶的舒适性，降低疲劳感，有一定的降低事故发生率的效果。图 7-10 所示为混凝土护栏墙体涂装型景观设计效果。

图 7-10 混凝土护栏墙体涂装型景观设计效果示意图

7.2.1 墙体涂装对混凝土护栏的安全影响

混凝土护栏墙体涂装型景观设计，虽然未从根本上改变护栏墙体结构，但是护栏墙体表面的粗糙程度发生了一定程度的变化。根据相关研究，护栏墙体粗糙程度会影响车辆碰撞护栏过程中所受的摩擦阻力，有可能会对护栏的安全防护性能带来一定影响。

与传统混凝土护栏相比，涂装材料一般会使混凝土护栏墙体更光滑，以某 SS 级混凝土护栏结构为研究对象，按照六（SS）级护栏标准碰撞条件（1.5t 小客车、碰撞速度 100km/h、碰撞角度 20°；18t 大型客车、碰撞速度 80km/h、碰撞角度 20°；33t 大型货车、碰撞速度 60km/h、碰撞角度 20°）进行碰撞仿真模拟，在仿真模型中分别将护栏与车辆之间的摩擦系数设置为 0.2 和 0.1，用于分别模拟未涂装墙体和涂装墙体两种工况。图 7-11 为仿真计算结果，车辆碰撞有无涂装的混凝土护栏过程几乎没有差异，说明涂装对于混凝土护栏的安全防护指标没有实质性影响。

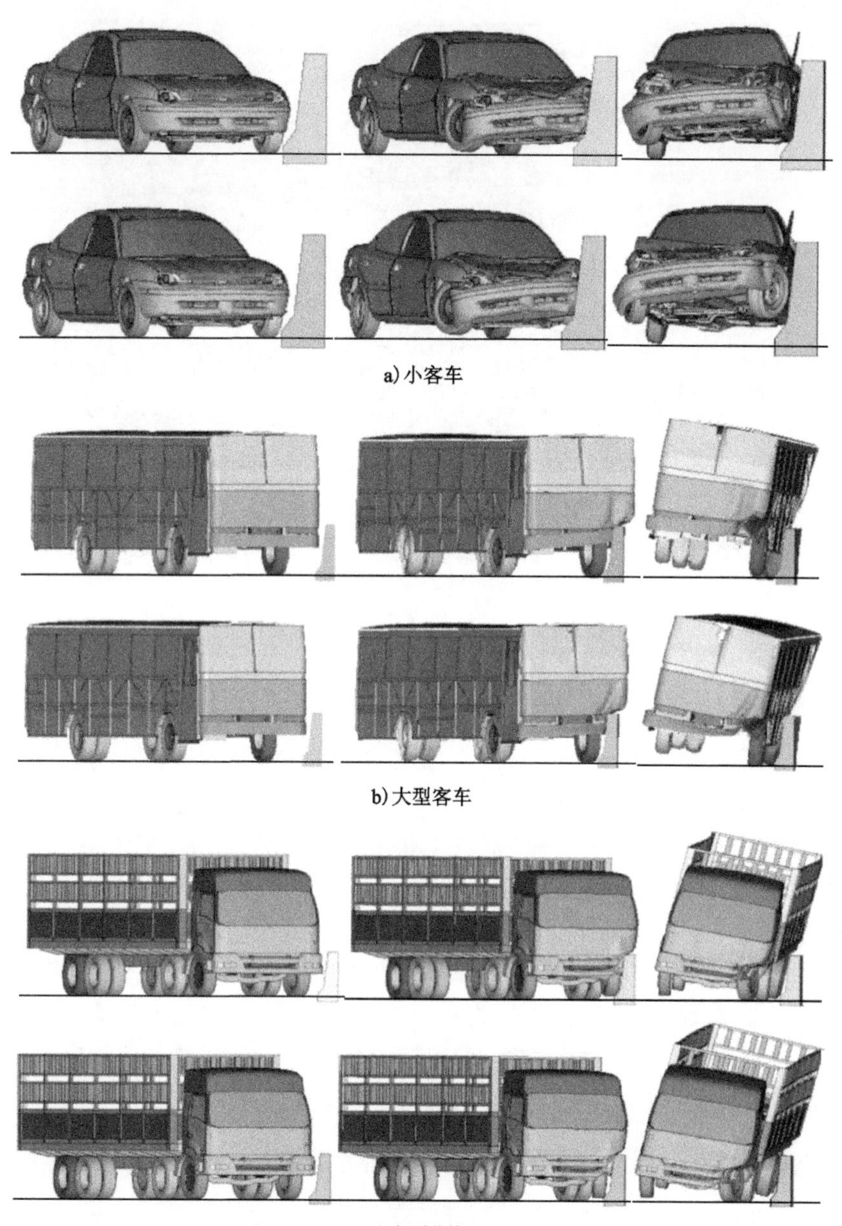

a）小客车

b）大型客车

c）大型货车

图7-11　车辆碰撞有无墙体涂装的混凝土护栏仿真结果

值得说明的是，由于涂装对于混凝土护栏与车辆之间的摩擦系数影响不是很大，所以不会对护栏的安全防护性能造成实质性影响。但是当护栏与车辆的摩擦系数大到一定程度，有可能影响车辆特别是小型车辆的加速度指标，例如在早期的西部交通建设科技项目中就地取材设计了一种石砌护栏，经过实车足尺碰撞试验验证会对小型车辆的缓冲性能造成不利影响，考虑到碰撞面与车辆的摩擦系数较大是造成缓冲指标不佳的主要原因，通过在石砌护栏表面增设一道光滑的导向带，有效降低了碰撞面与车辆的摩擦系数，提高了对车辆的缓冲保护性能，如图7-12所示。

a)墙体全石砌材料

b)石砌墙体增设导向带

图 7-12 不同粗糙程度的护栏墙体实车碰撞试验

7.2.2 墙体涂装的基本工艺流程

混凝土护栏表面涂装过程按先后顺序一般可分为底层、封闭层、中间层、面层四个部分。一是,底层采用腻子填补表面缺陷和构件的轮廓线,提高表面的平整度,对封闭层和中间层有良好的附着力,常用的底层材料有环氧、聚氨酯和丙烯酸类等;二是,在底层之上,采用封闭层堵住混凝土墙体表面的微孔,避免腐蚀介质的渗透,常用的封闭层材料有环氧清漆、丙烯酸抗碱底漆及聚氨酯清漆等;三是,在封闭层之上,采用中间层来增加面层与封闭层的附着力,起承上启下作用且具有很好的相容性,常用的中间层材料有环氧涂料、聚氨酯涂料、丙烯酸聚合物涂料等;四是,在中间层之上,采用面层作为整个涂装体系的最外层,也是涂装体系中最为重要的一层,它赋予混凝土护栏美丽的色彩造型,更为重要的是它决定着涂层体系的耐老化和防腐性能,常用的面层材料有含氟树脂涂料、丙烯酸改性脂肪族、聚氨酯面漆和丙烯酸面漆等。

7.2.3 墙体涂装型混凝土护栏应用与设计示例

图 7-13 为采用墙体涂装方式进行景观设计混凝土护栏应用与设计示例。

a)示例1

图 7-13

b）示例2

c）示例3

d）示例4

e）示例5　　f）示例6

图7-13　墙体涂装型混凝土护栏应用与设计示例

7.3　墙体刻槽型景观设计

墙体刻槽型景观设计是指在混凝土护栏墙体上设置契合环境特点、简洁美观、寓意良好的凹槽造型，融合了雕刻艺术，通过刻槽设计可以提高护栏的景观效果，增加护栏的整体灵动性，缓解驾驶员的视觉疲劳，提升行车舒适度及安全性，美化公路交通环境。图7-14为混凝土护栏墙体刻槽型景观设计效果。

图 7-14 混凝土护栏墙体刻槽型景观设计效果示意图

7.3.1 墙体刻槽的设计方法

由于墙体刻槽型景观设计会在混凝土护栏表面形成一定深度的凹槽,混凝土护栏结构形式(尤其迎撞面)会有所改变,会对护栏的防护性能带来一定影响。国外发达国家关于混凝土护栏景观设计的研究起步较早,例如美国曾就刻槽型景观混凝土护栏设计对车辆碰撞的安全影响开展了相关研究工作,进行了相关的计算机仿真模拟和实车足尺碰撞试验(图 7-15)。我国近年来随着经济与技术水平的快速发展,对混凝土护栏墙体刻槽型景观设计的安全性开展了一些研究工作,也取得了一些成果。下面重点介绍混凝土护栏刻槽型景观设计的基本方法,为混凝土护栏刻槽型景观设计与应用提供参考。

图 7-15 混凝土护栏不同纹理安全性能传真模拟及实车足尺碰撞试验

图 7-16 所示的混凝土护栏墙体刻槽型景观设计方法,主要是解决混凝土护栏刻槽设计所涉及的凹槽坡度、深度、棱间距 3 个参数(图 7-17)综合选取的合理性问题。该方法是通过数百次的仿真模拟分析和多种护栏结构安全性验证得到的,具有一定的适用性。

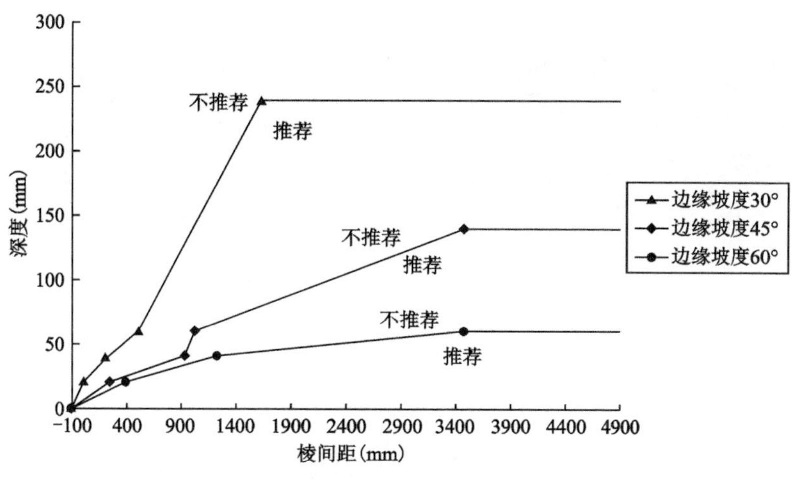

图 7-16　混凝土护栏墙体刻槽型景观设计方法

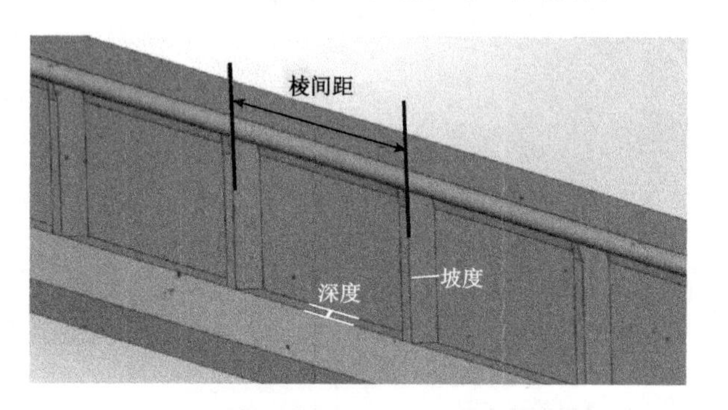

图 7-17　墙体刻槽型景观设计相关参数示意图

7.3.2　墙体刻槽型混凝土护栏应用与设计示例

图 7-18 为采用墙体刻槽方式进行景观设计混凝土护栏应用与设计示例。

a)示例1

b)示例2

图　7-18

c）示例3

d）示例4

e）示例5

f）示例6

g）示例7

图7-18　墙体刻槽型混凝土护栏应用与设计示例

7.4 墙体开孔型混凝土护栏景观设计

墙体开孔型景观设计是指在混凝土护栏墙体上设置断面贯通式开孔造型，通过开孔设计能够使混凝土护栏更通透，孔与护栏墙体体现了虚与实的对比，实的部分是立体的体现，视线可以透过虚的部分看到周围环境，使驾驶员（尤其小客车驾驶员）行车视野更加开阔，缓解驾驶疲劳，愉悦驾驶心情，美化公路交通。图 7-19 为某墙体开孔型景观混凝土护栏实际应用照片。

图 7-19 某墙体开孔型景观混凝土护栏实际应用照片

7.4.1 墙体开孔的设计方法

图 7-20 为混凝土护栏墙体开孔型景观设计方法，其适用于开孔宽度为 1m 的情况，主要解决混凝土护栏开孔设计所涉及的孔高、孔中心距、孔下沿距路面高 3 个参数（图 7-21）综合选取的合理性问题。该方法是通过数百次的仿真模拟分析和多种护栏结构安全性验证得到的，具有一定的适用性。

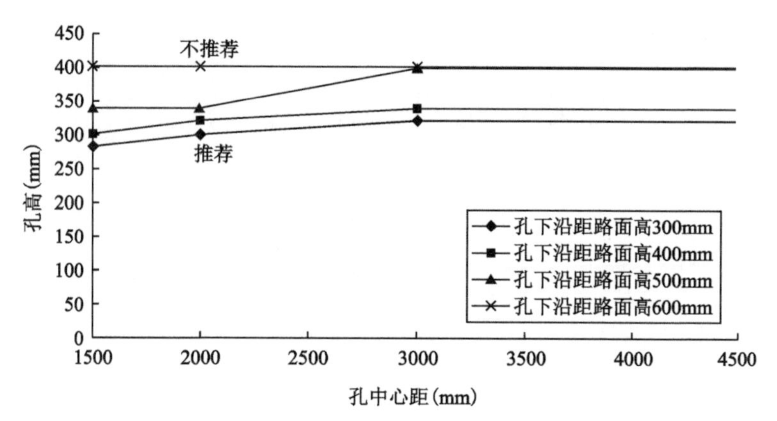

a）不同孔中心距条件下，孔下沿距路面高度与孔高的关系

图 7-20

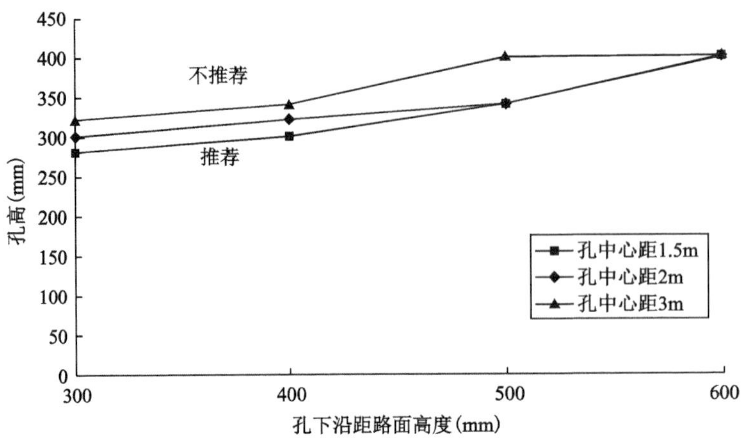

b)不同孔下沿距路面高条件下，孔中心距与孔高的关系

图 7-20　混凝土护栏墙体开孔型景观设计方法

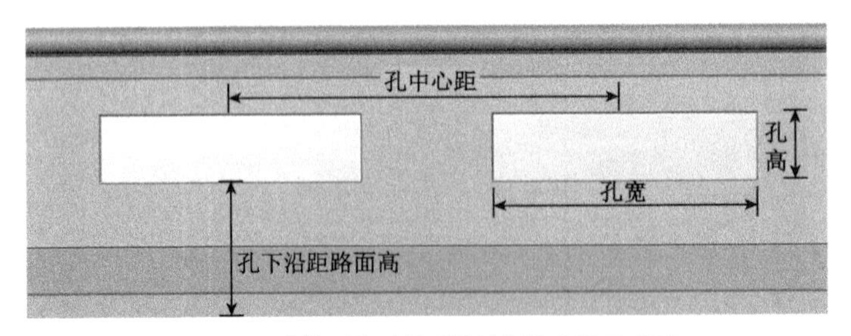

图 7-21　墙体开孔型景观设计相关参数示意图

7.4.2　墙体开孔型混凝土护栏应用与设计示例

图 7-22 为采用墙体开孔方式进行景观设计的混凝土护栏应用与设计示例。

a)示例1

b)示例2

图　7-22

c)示例3

d)示例4

e)示例5

图7-22 墙体开孔型混凝土护栏应用与设计示例

第8章　混凝土护栏再利用

在既有公路运营期内和公路改扩建项目中，很多情况需要对混凝土护栏进行再利用，通过再利用可以在保证其安全防护性能的同时，实现节约资源并减少造价的效果，值得推广借鉴。

8.1　公路运营期混凝土护栏再利用

8.1.1　运营期混凝土护栏升级改造需求

目前我国已通车运营的公路，有不少属于《公路交通安全设施设计规范》（JTG D81—2006）颁布之前建设的。早期建设的公路中有些路段采用了混凝土护栏，由于当时公路运营中的车型比较单一且数量比较少，这些混凝土护栏起到了较好的安全防护作用，但随着交通事业的快速发展，这些公路的交通流特性发生了变化，交通量逐渐增加，运行速度越来越快，同时车型多样化、大型化，使得这些早期建设的混凝土护栏不能较好满足防护需求。这些混凝土护栏主要包括三大类：第一类具有较为规则的坡面形式，如新泽西型坡面和F型坡面等，这类混凝土护栏是针对早期的交通流特性建造的，相对于现在的交通流特性，多存在设计高度不足问题，特别是由于路面加铺，多数此类护栏的有效高度进一步降低，安全防护性受到进一步影响；第二类为具有较规则坡面混凝土基座的组合式护栏，这类护栏特点是底部为高度60多厘米的混凝土墙体，多为新泽西型坡面形式，上部为铸铁类立柱和圆形钢横梁，这种护栏从结构设计角度存在较大缺陷，一是上部钢结构刚度相对于混凝土墙体太小，上下刚度存在严重不匹配现象，二是铸钢立柱距离护栏迎撞面太近，车辆碰撞后会在立柱位置发生严重绊阻，上部钢结构的存在对于护栏安全防护能力起到了反作用；第三类护栏为异型坡面混凝土护栏，这些护栏多未经过专项研究而应用于实际工程，存在较大安全风险，如图8-1所示。

对于第一类具有较为规则坡面的混凝土护栏，随着车辆的大型化和运行速度的提高，混凝土护栏高度不能较好地满足防护目标的需求，如图8-2a）所示：2007年4月，一辆油罐车在省道306线80K+300m处（永春县外山乡龙井桥旁）发生事故，事故车辆的一个轮胎留在路面上，但车辆翻越了混凝土护栏，同时混凝土护栏完好无损；对于第二类早期建设的具有规则坡面混凝土基座的组合式护栏，由于其在我国早期建设的桥梁护栏中占有一定比例，被车辆碰撞的概率较高，车辆翻越这种护栏的事故也比较多，如图8-2b）所示；对于第三类异型坡面的混凝土护栏，该类护栏事故资料较少，主要原因是该类护栏应用数量不多。

在运营的公路中，特别是等级公路中，不少路段甚至是山区路段仍在采用混凝土警示墩用作防护设施。警示墩在早期很长一段时间内为保障公路交通安全起到了很大作用，但是随着交通量的增加、交通成分的变化和社会对于交通安全要求的提高,这些警示墩逐渐不满足使用需求:部分警示墩强度不足,车辆碰撞时发生结构碎裂,这是由于部分警示墩采用浆砌片石或内部砖砌,外覆水泥的结构,属于松散结构,这种结构在车辆冲撞荷载作用下,抗剪切强度和整体强度不足,不能对失控车辆进行有效保护;部分警示墩未做生根处理,仅靠自身的重力和与路肩之间的摩擦作用抵御车辆冲击,防护效果较差;部分道路上的警示墩采用埋植或钢筋生根的方式进行简单生根,这类警示墩的个体强度一般较高,但由于间隔设置,不能对事故车辆发挥导向作用,车辆碰撞后损坏较大(图 8-3)。

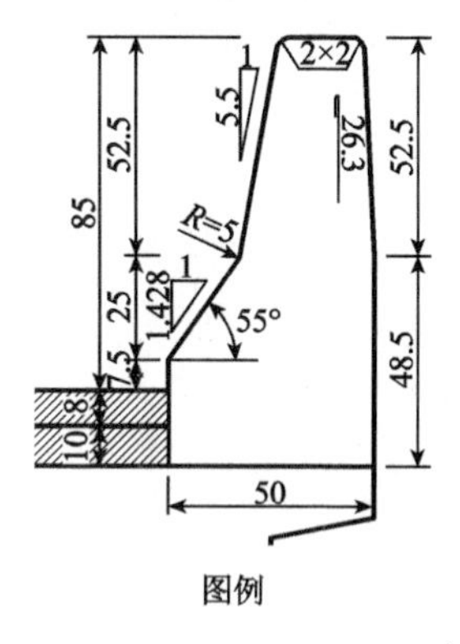

图例

未受路面加铺影响

受路面加铺影响

a)坡面较为规则的混凝土护栏(尺寸单位:cm)

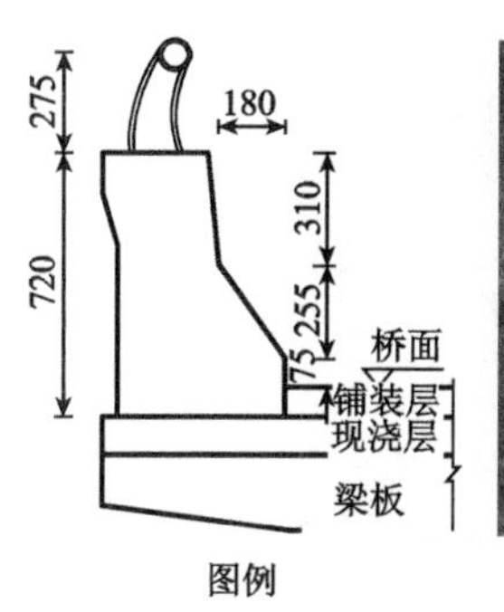

图例

照片

b)坡面较规则的组合式护栏(尺寸单位:mm)

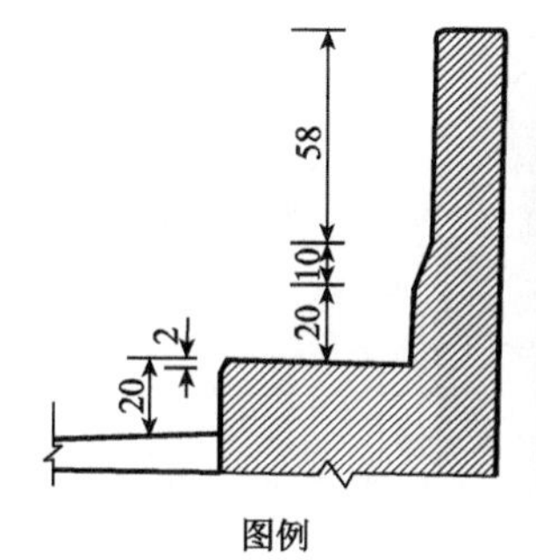

图例

照片

c)异型坡面(尺寸单位:cm)

图 8-1 早期建造的混凝土护栏

a)坡面较为规则的混凝土护栏事故案例

图 8-2

b)具有规则坡面混凝土基座的组合式护栏事故案例

图 8-2 早期建造的混凝土护栏事故案例

a)部分警示墩强度不足

b)部分警示墩未生根

c)生根的警示墩导向功能不足

图 8-3 警示墩与防护效果

一些混凝土警示墩设置在山区公路上,且部分路段有一定高度落差,虽然一般这些路段车辆运行速度较低,但考虑到路侧危险程度,有条件的地方应该结合混凝土护栏的防护特点进行升级改造,提高公路安全运营水平。

在运营期高速公路中,还有一类梁柱式混凝土结构栏杆,其由竖向混凝土立柱和上部混凝土横梁组成,之所以称其为栏杆是因为这种结构严格来说不属于防撞结构。由于这种结构不少设置在具有防撞功能需求的位置上,导致了不少坠落桥下、坠落山坡、坠落平地、坠落水源的恶性事故,而且事故车型中有旅游大巴车、卧铺客车、公交车甚至还有小客车(图8-4):2015年7月1日下午,吉林省集安市凉水乡境内集丹公路51km+900m处发生一起交通事故,一辆载员28人、行驶在集丹公路上的旅游大巴掉至外岔大桥下,其中韩国游客26人,中方2人(导游1人,驾驶员1人),共造成11人死亡(其中韩国游客10人、1人为中方驾驶员),17人受伤;2005年4月19日凌晨,重庆黔江区境内一辆从朝天门开往黔江、载有33名乘客的卧铺客车,在行至国道319线黔彭二级公路段香山隧道至狮子峰隧道之间的沙湾特大桥时,失控驶出桥面,撞坏长度32.58m的混凝土栏杆后,侧翻坠入垂直距离达40余米的山坡上,车辆解体,造成27人死亡,4人重伤;2006年10月1日下午,一辆载有50名乘客的公交车在行驶至嘉陵江石门大桥沙坪坝段引桥处时,突然越上人行道冲出桥梁栏杆,坠落到桥下30多米的平地上,造成30人死亡、20人受伤的严重后果,其中11人重伤;2009年11月12日,一辆载有22名乘客的35座金龙大型客车,由西向东行驶,行至威海市双岛湾大桥时失控,先剐碰了桥南侧的护栏,紧接着左转,冲过路中央的隔离带后,又撞断了桥北侧的护栏,坠入海中,在双岛湾内避风抛锚的渔船紧急参与了救援,当场救起数名逃离车厢的乘客,但还是造成了13人死亡的严重后果;2006年8月8日晚,一辆比亚迪F3黑色微型轿车行至嘉陵江大桥中段,突然向左冲去,将桥梁混凝土栏杆撞开一个大缺口,径直坠落到24m高的桥下,造成6人死亡,其中一名是儿童;2003年7月30日下午,一辆白色别克微型轿车在沙坪坝滨江路上磁器口急弯处冲上人行道后,撞断护栏坠下20多米的高架桥,坠沉嘉陵江中。

a)旅游大巴车坠落河道

b)卧铺客车坠落山坡

图 8-4

c)公交车坠落平地

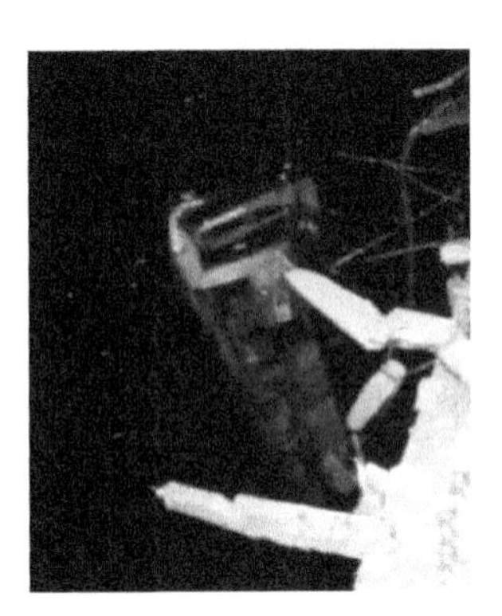

d)大型客车坠水中

e)小客车坠桥

图 8-4 车辆穿越混凝土栏杆事故案例

这些梁柱式混凝土栏杆,若是作为防行人栏杆是比较合适的,但是若作为防车辆护栏确是远远不够的,对于已经安装这些栏杆来防护车辆的路段,应尽快进行升级改造,消除安全隐患,提高该路段的安全运营水平。

8.1.2 运营期混凝土护栏再利用需求

通过 8.1.1 小节可以看出,为提高既有公路的安全运营水平,对于某些公路的混凝土护栏升级改造具有一定的必要性和迫切性。但是运营期混凝土护栏升级改造与新建或者改扩建公路中混凝土护栏的修建不同，主要表现在：运营期混凝土护栏施工，一般在保通条件下进行，需要进行交通管控，保证施工安全，若是施工困难，则不仅建设周期长，施工人员车辆及相应设施也会严重影响公路正常运营，施工的便捷性和经济性是运营期混凝土护栏升级改造重点考虑的因素。若是能够在保留既有结构不动或不大动的基础上，综合考虑既有结构拆除难度和再利用价值，对其进行再利用，则可以有效减少施工时间，降低施工难度，提高建设的经济性。

对于梁柱式混凝土栏杆这种结构，为考察其可再利用价值，按吉林集安旅游大巴车碰撞梁柱式栏杆事故建立有限元仿真模型，碰撞条件参考有关媒体报道进行设定，通过图8-5可见，仿真结果与实际事故结果相一致，验证了仿真模型的准确性。通过仿真计算可知，梁柱式混凝土栏杆结构非常单薄，几乎没有防护能力，同时其结构单薄且无强筋与基础连接，拆除非常便捷，再利用价值较低。

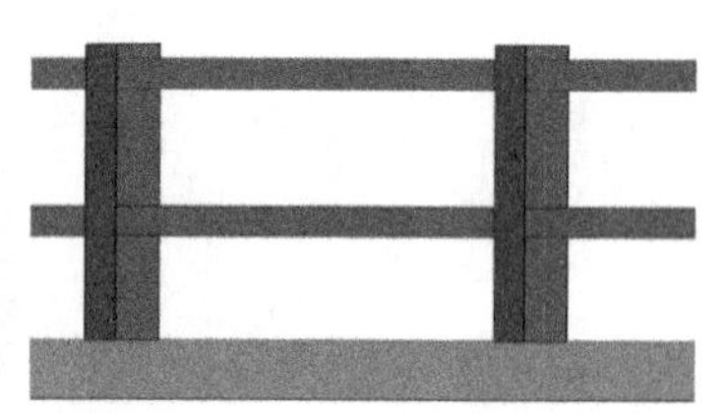

a）有限元仿真模型

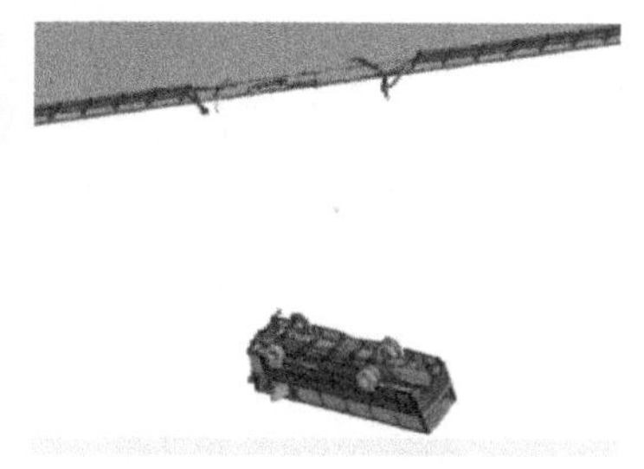

b）车辆坠落现场照片与仿真结果

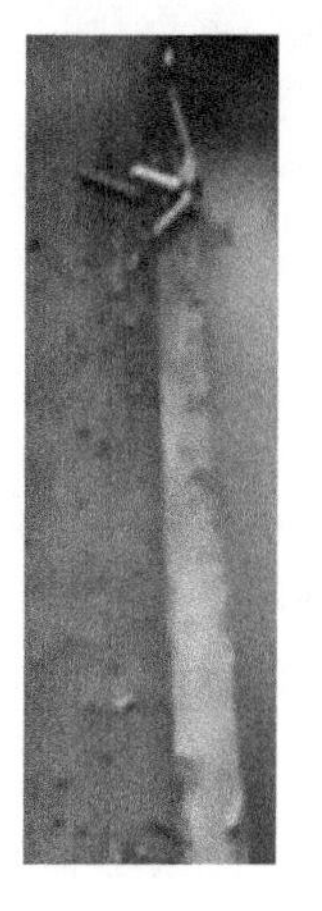
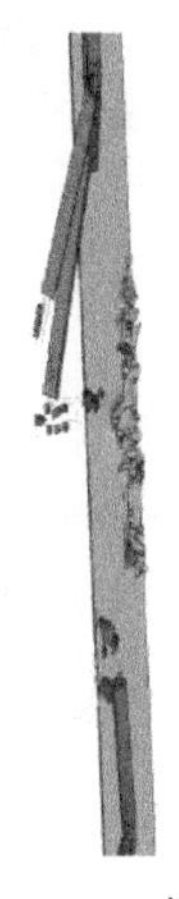

c）护栏破坏现场照片与仿真结果

图8-5　吉林集安事故现场照片与仿真结果

鉴于梁柱式混凝土栏杆的再利用价值不大,对于该种栏杆的升级改造可以采用拆除重建的模式。对于采用梁柱式混凝土栏杆的路段,一般是桥梁路段,同时一般具有不允许增加太多永久荷载、对于景观要求较高、桥面板强度比较小的特点,对于这些路段的护栏升级改造可以采用通过碰撞试验验证满足设计防护等级指标要求的金属梁柱式护栏,这些护栏重量较轻,景观通透,同时可有效减少汽车碰撞荷载对桥面板的影响,因此受到了不少用户的青睐,如图 8-6所示;组合式护栏的混凝土基座虽然较金属梁柱式护栏会增加一些桥梁永久荷载,但是对于桥面板有一定加强作用,需要进行设计权衡;混凝土护栏增加的桥梁永久荷载最大,一般需要进行基础特殊处理,使其能够承受车辆碰撞传递给桥面板的荷载。

图 8-6 金属梁柱式护栏举例

对于混凝土警示墩,为考察其可再利用价值,建立计算机仿真模型并与相关事故进行对比(图 8-7),从计算结果和事故结果来看,混凝土警示墩底部连接方式和纵向未连接是影响其防护能力的重要因素。大部分的混凝土警示墩比较容易拆除,但是由于其体积较大,拆除后的运输成本较高,若是能够就地再利用,可以降低造价。

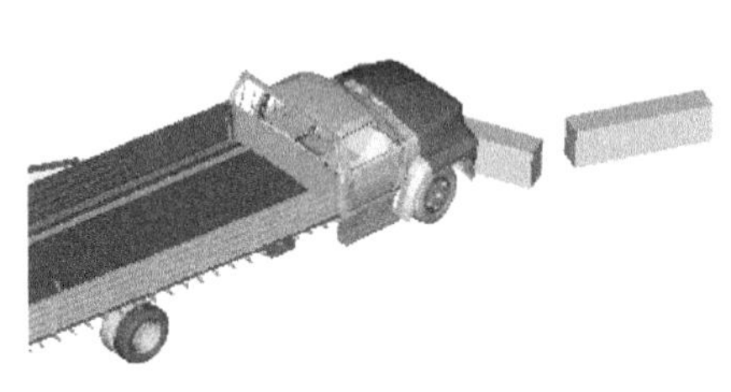

图 8-7 混凝土警示墩事故照片与仿真结果

对于既有混凝土护栏(包含组合式护栏),通过实车足尺碰撞试验数据可知,在车辆碰撞荷载下,钢筋混凝土结构往往只有细小裂纹甚至仅有擦痕,大部分不会有结构性破坏,再利用价值较高,如图 8-8 所示。

对于早期建造的钢筋混凝土护栏,若是拆除重建,除混凝土墙体需要破碎拆除外,还须在拆除过程中保留旧护栏与桥面的基础连接钢筋,这样就降低了采用大型机械快速切割拆除的可行性。拆除重建的施工过程中多采用人工风镐的拆除方式进行,该过程所需工期长,占地面积大,需占用相邻车道,且施工过程可能对桥梁造成不利影响,具有安全风险;凿除完毕后施工

现场产生大量废弃材料，需进行清理，同时这些废弃的混凝土材料不可回收利用，造成大量的材料浪费，如图8-9所示。鉴于早期建设的钢筋混凝土护栏难以拆除，同时严重影响公路正常运营，结合其结构特点，应尽可能进行就地再利用提升其安全防护性能，符合“资源节约”与“环境保护”的工程理念。

a)混凝土护栏

b)组合式护栏

图8-8 护栏实车足尺碰撞试验

图8-9 旧护栏凿除

8.1.3 运营期混凝土护栏既有结构再利用方案

1)混凝土警示墩再利用方案

“公路交通安全应用技术研究”属于交通部西部交通建设科技重大成套项目，项目承担单位为交通部公路科学研究院，项目于2004年4月开始前期工作，2004年7月启动。“公路交通安全应用技术研究”中曾对混凝土警示墩进行专项研究，并提出了两种推荐方案，一种是平墙式加固方案，另一种是城垛式加固方案，如图8-10所示。这两种方案基于既要解决安全，又要以警示墩再利用的原则进行设计，这是考虑到警示墩一般处于山区，具有风景秀美、景色宜人特点的同时，自然环境也相对脆弱。这两种方案均通过植筋加强结构与桥面板的连接，同时将独立的警示墩纵向连接成整体，大大提高了这种结构的安全防护能力。

在“公路交通安全应用技术研究”项目中，为验证平墙式和城垛式警示墩加固方案的安全防护能力，在试验场修建了这两种警示墩加固结构，并实施了A级实车足尺碰撞试验，图8-11所示，为试验用警示墩结构。从试验结果来看，这两种方案能够有效防护A级碰撞能量。

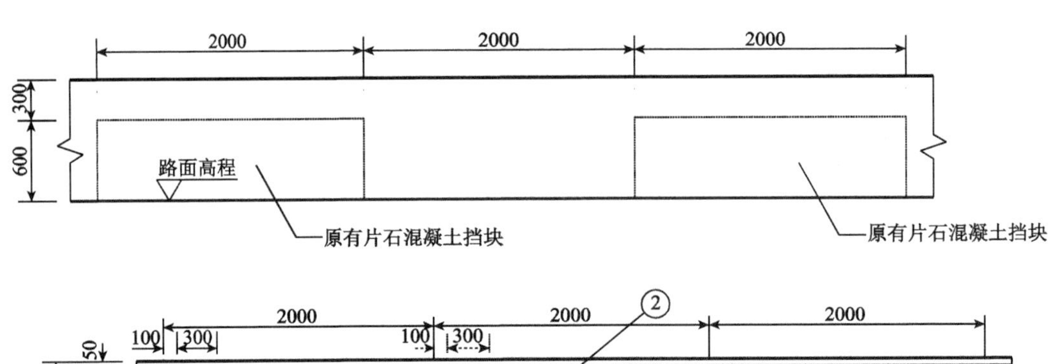

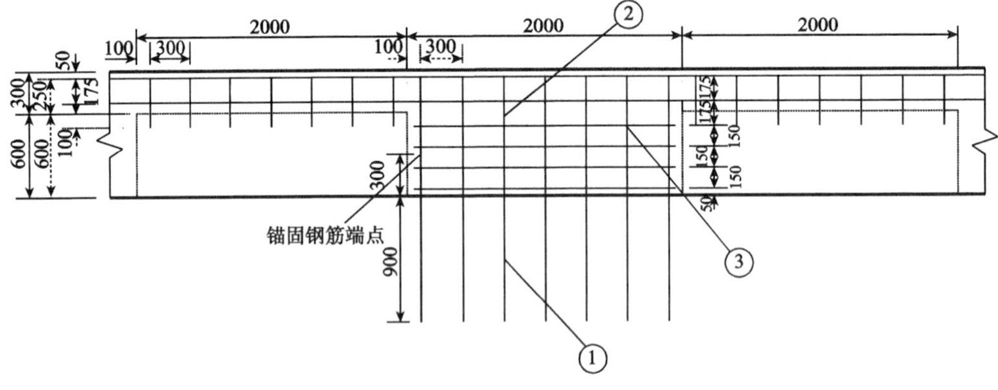

a) 平墙式加固方案

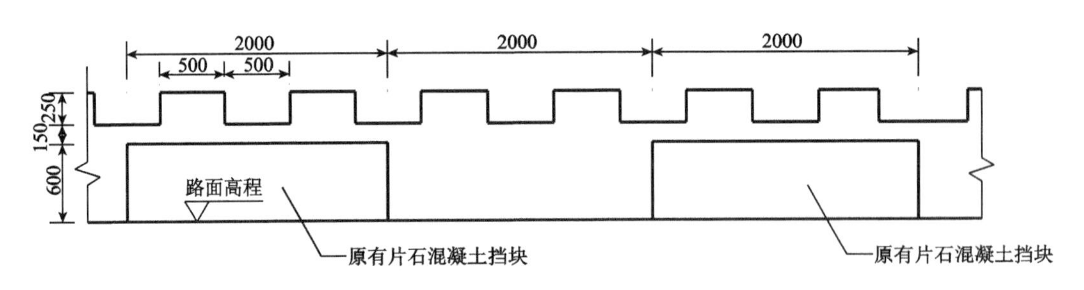

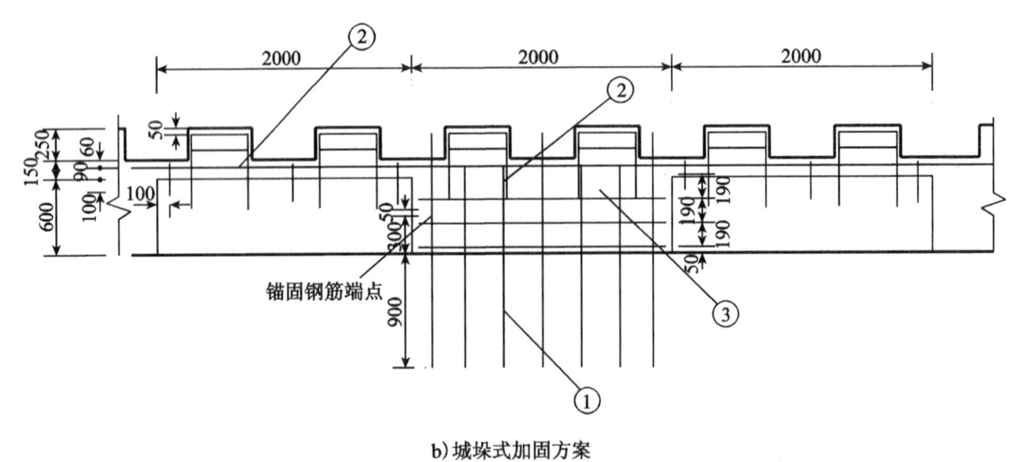

b) 城垛式加固方案

图 8-10 混凝土警示墩加固方案(尺寸单位:mm)

配筋

浇筑完成

大型客车碰撞后

a)平墙式加固方案

配筋

浇筑完成

大型货车碰撞后

b)城垛式加固方案

图 8-11　混凝土警示墩加固方案实车碰撞试验

在“公路交通安全应用技术研究”项目中提出的警示墩加固方案能够大幅度提高警示墩的安全防护能力,同时加固方案可以依据实际防护等级的需要,在护栏高度、配筋设置、基础形式等方面进行调节,研究成果具有非常强的现实指导意义。平墙式加固方案的本质是将警示墩升级成直壁式坡面混凝土护栏,城垛式加固方案的本质是采用带有景观设计的直壁式坡面混凝土护栏。由于警示墩设置路段运行速度一般不会很高,采用直壁式坡面混凝土护栏可以满足安全防护需求,但是值得注意的是,城垛式加固方案上部凸起的结构对于车辆,特别是大型车辆来说有可能会发生绊阻,导致车辆和乘员受到严重伤害,虽然城垛式加固方案具有一定的景观效果,但是从安全角度出发,需要引起用户和设计人员的足够重视,如图 8-12 所示。

2)钢筋混凝土护栏加高再利用方案

提高钢筋混凝土护栏的高度是提升既有钢筋混凝土护栏安全防护能力的有效方法,可以在保持既有钢筋混凝土护栏不动的基础上,通过在其上植筋或将上部结构表层混凝土凿除后焊接钢筋加长,支模浇筑混凝土的方式进行结构加高。山东省内的桥梁护栏多采用图 8-1 所示的组合式护栏结构,为有效提升该种护栏的安全防护能力,山东高速股份有限公司联合北京华路安交通科技有限公司开展了该种护栏的安全性能提升专项研究工作,在研究中得到了多种组合式护栏安全提升方案,这些方案同样适用于钢筋混凝土护栏的安全性能提升,其中采用植筋方式加高护栏高度提升其安全性能是这些方案之一,对于国内在役桥梁的安全运营水平提升具有直接指导意义和普适性,该成果《高速公路护栏改造技术指南》(T/CHTS 10030—2021)团体标准的形成提供了技术支撑。该标准的实施将对我国早期建设的高速公路波形梁护栏和组合式桥梁护栏升级改造起到一定促进和指导作用。

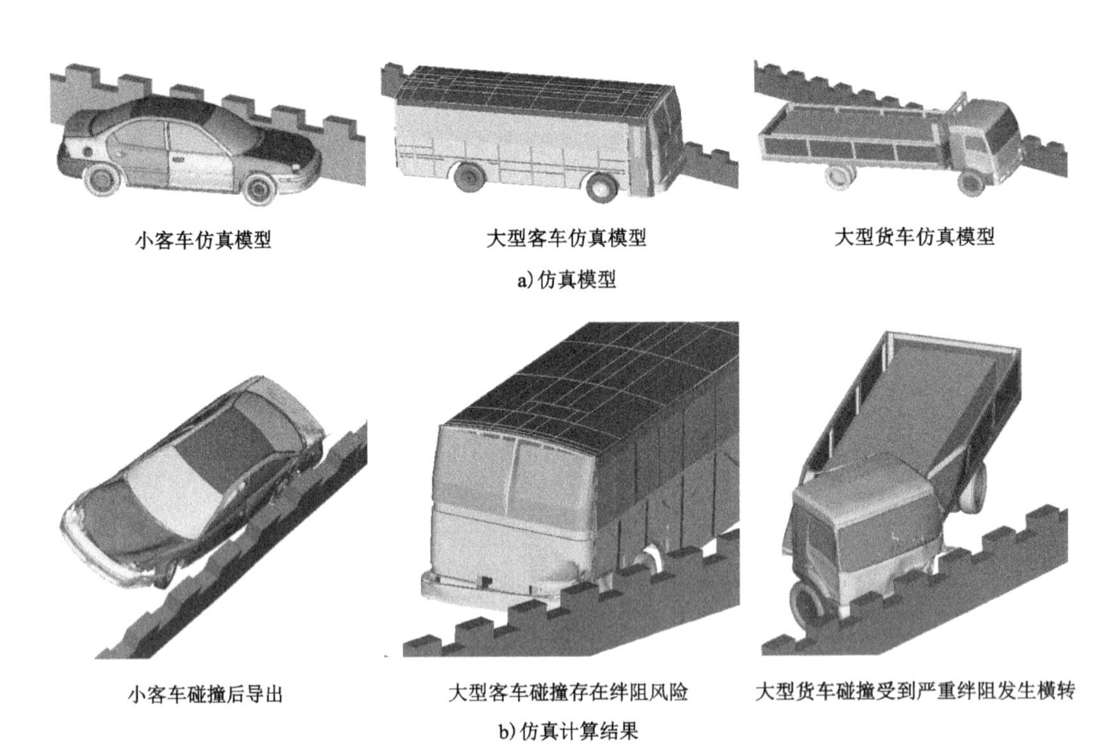

小客车仿真模型　大型客车仿真模型　大型货车仿真模型

a)仿真模型

小客车碰撞后导出　大型客车碰撞存在绊阻风险　大型货车碰撞受到严重绊阻发生横转

b)仿真计算结果

图 8-12　城垛式混凝土警示墩加固方案仿真结果

通过加高方式提升混凝土护栏的方案充分利用了原有混凝土结构,可有效提高护栏安全防护性能,同时降低护栏改造工程成本。在 2018 年 9 月由人民交通出版社股份有限公司出版的《高速公路护栏改造关键技术与应用》中,提到过植筋加高提升混凝土护栏安全防护能力的方案,但是当时没有进行实车足尺碰撞试验,这里主要就该结构的相关实车足尺碰撞试验情况做进一步说明。

(1)实车碰撞试验准备

SS 级混凝土护栏是目前应用最为广泛的高防护等级护栏,具有一定代表性,按照该 SS 级护栏碰撞条件组织实施加高混凝土桥梁护栏安全性能评价,具有较好的普适性。实车足尺碰撞试验条件见表 8-1。

加高混凝土桥梁护栏实车足尺碰撞试验条件　　表 8-1

碰撞车型	碰撞速度(km/h)	碰撞角度(°)	车辆总质量(t)	碰撞能量(kJ)
小客车	100	20	1.5	—
大型客车	80	20	18	520
大型货车	60	20	33	520

试验护栏设计方案:分两次修建,首先按国内广泛应用的既有组合式桥梁护栏设计修建底部新泽西型坡面混凝土基座,待底部基座养护完成并强度满足设计要求后,在其上设置混凝土加高段,加高段的竖向钢筋采用植筋方式锚固于新泽西型坡面混凝土基座内,在加高段混凝土上方设置阻爬坎。设计加高段墙体迎撞面植筋为直径 16mm 的Ⅲ级钢筋,背部植筋与其他竖

向钢筋为直径12mm的Ⅲ级钢筋,间距180mm;纵向配筋为直径12mm的Ⅲ级钢筋7根。护栏路面以上有效高度为1.1m,设计结构如图8-13所示。

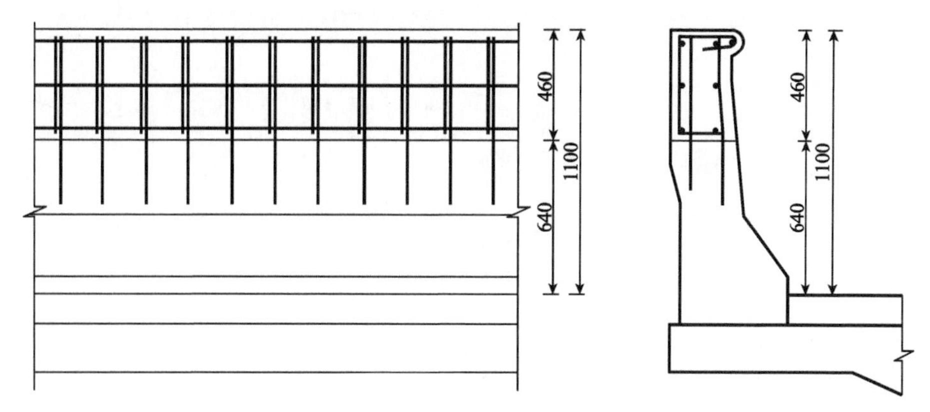

图8-13 植筋加高式护栏设计结构图(尺寸单位:mm)

图8-14所示为根据设计图纸修建完成的试验护栏和准备进行碰撞试验的小客车、大型客车、大型货车试验车辆,试验车辆的参数满足《公路护栏安全性能评价标准》(JTG B05-01—2013)的要求。

a)试验护栏

b)试验车辆

图8-14 试验护栏与试验车辆

(2)实车碰撞试验过程

图8-15为小客车碰撞加高再利用混凝土护栏试验结果,从小客车碰撞护栏行驶轨迹图可见小客车碰撞护栏后平稳驶出,并恢复到正常行驶姿态,没有穿越、翻越和骑跨护栏。从小客车碰撞后护栏和车辆情况图可以看出,护栏仅表面有剐痕,剐擦长度5.9m,经测量护栏最大横向动态变形量小于5cm,护栏最大横向动态位移外延值0.40m,车辆碰撞护栏后,前保险杠损坏,车辆左前大灯损坏,车体左侧前段有凹陷变形损坏,护栏构件及其脱离碎片没有侵入车辆乘员舱,满足阻挡评价指标要求;从小客车导向驶出框图可以看出,小客车在10m范围内没有

越过4.74m,满足导向评价指标要求;经测量,小客车的乘员碰撞时刻为0.3635s,乘员碰撞速度纵向为3.8m/s,横向为6.7m/s,乘员碰撞速度均不大于12m/s,乘员碰撞后加速度纵向为22.7m/s^2,横向为104.4m/s^2,乘员碰撞后加速度的纵向和横向分量均不大于200m/s^2,满足缓冲评价指标要求。

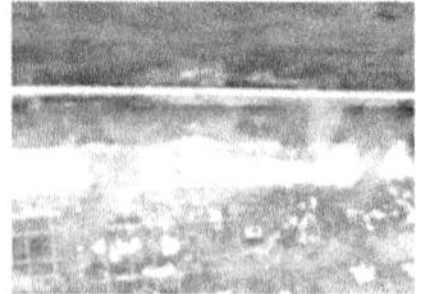

a)客车碰撞护栏轨迹图

b)小客车碰撞后护栏和车辆情况

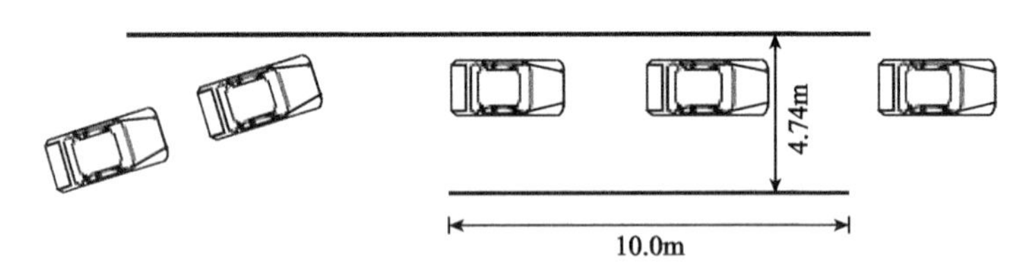

c)导向驶出框图

图8-15 小客车碰撞加高再利用混凝土护栏试验结果

图8-16为大型客车碰撞加高再利用混凝土护栏试验结果。从大型客车碰撞护栏行驶轨迹图可见,大型客车碰撞护栏后平稳驶出,并恢复到正常行驶姿态,没有穿越、翻越和骑跨护栏;从大型客车碰撞后护栏和车辆情况图可见,护栏整体结构没有损坏,但其表面有较深剐痕,剐擦长度6.1m,经测量护栏最大横向动态变形量小于5cm,护栏最大横向动态位移外延值0.40m,大型客车保险杠损坏,车辆左前大灯损坏脱落,车辆左前侧车体剐擦损坏,车辆最大动态外倾当量值0.65m,护栏构件及其脱离碎片没有侵入车辆乘员舱,满足阻挡评价指标要求;从大型客车导向驶出框图可以看出,大型客车在20m范围内没有越过8.79m,满足导向评价指标要求。

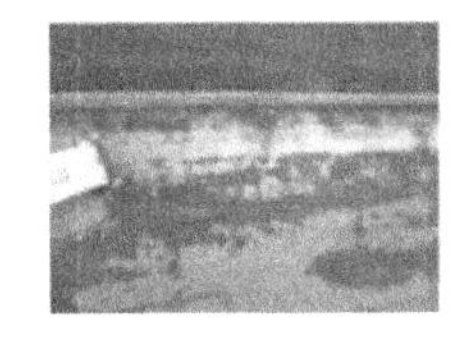

a)大型客车碰撞护栏轨迹图

图 8-16

b）大型客车碰撞后护栏和车辆情况

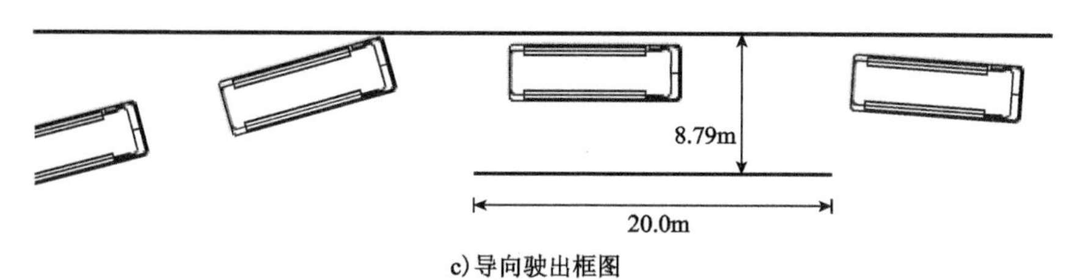

c）导向驶出框图

图 8-16 大型客车碰撞加高再利用混凝土护栏试验结果

图 8-17 为大型货车碰撞加高再利用混凝土护栏试验结果。从大型货车碰撞护栏行驶轨迹图可见，大型货车碰撞护栏后平稳驶出，并恢复到正常行驶姿态，没有穿越、翻越和骑跨护栏；从大型货车碰撞后护栏和车辆情况图可见，护栏整体结构没有损坏，上部阻爬坎表面有少量脱落，同时墙体表面有较深刷痕，刷擦长度为 8.9m，经测量护栏最大横向动态变形量小于 5cm，护栏最大横向动态位移外延值 0.75m，大型货车保险杠损坏，车辆左前大灯损坏脱落，车辆左前侧车体刮擦损坏，车辆最大动态外倾当量值 1.0m，护栏构件及其脱离碎片没有侵入车辆乘员舱，满足阻挡评价指标要求；从大型货车导向驶出框图可以看出，大型货车在 20m 范围内没有越过 8.76m，满足导向评价指标要求。

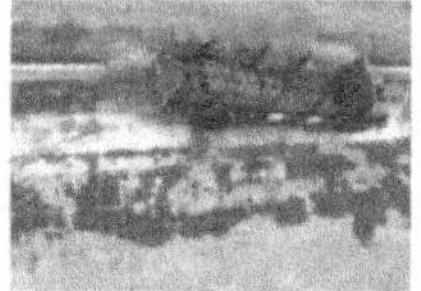

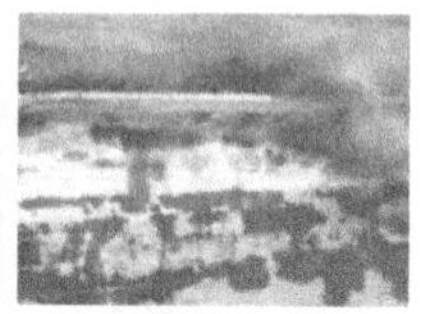

a）大型货车碰撞护栏轨迹图

b）大型货车碰撞后护栏和车辆情况

图 8-17

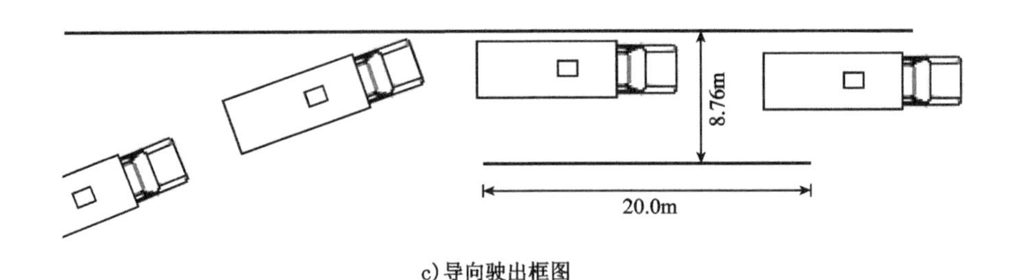

c)导向驶出框图

图 8-17　大型货车碰撞加高再利用混凝土护栏试验结果

(3)实车碰撞试验结果

表 8-2 为车辆按 SS 级碰撞条件碰撞加高再利用混凝土护栏的试验检测结果,通过对比《公路护栏安全性能评价标准》(JTG B05-01—2013)指标,可见三种车型碰撞加高再利用混凝土护栏各项指标均满足评价标准要求,防护等级达到了 SS 级,可对车辆和驾乘人员形成有效保护。

车辆按 SS 级碰撞条件碰撞加高再利用混凝土护栏安全性能评价简表　　表 8-2

评价项目			小客车		大型客车		大型货车	
			测试结果	是否合格	测试结果	是否合格	测试结果	是否合格
阻挡功能	车辆是否穿越、翻越和骑跨试验样品		否	合格	否	合格	否	合格
	试验样品构件及其脱离碎片是否侵入车辆乘员舱		否	合格	否	合格	否	合格
导向功能	车辆碰撞后是否翻车		否	合格	否	合格	否	合格
	车辆碰撞后的轮迹是否满足导向驶出框要求		满足	合格	满足	合格	满足	合格
缓冲功能	乘员碰撞速度(m/s)	纵向 x	3.8	合格	—	—	—	—
		横向 y	6.7	合格	—	—	—	—
	乘员碰撞后加速度(m/s^2)	纵向 x	22.7	合格	—	—	—	—
		横向 y	104.4	合格	—	—	—	—
护栏最大横向动态变形量 D(m)			0		0		0	
护栏最大横向动态位移外延值 W(m)			0.40		0.40		0.40	
车辆最大动态外倾距离 VI(m)			—		0.40		0.75	
车辆最大动态外倾距离标准值 VI_n(m)			—		0.65		1.00	

加高再利用混凝土护栏已经在国内特别是山东省的一些路段上广泛应用,在大幅度提高了既有混凝土护栏(含组合式护栏)安全防护性能的同时,与拆除重建相比,成本费用减少了近 2/3,同时大大缩短了建设周期,对既有公路的安全运营影响较小。图 8-18 为加高再利用混凝土护栏工程实施照片,通过实际应用发现加高混凝土结构能够与既有混凝土结构景观协调,效果良好。

a)钻孔 b)植(绑)筋 c)支模板

d)浇筑 e)成型

图 8-18 加高再利用混凝土护栏工程实施

3)钢筋混凝土护栏包封式再利用方案

通过在既有护栏结构基础上设置钢筋混凝土包封层形成的钢筋混凝土护栏,为钢筋混凝土护栏包封式再利用方案,该方案在《高速公路护栏改造关键技术与应用》中有所提及。钢筋混凝土护栏包封式再利用方案较加高再利用方案可以消除既有结构与新加结构的颜色差别,有效提高改造后混凝土护栏的景观效果。在《高速公路护栏改造关键技术与应用》研究成果的基础上,通过进一步研究归纳总结提炼,钢筋混凝土护栏包封式再利用方案成功纳入《高速公路护栏改造技术指南》(T/CHTS 10030—2021)团体标准中。

钢筋混凝土护栏包封式再利用方案按照不同的钢筋施工工艺分为桥面植筋方式和焊接钢筋方式两种(图 8-19),每种方式均包含 F 型、单坡型和加强型三种坡面形式(图 8-20)。如表 8-3给出了 SA 级和 SS 级两种防护等级的钢筋混凝土护栏包封式再利用方案构造要求。需要特别注意的是,护栏包封式再利用方案会占用路面一定宽度,在应用时应满足公路建筑限界的要求。

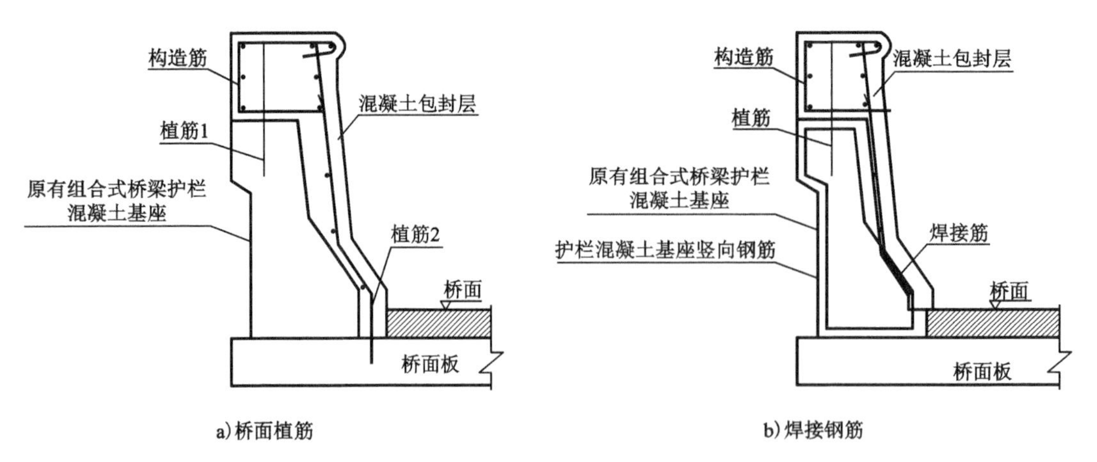

a)桥面植筋　　b)焊接钢筋

图 8-19　钢筋混凝土护栏包封式再利用方案

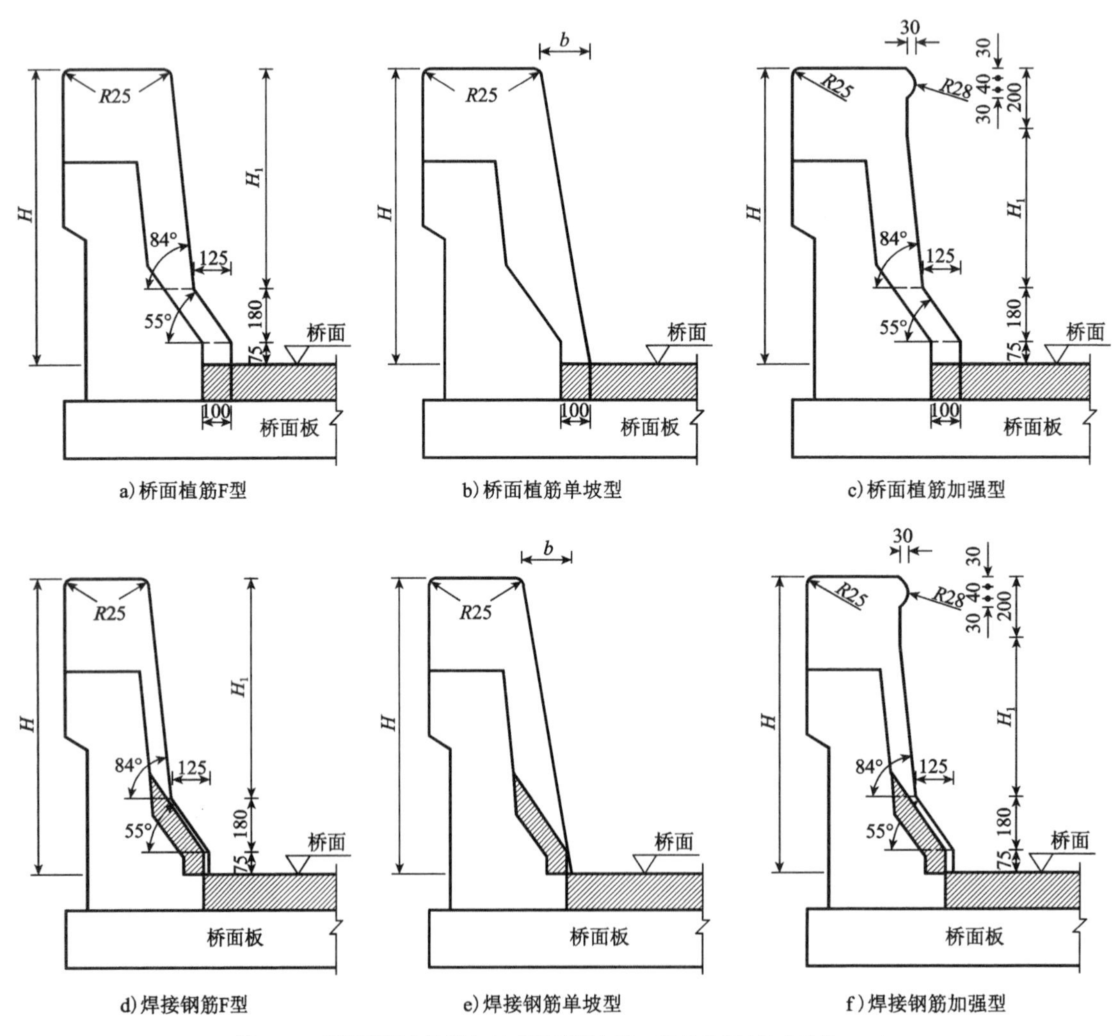

图 8-20　钢筋混凝土护栏包封式再利用方案一般构造图(尺寸单位:mm)

钢筋混凝土护栏包封式再利用方案构造要求(单位:mm)　　表 8-3

防护等级	坡面	H(mm)	H_1(mm)	b(mm)
SA	F 型	1000	745	—
	单坡型		—	172
	加强型		545	—
SS	F 型	1100	845	—
	单坡型		—	189
	加强型		645	—

包封式改造结构的坡面坡面、护栏高度等参数均与《公路交通安全设施设计规范》(JTG D81—2017)和《公路交通安全设施设计细则》(JTG/T D81—2017)对混凝土桥梁护栏结构的规定一致,符合这两个标准对混凝土桥梁护栏的规定。

4)钢筋混凝土护栏增设钢构件再利用方案

通过在既有混凝土护栏结构基础上设置加强钢构件的方式提升其安全防护性能,实现钢筋混凝土护栏再利用的方案。钢筋混凝土护栏增设钢构件再利用方案较钢筋混凝土护栏加高再利用方案和钢筋混凝土护栏包封式再利用方案,可以不用进行钢筋绑扎等一系列施工工艺流程,施工更加方便和快捷。在《高速公路护栏改造关键技术与应用》中也有所提及,但是当时给出的方案较难施工,同时没有严格按照《公路护栏安全性能评价标准》(JTG B05-01—2013)标准要求进行实车足尺碰撞试验。通过进一步研究,并按照《公路护栏安全性能评价标准》(JTG B05-01—2013)组织实施了 SS 级实车足尺碰撞试验,研究成果纳入了《高速公路护栏改造技术指南》(T/CHTS 10030—2021)团体标准中。这里主要就该结构的相关实车足尺碰撞试验情况做进一步说明。

(1)实车碰撞试验准备

根据《公路护栏安全性能评价标准》(JTG B05-01—2013),对钢筋混凝土护栏增设钢构件再利用方案进行实车足尺碰撞试验,表 8-4 为增设钢构件混凝土桥梁护栏进行 SS 级护栏碰撞试验条件。

增设钢构件混凝土桥梁护栏进行 SS 级护栏碰撞试验条件　　表 8-4

碰撞车型	碰撞速度(km/h)	碰撞角度(°)	车辆总质量(t)	碰撞能量(kJ)
小客车	100	20	1.5	—
大型客车	80	20	18	520
大型货车	60	20	33	520

试验护栏设计方案为:首先按国内广泛应用的既有组合式桥梁护栏设计修建底部新泽西型坡面混凝土基座,待底部基座养护完成且强度满足设计要求后,采用植螺栓方式,将型钢立柱与新泽西型坡面混凝土基座进行连接,然后安装钢横梁等其他构件。钢构件尺寸规格分别为:型钢立柱尺寸为 215mm × 8(6)mm × 630mm,横梁尺寸为 160mm × 120mm × 6mm × 6000mm,内套管尺寸为 144mm × 100mm × 8mm × 600mm。设计结构如图 8-21 所示。

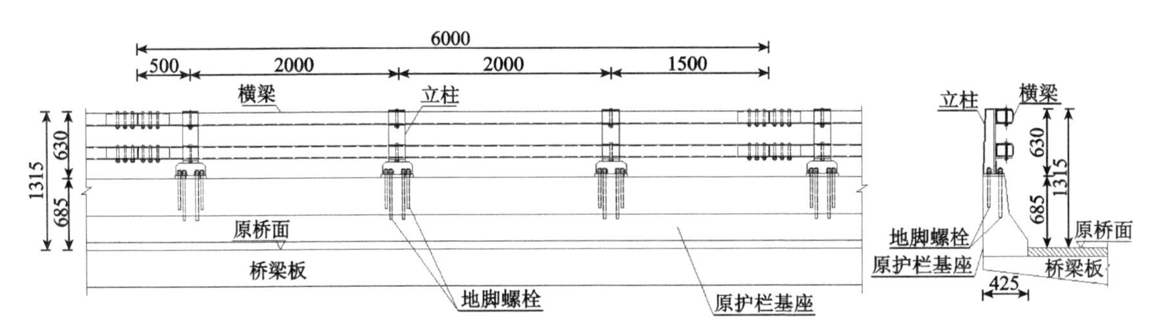

图 8-21 钢筋混凝土护栏增设钢构件再利用方案设计结构图(尺寸单位:mm)

图 8-22 为根据设计图纸修建完成的试验护栏和准备进行碰撞试验的小客车、大型客车、大型货车试验车辆,试验车辆参数满足《公路护栏安全性能评价标准》(JTG B05-01—2013)的要求。

a)试验护栏

b)试验车辆

图 8-22 试验护栏和试验车辆

(2)实车碰撞试验过程

图 8-23 为小客车碰撞增设钢构件再利用混凝土护栏试验结果。从小客车碰撞护栏行驶轨迹图可见,小客车碰撞护栏后平稳驶出,并恢复到正常行驶姿态,没有穿越、翻越和骑跨护栏;从小客车碰撞后护栏和车辆情况图可以看出,护栏横梁无变形,护栏自起始端起,第 14.6m 处原混凝土基座表面轻微破损,破损长度 0.8m,车辆与护栏的刷擦长度为 3.8m,经测量护栏最大横向动态变形量小于 5cm,护栏最大横向动态位移外延值 0.40m,车辆碰撞护栏后,前保险杠损坏,前大灯破裂损坏,车体左侧前段有凹陷变形损坏,车辆前风窗玻璃损坏脱落,护栏构件及其脱离碎片没有侵入车辆乘员舱,满足阻挡评价指标要求;从小客车导向驶出框图可以看

出，小客车在10m范围内没有越过4.6m，满足导向评价指标要求；经测量，小客车的乘员碰撞时刻为0.3959s，乘员碰撞速度纵向为4.1m/s，横向为6.9m/s，乘员碰撞速度均不大于12m/s，乘员碰撞后加速度纵向为72.8m/s²，横向为70.5m/s²，乘员碰撞后加速度的纵向和横向分量均不大于200m/s²，满足缓冲评价指标要求。

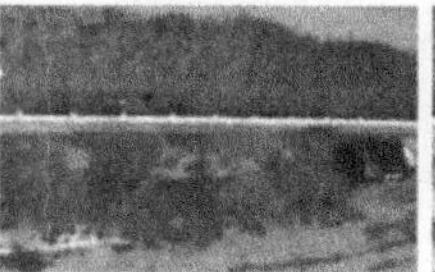

a）小客车碰撞护栏轨迹图

b）小客车碰撞后护栏和车辆情况

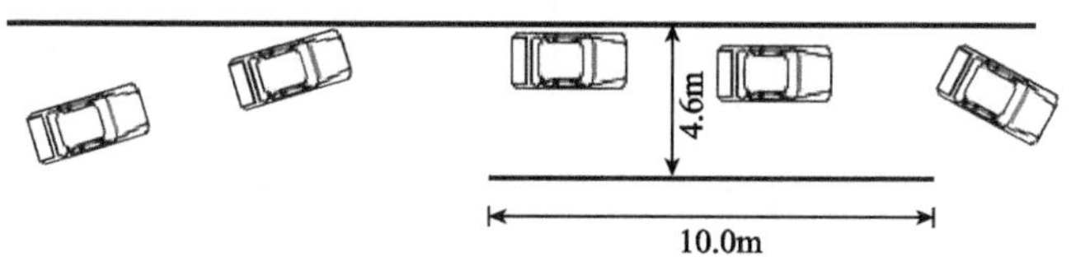

c）导向驶出框图

图8-23　小客车碰撞增设钢构件再利用混凝土护栏试验结果

图8-24为大型客车碰撞增设钢构件再利用混凝土护栏试验结果，从大型客车碰撞护栏行驶轨迹图可见，大型客车碰撞护栏后平稳驶出，并恢复到正常行驶姿态，没有穿越、翻越和骑跨护栏；从大型客车碰撞后护栏和车辆情况图可见，护栏自起始端起，第10～19.5m护栏横梁弯曲变形，第7～9根立柱向行车方向左侧弯曲变形，第14.5m处原混凝土基座破损，破损长度2.6m，护栏最大残留变形为0.22m，车辆与护栏的剐擦长度为6.6m，经测量护栏最大横向动态变形值为0.3m，护栏最大横向动态位移外延值为0.7m，大型客车前风窗玻璃损坏脱落，车辆左侧车体剐擦损坏，车辆最大动态外倾当量值为0.7m，护栏构件及其脱离碎片没有侵入车辆乘员舱，满足阻挡评价指标要求；从大型客车导向驶出框图可以看出，大型客车在20m范围内没有越过8.6m，满足导向评价指标要求。

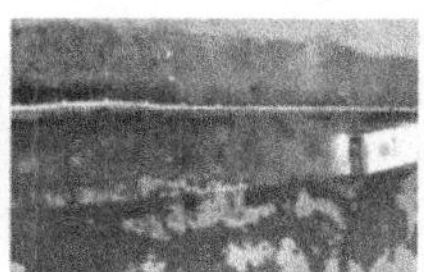
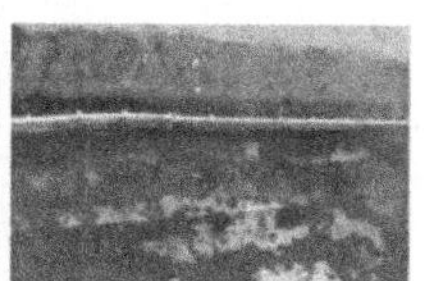

a）大型客车碰撞护栏轨迹图

图　8-24

b)大型客车碰撞后护栏和车辆情况

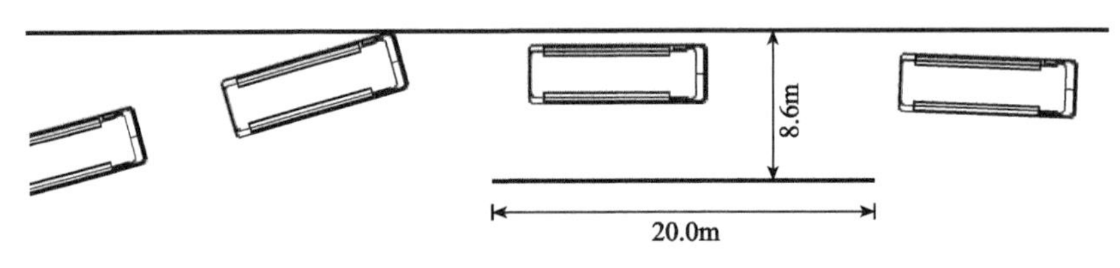

c)导向驶出框图

图 8-24 大型客车碰撞增设钢构件再利用混凝土护栏试验结果

图 8-25 为大型货车碰撞增设钢构件再利用混凝土护栏试验结果。从大货车碰撞护栏行驶轨迹图可见,大型货车碰撞护栏后平稳驶出,并恢复到正常行驶姿态,没有穿越、翻越和骑跨护栏;从大型货车碰撞后护栏和车辆情况图可见,护栏自起始端起,第 11 ~18m 护栏横梁弯曲变形,第 7 ~9 根立柱向行车方向左侧弯曲变形,第 14.5m 处原混凝土基座破损,破损长度 1.10m,护栏最大残留变形为 0.21m,车辆与护栏的剐擦长度为 9.35m,经测量护栏最大横向动态变形值为 0.25m,护栏最大横向动态位移外延值为 0.65m,大型货车前保险杠弯曲损坏,车辆前大灯损坏脱落,车辆左前侧车体剐擦损坏,车辆最大动态外倾当量值为 0.95m,护栏构件及其脱离碎片没有侵入车辆乘员舱,满足阻挡评价指标要求;从大型货车导向驶出框图可以看出,大型货车在 20m 范围内没有越过 8.8m,满足导向评价指标要求。

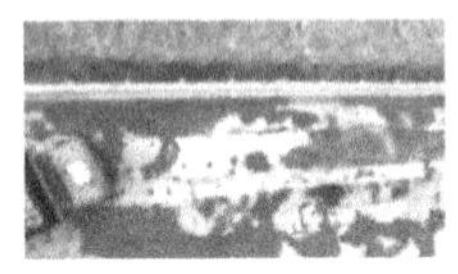
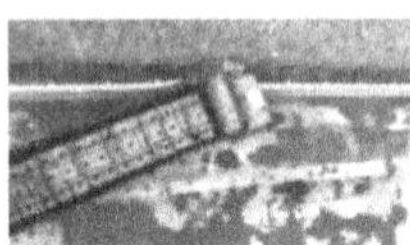

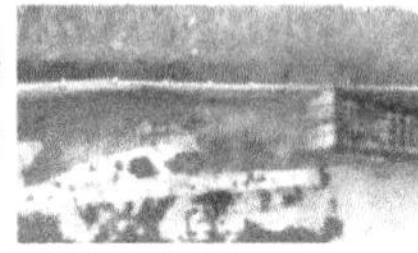
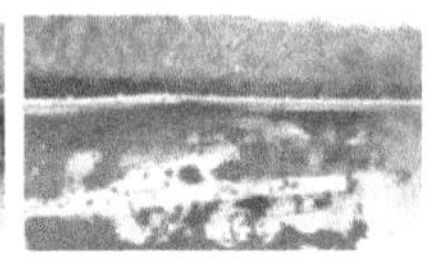

a)大型货车碰撞护栏轨迹图

b)大型货车碰撞后护栏和车辆情况

图 8-25

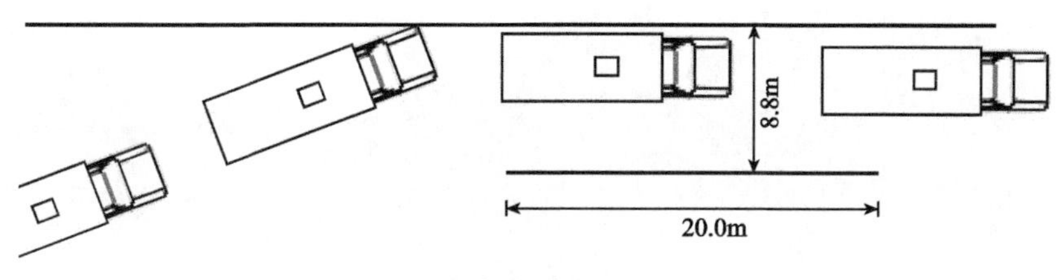

c)导向驶出框图

图 8-25　大型货车碰撞增设钢构件再利用混凝土护栏试验结果

(3)实车碰撞试验结果

表 8-5 为按 SS 级碰撞条件车辆碰撞增设钢构件再利用混凝土护栏的试验检测结果，通过对比《公路护栏安全性能评价标准》(JTG B05-01—2013)指标，三种车型碰撞增设钢构件再利用混凝土护栏各项指标均满足评价标准要求，防护等级达到了 SS 级，可对车辆和乘员形成有效保护。

车辆按 SS 级碰撞条件碰撞增设钢构件再利用混凝土护栏安全性能评价简表　　表 8-5

评价项目			小客车		大型客车		大型货车	
			测试结果	是否合格	测试结果	是否合格	测试结果	是否合格
阻挡功能	车辆是否穿越、翻越和骑跨试验样品		否	合格	否	合格	否	合格
	试验样品构件及其脱离碎片是否侵入车辆乘员舱		否	合格	否	合格	否	合格
导向功能	车辆碰撞后是否翻车		否	合格	否	合格	否	合格
	车辆碰撞后的轮迹是否满足导向驶出框要求		满足	合格	满足	合格	满足	合格
缓冲功能	乘员碰撞速度(m/s)	纵向 x	4.1	合格	—	—	—	—
		横向 y	6.9	合格	—	—	—	—
	乘员碰撞后加速度(m/s^2)	纵向 x	72.8	合格	—	—	—	—
		横向 y	70.5	合格	—	—	—	—
护栏最大横向动态变形量 D(m)			0		0.30		0.25	
护栏最大横向动态位移外延值 W(m)			0.40		0.70		0.65	
车辆最大动态外倾距离 VI(m)			—		0.45		0.70	
车辆最大动态外倾距离标准值 VI_n(m)			—		0.70		0.95	

增设钢构件再利用混凝土护栏已经在实际工程上进行广泛应用，以山东省为例，增设钢构件再利用混凝土护栏在一些路段应用并取得了良好效果，在大幅度提高既有混凝土护栏(含组合式护栏)安全防护性能的同时，大大缩短了建设周期，对既有公路的安全运营影响较小，同时护栏景观效果也得到了显著提升。图 8-26 为增设钢构件再利用混凝土护栏应用效果照片。

图 8-26 增设钢构件再利用混凝土护栏应用效果

8.2 公路改扩建期混凝土护栏再利用

8.2.1 改扩建期护栏安全防护需求

随着我国经济的快速增长和公路运输事业的蓬勃发展,早期建设的一些高速公路已经不能满足日益增长的交通流量和安全需求,面临着改建、扩建、提升路面等级等情况。对于改扩建工程中的护栏,一方面需要设置长期护栏,以满足改扩建完成后的运营安全防护需求;另一方面需要设置临时护栏,以对改扩建工程中驾乘人员、施工区的人员和机械等形成有效保护。

为保证改扩建工程完成后的运营安全防护水平,需要设计满足现行设计规范要求的长期护栏。对于长期护栏的设计,在改扩建工程中有新建护栏和既有护栏改造升级两种。对于新建护栏严格按现行设计规范进行设计即可,对于既有护栏改造升级,主要包括既有波形梁护栏改造升级和既有桥梁混凝土护栏(既有桥梁组合式护栏)改造升级。《高速公路护栏改造技术指南》(T/CHTS 10030—2021)团体标准针对我国早期建造时波形梁护栏和带有常规坡面混凝土基座的组合式护栏升级改造给出了技术方案,不仅适用于运营期公路护栏的升级改造,还适用于改扩建工程中基于再利用的公路护栏设计。对于既有混凝土护栏再利用设计在 8.1 节中已有所描述,图 8-27 为既有波形梁护栏再利用的升级改造。

我国公路改扩建工程一般采用“边通车、边施工”的方式进行,即同时存在施工区和保通运营区,施工区和保通区之间一般采用临时设施进行安全防护,以降低保通区车辆冲入施工区的概率,对施工区人员和设备的安全进行保护,即临时设施不但需要具有隔离功能,还需要具有一定的安全防护性能。图 8-28 为改扩建工程施工区与运营区的临时隔离照片。

改扩建工程施工区内一般会有施工人员和施工机械,一旦有事故车辆冲入施工区,很容易对施工人员和施工机械形成直接伤害,因此临时隔离设施的安全防护能力对于改扩建工程的安全施工和安全运营非常重要。在较早的公路改扩建工程中,在施工区和通车运营区之间多

设置锥桶、水马等设施，这些设施没有防护能力或者防护能力较低，车辆从通车运营区进入施工区的事故已发生多起，仅以2010年的几起典型事故为例，如图8-29所示：2010年2月10日，上海中环路高架外圈杨高南路出口，一辆微型轿车冲破施工隔离桩，撞上了停在施工区域内的面包车，事故导致3名工人身亡，7人受伤；2010年8月17日，沪昆高速公路（原杭金衢高速公路）K101+100m处一辆槽罐车冲入高速施工区，造成3名施工人员当场死亡，2人受伤；2010年12月10日，厦门海沧大桥出岛方向一辆失控微型轿车冲进施工区，造成施工人员1死5伤。

图8-27 基于再利用的波形梁护栏

图8-28 改扩建工程施工区与运营区的临时隔离照片

a)上海中环施工区事故照片

b)沪昆高速公路施工区事故照片

图 8-29

c)厦门海沧大桥施工区事故照片

图 8-29　车辆冲进施工区事故

我国公路改扩建项目在逐年增多,公路养护安全作业的管理更加规范化,在 2015 年颁布的《公路养护安全作业规程》(JTG H30—2015)将可移动临时护栏纳入养护作业区的安全设施范畴。参考现行标准规定,结合公路改扩建项目施工区和保通运营区的安全隔离需求,在很多改扩建项目中采用了一种可移动钢护栏(图 8-30),这种护栏通过实车足尺碰撞试验验证,防护能力能够达到 B 级 70kJ 或 A 级 160kJ,相对于没有防护能力的锥桶和防护能力较低的水马,可移动钢护栏的防撞能力有了质的提升。

图 8-30　可移动钢护栏

近几年随着可移动钢护栏在改扩建工程中的大面积应用,车辆碰撞这种护栏的事故逐渐增多,如图 8-31a)所示,通过事故调查发现:车辆碰撞后可移动钢护栏会发生较大变形,事故车辆甚至是远小于可移动钢护栏设计防护能量的小型事故车辆,较容易翻越或穿越可移动钢护栏。通过实车足尺碰撞试验了解可移动钢护栏防护特性:可移动钢护栏质量较轻,同时这种护栏底部与地面没有锚固,实车足尺碰撞试验场地比较平整,车辆碰撞可移动钢护栏时,可移动钢护栏向后移动同时车辆进行导正,由于可移动钢护栏变形足够大,最终车辆能够驶离护栏,从而达到 B 级甚至 A 级的防护能力,如图 8-31b)所示。能够或允许发生较大变形是可移动钢护栏达到 B 级或 A 级防护能力的前提,而实际工程中较难实现:若是应用在路面平整的用于隔离施工区与运营区的路段,车辆碰撞可移动钢护栏,护栏由于发生大的变形可能会挤压施工区人员和机械,对人员和机械形成直接伤害;若是应用在路面平整的用于分隔对向车辆的路段，车辆碰撞可移动钢护栏，护栏有可能会进入对向行车道较大距离，对向行车的安全将受到较大影响；若是应用路段的路面不是很平整，车辆碰撞可移动钢护栏后，由于可移动钢护栏失去了顺利后移的功能，车辆很容易发生翻越和骑跨可移动钢护栏的事故；有些工程，设计人员想提高可移动钢护栏的安全防护能力，将其分段锚固于路面之上，若是车辆碰撞锚点位置，而锚点不能后移，很容易发生车辆翻越骑跨，甚至是穿越的事故。由于现场的设置条件很难与实车足尺碰撞试验场设置条件一致，导致该种护栏的合理应用受到了一定的限制。

a）可移动钢护栏事故照片

b）可移动钢护栏实车碰撞试验

图 8-31　可移动钢护栏安全性能

8.2.2　永临结合再利用混凝土护栏

混凝土结构护栏相比钢结构护栏更容易达到高防护等级，但是其结构比较笨重，在改扩建工程中移动困难且不方便运输，限制了其在施工区作为临时防护设施的应用。近年来，首先将混凝土结构作为临时防护设施使用后，再将其就地形成永久护栏的方式得到了推广应用，产生了较好的效果。在 2016 年 5 月由人民交通出版社股份有限公司出版的《防撞护栏再利用技术在高速公路扩建中的系统应用》中，介绍了改扩建期路基段和桥梁段施工区混凝土护栏永临结合再利用技术，如图 8-32 所示。但是当时给出的桥梁段混凝土护栏永临结合再利用方案施工过程较为复杂，而路基段混凝土护栏永临结合再利用方案作为临时设置时，大型客车碰撞护栏最大动态变形较大，超过 1.2m，同时该结构没有严格按照《公路护栏安全性能评价标准》（JTG B05-01—2013）要求进行实车足尺碰撞试验。通过进一步研究，综合结构安全、施工方便、经济高效的目标，得到了较优方案，可通用于路基段和桥梁段，并按照《公路护栏安全性能评价标准》（JTG B05-01—2013）组织实施了 SB 级实车足尺碰撞试验，这里主要就该结构的相关实车足尺碰撞试验情况做进一步说明。

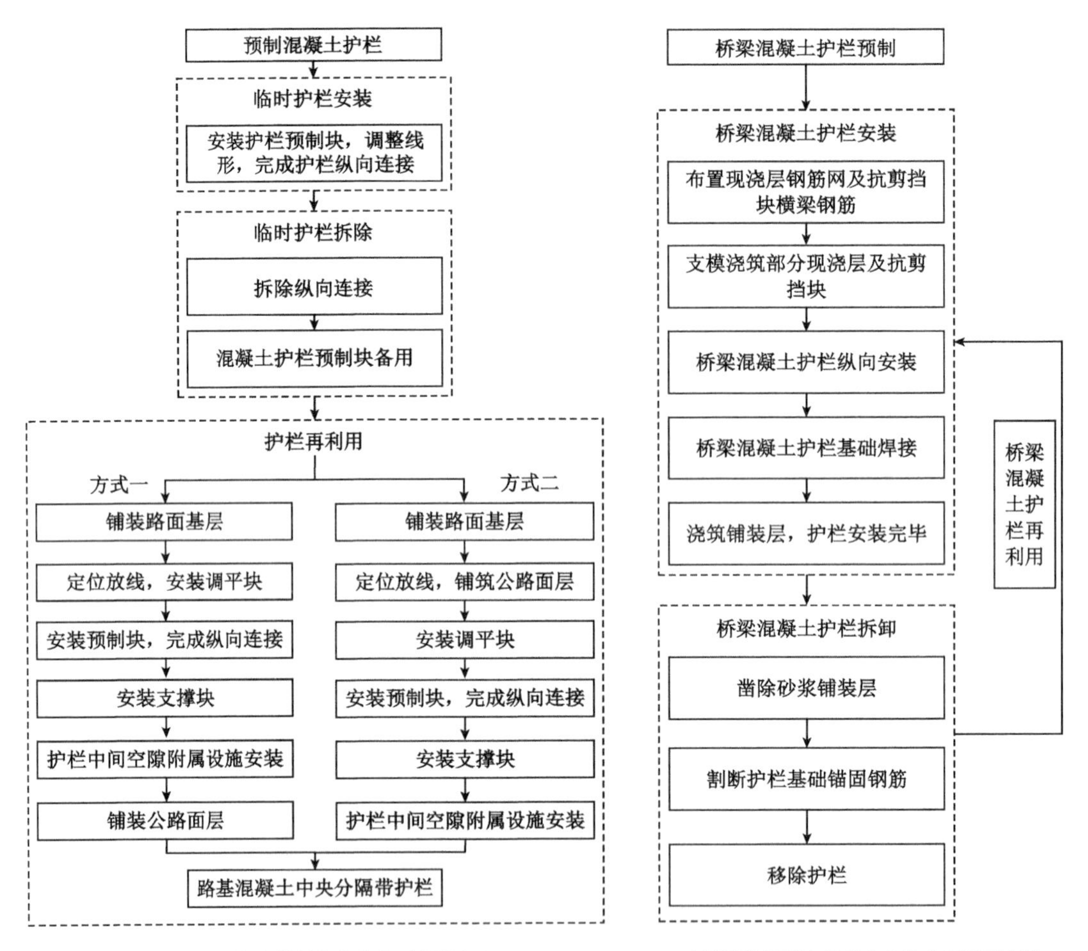

a) 路基段混凝土护栏永临结合再利用方案　　b) 桥梁段混凝土护栏永临结合再利用方案

图 8-32　路基段和桥梁段施工区混凝土护栏永临结合再利用方案

(1)实车碰撞试验准备

根据《公路护栏安全性能评价标准》(JTG B05-01—2013),对永临结合再利用混凝土护栏优化方案进行实车足尺碰撞试验,表 8-6 为 SB 等级碰撞试验条件。

永临结合再利用混凝土护栏优化方案 SB 等级碰撞试验条件　　表 8-6

碰撞车型	碰撞速度(km/h)	碰撞角度(°)	车辆总质量(t)	碰撞能量(kJ)
小客车	100	20	1.5	—
中型客车	80	20	10	280
大型货车	60	20	18	280

试验护栏设计方案为:混凝土预制块 4m 一节,安装总体高度 1.1m,底部宽度 0.325m,采用加强型坡面,墙体内配有箍筋和纵筋预制块通过纵向连接构件形成整体,同时护栏墙体背部间距 2m 设置型钢支撑,背部型钢支撑由植筋螺栓锚固于路面,护栏设计结构如图 8-33 所示。

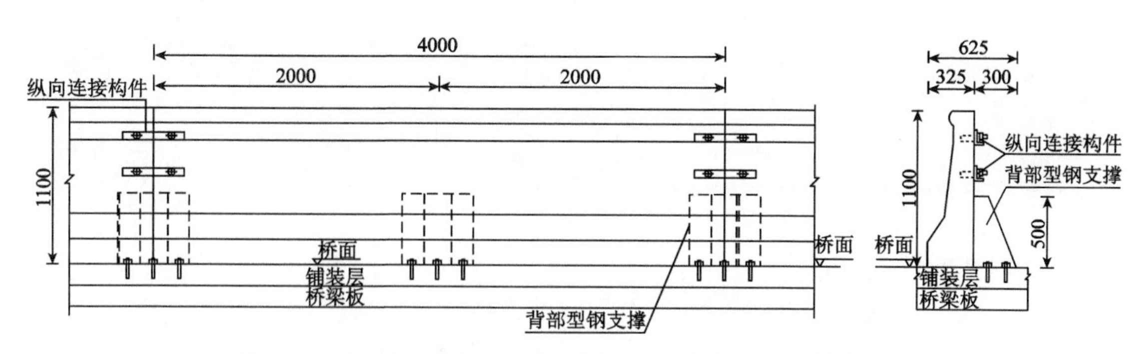

图 8-33　永临结合再利用混凝土护栏优化方案设计结构图(尺寸单位:mm)

图 8-34 为根据设计图纸修建完成的试验护栏和准备进行碰撞试验的小客车、中型客车、大型货车试验车辆,试验车辆的参数严格满足《公路护栏安全性能评价标准》(JTG B05-01—2013)的要求。

a)试验护栏

b)试验车辆

图 8-34　试验护栏与试验车辆

(2)实车碰撞试验过程

图 8-35 为小客车碰撞永临结合再利用混凝土护栏优化方案试验结果。从小客车碰撞护栏行驶轨迹图可见,小客车碰撞护栏后平稳驶出,并恢复到正常行驶姿态,没有穿越、翻越和骑跨护栏;从小客车碰撞后护栏和车辆情况图可以看出,护栏自起始端起,第 26.9m 出现横向贯穿裂缝,护栏无可见残留变形,车辆与护栏的剐擦长度为 3.2m,经测量护栏最大横向动态变形值为 0.2m,护栏最大横向动态位移外延值为 0.45m,前保险杠损坏、车辆前大灯损坏脱落,车辆左前侧车体剐擦损坏,护栏构件及其脱离碎片没有侵入车辆乘员舱,满足阻挡评价指标要求;从小客车导向驶出框图可以看出,小客车在 10m 范围内没有越过 4.77m,满足导向评价指标要求;经测量,小客车的乘员碰撞时刻为 0.114s,乘员碰撞速度纵向为 3.9m/s,横向为 6.5m/s,乘员碰撞速度均不大于 12m/s,乘员碰撞后加速度纵向为 32.2m/s^2,横向为 128.4m/s^2,乘员碰撞后加速度的纵向和横向分量均不大于 200m/s^2,满足缓冲评价指标要求。

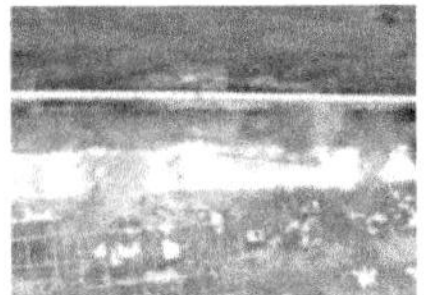

a) 小客车碰撞护栏轨迹图

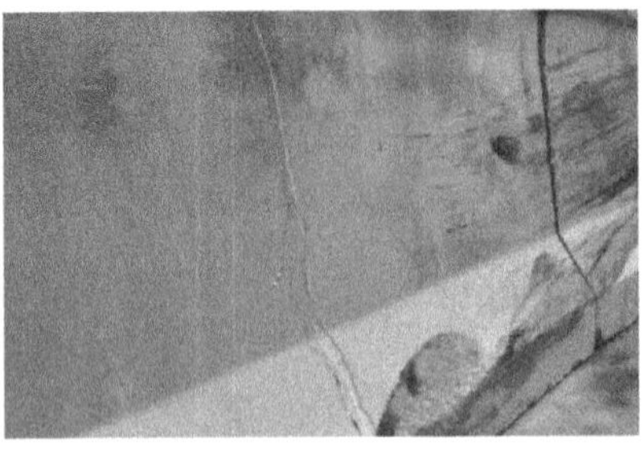

b) 小客车碰撞后护栏和车辆情况

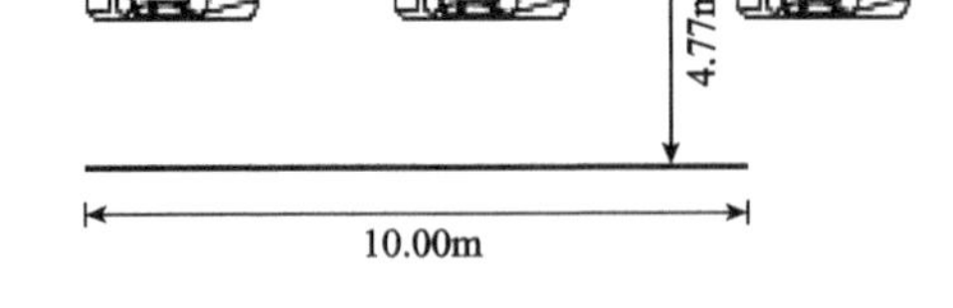

c) 导向驶出框图

图 8-35　小客车碰撞永临结合再利用混凝土护栏优化方案试验结果

图 8-36 为中型客车碰撞永临结合再利用混凝土护栏优化方案试验结果。从中型客车碰撞护栏行驶轨迹图可见，中型客车碰撞护栏后平稳驶出，并恢复到正常行驶姿态，没有穿越、翻越和骑跨护栏；从中型客车碰撞后护栏和车辆情况图可见，护栏迎撞面自起始端起，第 25.3 ~ 29.9m 出现横向裂缝，第 27.4 ~ 28m 护栏破损露筋，护栏最大残留变形为 0.39m，车辆与护栏的剐擦长度为 7.1m，护栏非迎撞面自起始端起，第 26.8 ~ 29.5m 出现横向裂缝，第 7 ~ 8 节护栏连接处破损，经测量护栏最大横向动态变形值为 0.65m，护栏最大横向动态位移外延值为 0.95m，中型客车前保险杠损坏，车辆前大灯损坏，车辆左前侧车体剐擦损坏，车辆侧面玻璃损坏脱落，车辆最大动态外倾当量值为 0.45m，护栏构件及其脱离碎片没有侵入车辆乘员舱，满足阻挡评价指标要求；从中型客车导向驶出框图可以看出，中型客车在 20m 范围内没有越过 8.03m，满足导向评价指标要求。

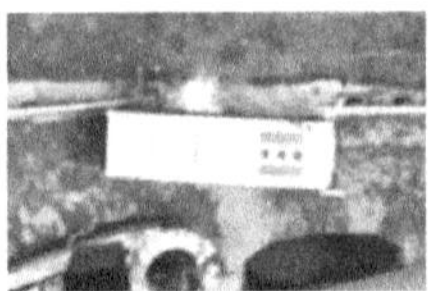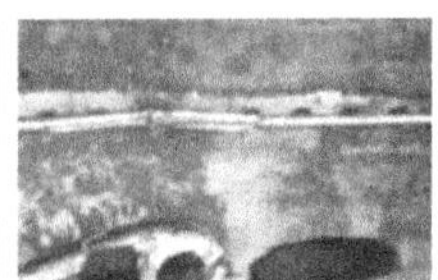

a) 中型客车碰撞护栏轨迹图

图　8-36

b)中型客车碰撞后护栏和车辆情况

护栏标准段

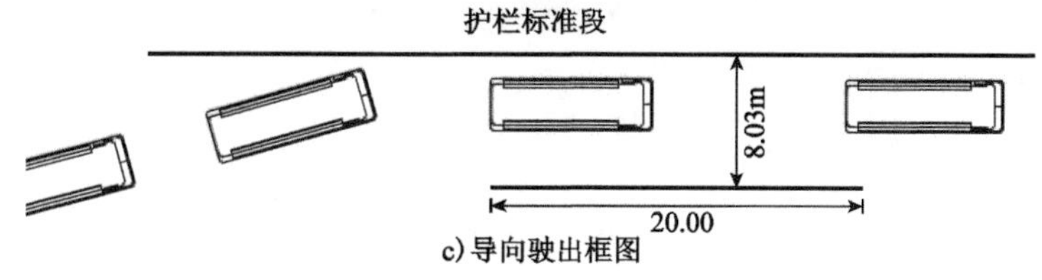

c)导向驶出框图

图8-36 中型客车碰撞永临结合再利用混凝土护栏优化方案试验结果

图8-37为大型货车碰撞永临结合再利用混凝土护栏优化方案试验结果。从大型货车碰撞护栏行驶轨迹图可见,大型货车碰撞护栏后平稳驶出,并恢复到正常行驶姿态,没有穿越、翻越和骑跨护栏;从大型货车碰撞后护栏和车辆情况图可见,护栏迎撞面自起始端起,第25.8~26.8m出现纵向裂缝,第7~8节护栏连接处破损露筋,护栏最大残留变形为0.05m,车辆与护栏的剐擦长度为11.5m,护栏非迎撞面自起始端起,第26.5~26.9m出现横向贯穿裂缝,第8~9节护栏连接处破损露筋,经测量护栏最大横向动态变形值为0.3m,护栏最大横向动态位移外延值为0.6m,大型货车前保险杠损坏,车辆左前大灯损坏,车辆最大动态外倾当量值为0.85m,护栏构件及其脱离碎片没有侵入车辆乘员舱,满足阻挡评价指标要求;从大型货车导向驶出框图可以看出,大型货车在20m范围内没有越过8.85m,满足导向评价指标要求。

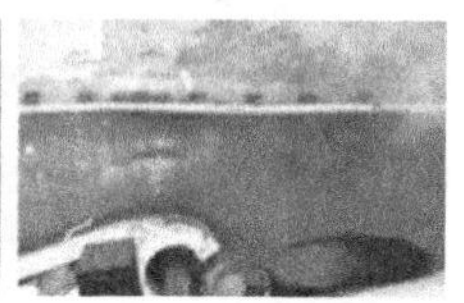

a)大型货车碰撞护栏轨迹图

b)大型货车碰撞后护栏和车辆情况

护栏标准段

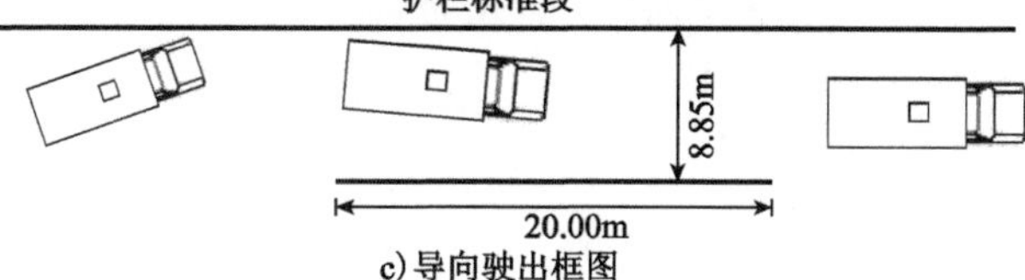

c)导向驶出框图

图8-37 大型货车碰撞永临结合再利用混凝土护栏优化方案试验结果

(3)实车碰撞试验结果

表8-7为按SB级碰撞条件碰撞永临结合再利用混凝土护栏优化方案的试验检测结果,通过对比《公路护栏安全性能评价标准》(JTG B05-01—2013)指标,可见三种车型碰撞永临结合再利用混凝土护栏优化方案各项指标均满足评价标准要求,防护等级达到了SB级,且护栏变形量得到了较好控制。

车辆按SB级碰撞条件碰撞永临结合再利用混凝土护栏安全性能评价简表 表8-7

评价项目			小客车		大型客车		大型货车	
			测试结果	是否合格	测试结果	是否合格	测试结果	是否合格
阻挡功能	车辆是否穿越、翻越和骑跨试验样品		否	合格	否	合格	否	合格
	试验样品构件及其脱离碎片是否侵入车辆乘员舱		否	合格	否	合格	否	合格
导向功能	车辆碰撞后是否翻车		否	合格	否	合格	否	合格
	车辆碰撞后的轮迹是否满足导向驶出框要求		满足	合格	满足	合格	满足	合格
缓冲功能	乘员碰撞速度(m/s)	纵向 x	3.9	合格	—	—	—	—
		横向 y	6.5	合格	—	—	—	—
	乘员碰撞后加速度(m/s^2)	纵向 x	32.2	合格	—	—	—	—
		横向 y	128.4	合格	—	—	—	—
护栏最大横向动态变形量 D(m)			0.20		0.65		0.30	
护栏最大横向动态位移外延值 W(m)			0.45		0.95		0.60	
车辆最大动态外倾距离Ⅵ(m)			—		0.40		0.60	
车辆最大动态外倾距离标准值$Ⅵ_n$(m)			—		0.45		0.85	

永临结合再利用混凝土护栏已在实际工程上进行了应用,以广东省为例,永临结合再利用混凝土护栏在一些路段应用并取得了良好效果,不仅能保护道路行驶的人员、车辆安全,还对施工区作业人员生命安全及施工机械设备等公共财产安全提供有效防护;同时,待施工完成后,该临时护栏再利用作为长期护栏,其防护等级经实车碰撞试验验证可达到SA级,有效提升道路的安全运营水平,降低交通事故发生率,保障了人民的生命与财产安全。图8-38为永临结合再利用混凝土护栏应用效果照片。

图8-38 永临结合再利用混凝土护栏应用效果

第9章 混凝土护栏裂纹

与其他钢筋混凝土结构相同,混凝土护栏也会出现裂纹。混凝土结构中裂纹的存在并不一定意味着结构发生破坏,但是它会影响结构的耐久性和美观性,而且当裂纹数量较多和开展较宽时,还将给人造成一种不安全感。因此在房屋建筑、地下建筑、隧道、桥梁建筑、港口及近海结构与设施等结构物的相关设计规范中,都对混凝土结构的裂纹指标进行了明确规定。我国现行护栏相关设计规范均没有针对钢筋混凝土护栏裂纹指标进行明确规定,钢筋混凝土护栏设计时也没有考虑裂纹的存在对护栏防护能力和耐久性可能造成的影响,目前无法对钢筋混凝土护栏存在裂纹的安全性做出判断。通过钢筋混凝土护栏裂纹现状的实地调查,并结合相关规范及文献,分析钢筋混凝土护栏裂纹对其耐久性的影响;采用文献资料调研、理论分析以及计算机仿真方法分析钢筋混凝土护栏裂纹对其防护能力的影响,并通过实车碰撞试验对分析结果进行验证。在对裂纹耐久性和防护能力影响分析基础上,最终确定钢筋混凝土护栏裂纹安全性指标。

9.1 钢筋混凝土护栏裂纹调查

为深入了解钢筋混凝土护栏裂纹现状,对湖南、北京、河北、山西等地15条高速公路共40多个路段的不同年份、不同结构形式的钢筋混凝土护栏进行实地调查分析。图9-1为混凝土护栏裂纹状况调查结构示例。通过调查,设置在路基上的混凝土护栏出现的裂纹较少;而设置在桥梁路段上的混凝土护栏出现裂纹的状况较为普遍,将其作为重点研究对象。

根据桥梁钢筋混凝土护栏裂纹方向,裂纹可分为竖向裂纹、横向裂纹及网状裂纹三种(图9-2),其中横向裂纹和网状裂纹宽度较小,且多为表面裂纹,不会对护栏的安全性能造成影响,所以不作为研究对象,而竖向裂纹宽度较大,且往往为贯穿裂纹,有可能对护栏的安全性能造成影响,作为重点研究对象。

通过现场调查,发现在30个路段中的所有桥梁钢筋混凝土护栏均出现了大量贯通竖向裂纹(图9-3),可见桥梁混凝土护栏裂纹出现较为普遍;混凝土护栏端部、膨胀缝两侧、伸缩缝两端的位置基本没有裂纹出现,但在混凝土护栏假缝位置附近却有不少裂纹出现,同时裂纹并不是出现在假缝内(混凝土结构设置假缝的目的是期待混凝土结构产生的裂纹出现在假缝内);墙体开孔、立柱等导致混凝土墙体不连续位置一般都会产生裂纹,并且裂纹根据不连续结构呈一定规律出现。

a)路基混凝土护栏

b)桥梁混凝土护栏

c)景观混凝土护栏

图9-1 混凝土护栏裂纹状况调查结构示例

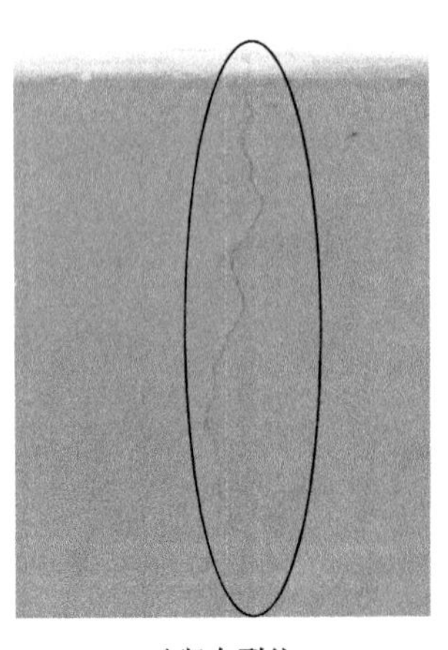

a)竖向裂纹

b)网状裂纹

c)横向裂纹

图9-2 桥梁钢筋混凝土护栏裂纹形式

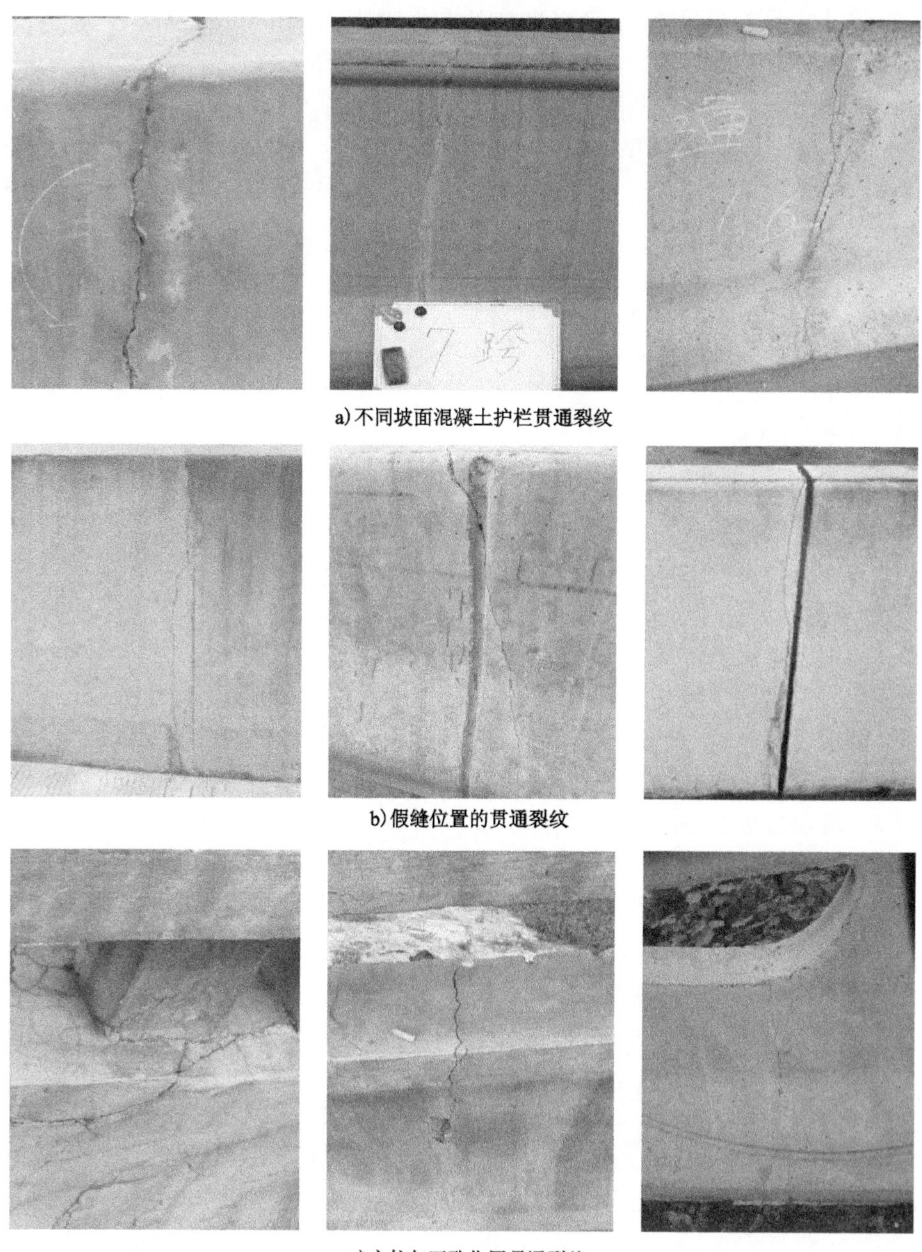

a)不同坡面混凝土护栏贯通裂纹

b)假缝位置的贯通裂纹

c)立柱与开孔位置贯通裂纹

图9-3　混凝土护栏竖向裂纹情况

通过对桥梁混凝土护栏裂纹统计数据分析可知：桥梁钢筋混凝土护栏竖向裂纹出现频率较高，且大部分为贯通裂纹，以2001年通车的京开高速公路K18.5+106段和2009年通车的北京西六环K137+300段为例，其桥梁钢筋混凝土护栏单侧单位长度裂纹数量分别达到了4.01条/m和3.75条/m；竖向贯通裂纹数量与桥梁钢筋混凝土护栏的修建时间无明显关系，如1993年通车的京石高速公路K137+800段钢筋混凝土护栏单位长度竖向贯通裂纹数量为0.19条/m，而2010年通车的京化高速公路K110+360段钢筋混凝土护栏单位长度竖向贯通裂纹数量达到了1.21条/m;混凝土护栏端部处于自由无约束位置,基本不会出现裂纹,假缝位置的裂纹数量没有减少,同时裂纹几乎不出现在假缝内,混凝土护栏通过假缝预控裂纹位置的效果并不明显;混凝土桥梁护栏开孔位置很容易出现规律性的贯通竖向裂纹,以某景观混凝土护栏为例,其贯通裂纹大部分出现在孔的最下部位置。

9.2 裂纹产生原因分析

对于技术人员来说,必须探究混凝土裂纹形成的原因,以便采取方法加以预防,减少有害裂缝的出现,对有害裂缝采取补救措施。

9.2.1 初步分析

钢筋混凝土结构裂纹按产生的原因可以分为干缩裂纹、温度裂纹、钢筋锈蚀裂纹、碱-集料反应裂纹以及振动、超载变形裂纹等。混凝土中水泥石的毛细管孔隙,在干燥过程中失水,产生毛细管张力,使混凝土产生体积收缩,由于存在约束,收缩过程中混凝土产生约束应力,一旦约束应力超过混凝土抗拉强度,混凝土即产生干缩裂纹。温度裂纹主要分为几种情况:大体积混凝土浇筑后,由于水化热使混凝土温度升高,当温度到达高峰后,由于环境温度较低,混凝土温度开始下降,降温过程中混凝土发生收缩,在约束条件下,当混凝土降温收缩变形大于极限拉伸变形时,就会发生开裂;混凝土内外温差同样可能引起开裂现象,例如混凝土遭受寒潮侵袭,或夏天混凝土遭受阳光暴晒后突然下雨,都会使混凝土内部与表层产生较大温差;混凝土表层温度下降,而内部温度基本不降,内部混凝土对表层混凝土起约束作用,也会导致温度裂纹的产生。钢筋锈蚀裂纹是指,由于混凝土中性化或者氯离子的扩散渗透等,导致钢筋产生锈蚀,其锈蚀产物氢氧化铁的体积比原来增大2~4倍,从而对周围混凝土产生膨胀应力,当该应力大于混凝土抗拉强度时,就会产生开裂,这种开裂一般都为沿着钢筋长度方向发展的顺筋裂纹。碱-集料反应(AAR)有碱-硅酸反应和碱-碳酸反应两种,水泥中的碱(Na_2O、K_2O)和集料中的活性SiO_2、微晶白云石及变形石英等发生反应,生成吸水性很强的胶凝物质,当反应物增加到一定数量且有充足水分时,就会在混凝土中产生较大的膨胀作用,导致混凝土开裂。碱-集料反应裂纹往往伴有白色浸出物,且裂纹常为地图状分布。当混凝土结构受到较大的振动或超载作用时,其结构构件会因外力引起的变形而产生裂纹,称为超载裂纹(图9-4)。

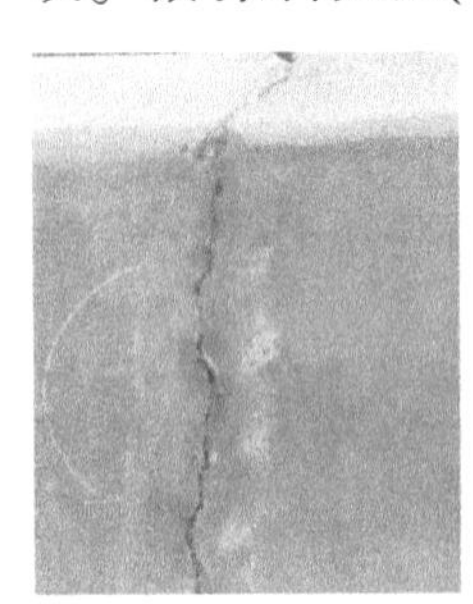
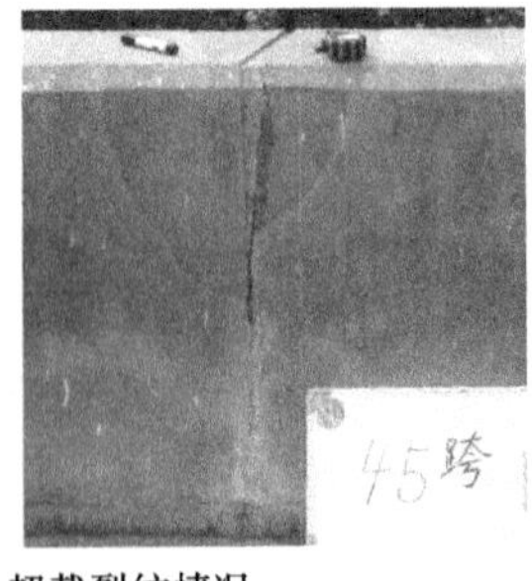

图9-4　超载裂纹情况

在混凝土护栏调研中没有发现明显的钢筋锈蚀裂纹,钢筋锈蚀裂纹不作为混凝土护栏重点研究对象;网状裂纹虽然较为普遍,但这种裂纹主要由于碱-集料反应所导致,应该不会对安全性能有所影响,网状裂纹不作为混凝土护栏重点研究对象;极少数桥台附近发现了一些混凝土护栏宽大的竖向裂纹,通过分析得知,该裂纹主要由于桥台沉降原因造成,属于超载裂纹,可进行设计消除(如在桥台处断开)和维护处理(采用环氧树脂灌封),由于该种裂纹完全可通过设计消除且数量较少,不作为重点研究对象。

对于普遍存在的桥梁混凝土护栏竖向裂纹，干缩裂纹和温度裂纹与其特征较为吻合，具体表现在以下两个方面：

(1)根据相关文献资料，"干缩裂纹和温度裂纹多在变形受约束的超静定结构中出现，在可以自由变形的静定结构中不会造成约束作用，不会产生干缩裂纹和温度裂纹；因此在预制装配式结构中很少产生干缩裂纹和温度裂纹，而在现浇的混凝土结构中，则往往很难避免这类裂纹"。在桥梁混凝土护栏中，由于护栏底部与桥梁翼缘板刚性连接，且护栏往往在纵向15～30m长度范围内成为整体，因此混凝土干缩和温度变化时产生的变形和位移在横向受到制约，当约束拉应变积聚到一定程度后就会在抗拉性能很差的混凝土中产生裂纹，并且裂纹方向主要为竖向（图9-5）；对于桥梁钢筋混凝土结构中可自由变形部位，由于约束拉应变很小或基本不产生约束拉应变，从而避免产生裂纹，这是为什么护栏端部、碰撞缝两侧、伸缩缝两端基本不出现裂纹的原因。

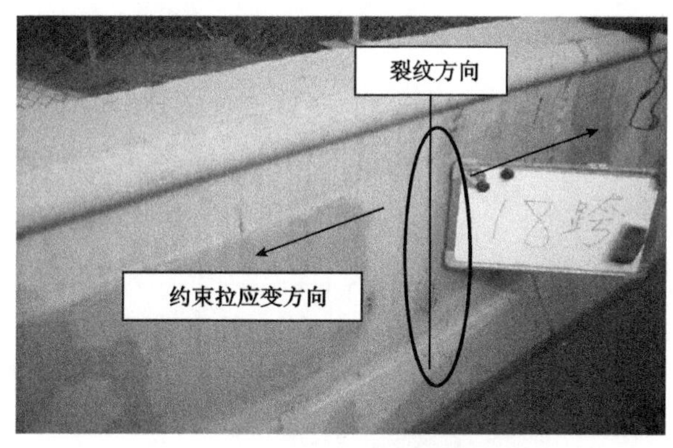

图9-5 裂纹产生方向示意图

(2)根据相关文献资料，干缩裂纹和温度裂纹总是发生在受拉应变最集中的区域，并且总是沿着垂直于拉应变的方向产生和延伸的，凹角、蜂腰等拉应力集中的部位以及大尺度构件中部受拉应变积聚的部位，是最容易发生此类裂纹的位置。对于桥梁钢筋混凝土护栏立柱区、假缝位置、截面突变区域以及景观开孔区域，由于结构突变产生了不均匀收缩，为拉应变积聚部位，最易出现裂纹（图9-6）。

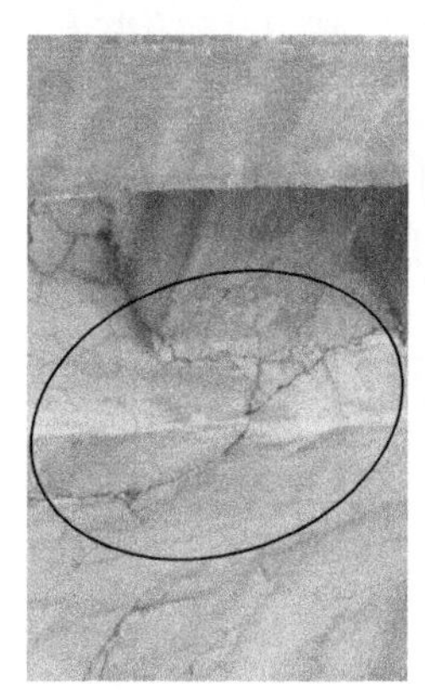

a)立柱处

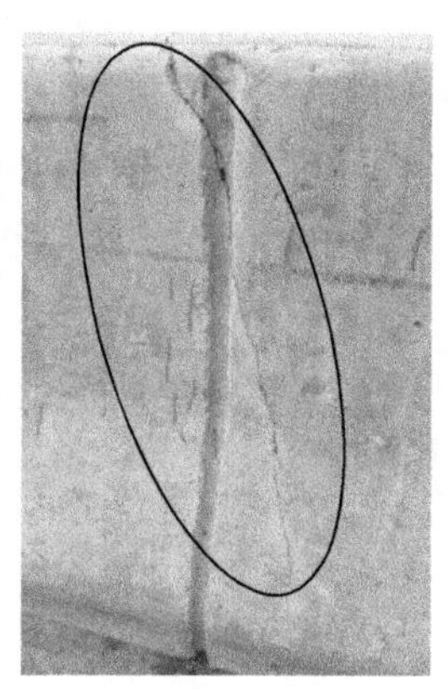

b)假缝处

c)截面变化处

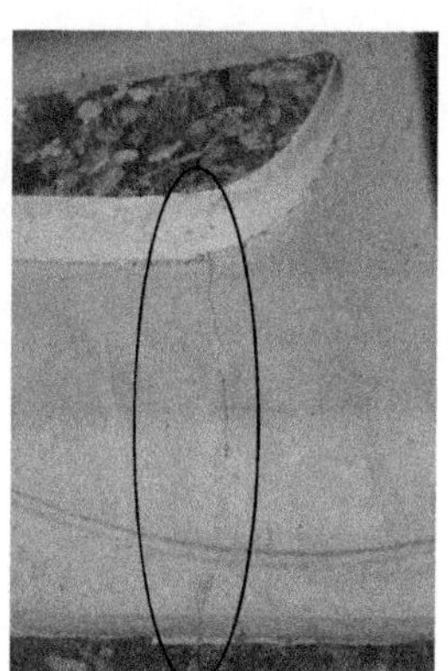

d)孔洞位置处

图9-6 拉应力集中部位的桥梁混凝土护栏裂纹

通过与调研结果相对比,可以初步推断混凝土护栏中出现的竖向裂纹主要为干缩裂纹和温度裂纹,同时应考虑重载车振动等其他影响因素。

9.2.2 仿真计算

为较全面研究混凝土护栏产生裂纹的因素,以某墙体开孔型景观混凝土护栏为例,建立仿真模型对混凝土护栏裂纹产生原因做进一步计算分析。

(1)干缩和温度影响

由与桥梁与防撞护栏施工存在时间差造成混凝土收缩徐变不同,日照不同存在温度差,故建模边界拟采用防撞栏底部固结顶部自由的方案,结构模型采用六面体八节点和四面体六节点的实体单元模拟结构的真实尺寸,实体模型长度取34m(17孔),孔洞与图纸实际相同,假定温度按均匀降温23℃,混凝土收缩、徐变按降温17.5℃计算,模型见图9-7。

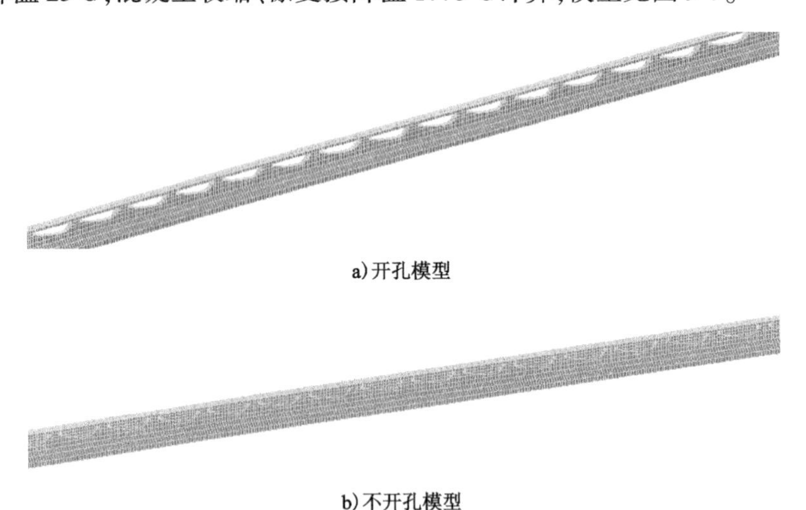

a)开孔模型

b)不开孔模型

图9-7 干缩与温度载荷仿真计算模型

图9-8为开孔模型和不开孔模型第一主轴方向的主应力云图。表9-1为开孔模型孔洞上沿向下网格剖面对应单元应力最大值。根据开孔模型计算结果可知,从竖直方向看,孔洞上沿拉压力较小,向下逐渐增大,在孔洞最低点拉应力达到最大,再向下拉应力递减,最下缘略有增大,孔洞最低点拉应力是孔洞最高点拉应力的3.68倍,是其对应高度上缘拉应力的1.52倍;从水平方向看,护栏中部孔洞(3~15孔)拉应力比较接近,护栏端部孔洞(第1孔和第17孔)底部应力最小,其值约为中部孔洞的0.2倍,第2孔和第16孔底部拉应力约为中间孔洞的0.8倍。根据不开孔模型计算结果可知,高度方向拉应力值较均匀,模型对应位置的拉应力为孔洞最低点拉应力的0.6倍。

开孔模型孔洞上沿向下网格剖面对应单元应力最大值　　表9-1

内力	从顶到底不同高度的单元应力值(kPa)						
均匀降温23℃+混凝土收缩、徐变	第一格	第二格	第三格 (孔洞最低点)	第四格	第五格	第六格	第七格
	12587	13356	20289	16016	13463	12803	15568

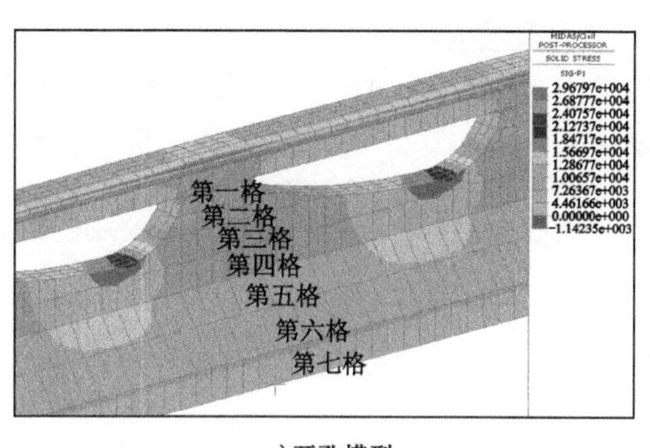

a)开孔模型

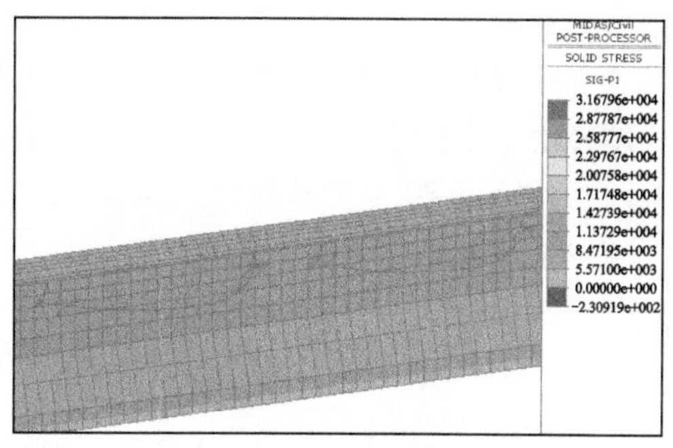

b)不开孔模型

图 9-8 仿真计算模型第一主轴方向的主应力云图(单位:Pa)

通过以上分析可知,在干缩和温度载荷作用下,开口位置底部拉应力最大,较易出现裂纹,由于护栏端部自由,端部孔洞拉应力较小,不易出现裂纹,计算结果和实际情况一致,验证了计算的可靠性;封口后拉应力分布较均匀,但由于拉应力的存在和混凝土材料的不均匀性,裂纹还会出现,同时裂纹的分布较不规律。

(2)底部约束影响

以开口模型为基础,通过释放桥梁混凝土护栏与桥梁翼缘板的连接,模拟护栏和翼缘板共同伸缩。图 9-9 为释放底部约束模型的第一主轴方向的主应力云图,根据计算结果可知,桥梁混凝土护栏与箱梁同时降温对桥梁混凝土护栏结构应力的影响很小,应力最大处在孔洞两侧的圆弧旁,且自下向上数值一样。

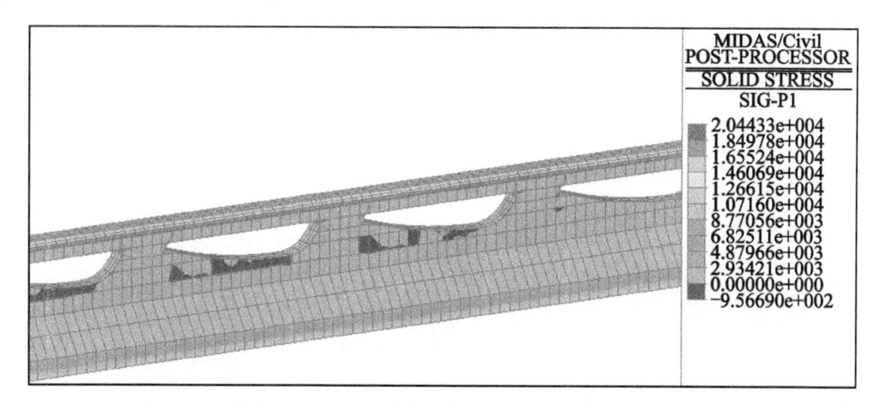

图 9-9 释放底部约束模型的第一主轴方向的主应力云图(单位:Pa)

通过以上分析可知,桥梁混凝土护栏底部与桥梁翼缘板约束,同时桥梁混凝土护栏与桥梁翼缘板伸缩变形不同是导致桥梁混凝土护栏裂纹的根本原因。该模型验证了桥梁混凝土护栏的裂纹类型为温度裂纹和干缩裂纹,同时亦表明在不进行特殊设计(如释放连接筋与翼缘板连接特殊设计、采用膨胀混凝土特殊设计)或特殊施工工艺(如冰水搅拌混凝土特殊施工工艺)的情况下,桥梁混凝土护栏裂纹的产生不易避免。

(3)车辆载荷影响

桥梁在重型车通过时会产生一定的挠度,为考虑该挠度对桥梁混凝土护栏裂纹的影响,建立有限元模型进行仿真分析。桥梁混凝土护栏采用六面体八节点和四面体六节点的实体单元模拟结构的真实尺寸，实体模型长度取34m(17孔)，箱梁为单箱单室，宽10m，采用梁单元建模，箱梁底部采用双支座，真实模拟 X、Y、Z 的活动方向，混凝土护栏与箱梁采用刚性连接，车辆荷载按公路—Ⅰ级单车道加载在箱梁上(考虑了偏载)。图9-10为建立的车辆载荷作用下仿真模型和计算结果，根据计算结果可知，在车辆载荷作用下桥梁混凝土护栏拉应力均较小，圆孔下部混凝土处于受压状态。

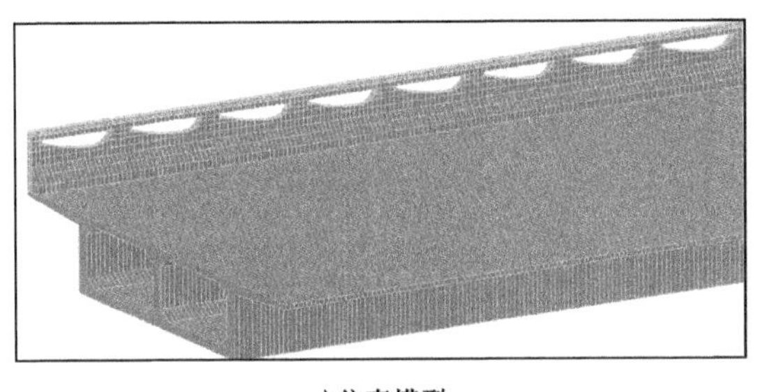

a)仿真模型

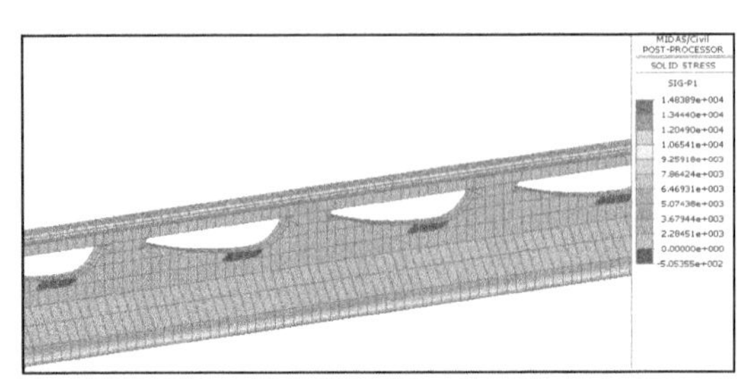

b)计算结果

图9-10　车辆载荷作用下仿真计算模型和计算结果(单位:Pa)

通过以上分析可知，车辆载荷作用下，孔下部处于受压区，不易出现裂纹，可见车辆载荷作用下产生的挠度不是混凝土护栏产生裂纹的最主要原因。

9.2.3　试验段

仿真计算结果表明，由于底部与桥梁翼缘板固结约束，桥梁混凝土护栏在混凝土温度变化和干缩的作用下而产生裂纹。通过建立试验段对以上分析结论做进一步验证。

在试验场修建长度为30m的桥梁翼缘板，上部修建通过连接钢筋锚固于翼缘板上SB级桥梁钢筋混凝土护栏，在施工过程中严禁车辆在翼缘板上通行。通过观察发现，桥梁混凝土护栏在拆模后10d即发现了少许细小裂纹，随着时间推移，裂纹大小和数量逐渐增加，如图9-11所示。

图9-11　模拟桥梁护栏试验段

表9-2为经过一年多时间后得到的桥梁护栏试验段裂纹分布表，可以看出桥梁护栏在没有开孔且没有车辆通行的工况下，依然会出现裂纹，裂纹数量为0.77条/m，裂纹宽度均大于0.1mm，最大裂纹宽度为0.36mm，可见裂纹的宽度和数量相对于有通车通行的护栏以及开孔的桥梁混凝土护栏没有明显减少。

桥梁护栏试验段裂纹分布表 表9-2

序号	距起点距离(m)	长度(cm)	裂纹宽度(mm)					
			特征点宽度					平均宽度
1	3.1	26	0.2	0.12	0.1	0.1	0.1	0.12
2	3.9	19	0.12	0.1	0.1	0.1	0.1	0.1
3	5.0	46	0.2	0.16	0.14	0.1	0.16	0.15
4	5.2	贯通	0.18	0.16	0.16	0.14	0.14	0.16
5	5.3	42	0.16	0.12	0.1	0.1	0.1	0.12
6	8.3	28	0.1	0.1	0.1	0.1	0.1	0.10
7	9.7	贯通	0.36	0.3	0.3	0.26	0.4	0.32
8	10	贯通	0.16	0.1	0.1	0.16	0.2	0.14
9	11	贯通	0.18	0.16	0.18	0.18	0.18	0.18
10	14.2	42	0.12	0.1	0.1	0.1	0.14	0.11
11	15.1	贯通	0.2	0.24	0.54	0.24	0.6	0.36
12	15.5	43	0.2	0.16	0.14	0.12	0.1	0.14
13	18.5	贯通	0.2	0.14	0.16	0.14	0.14	0.16
14	19.6	50	0.12	0.16	0.16	0.1	0.14	0.14
15	19.8	贯通	0.14	0.1	0.14	0.1	0.1	0.12
16	20.2	50	0.14	0.16	0.12	0.16	0.14	0.14
17	20.6	贯通	0.12	0.1	0.1	0.12	0.1	0.11
18	21.4	46	0.14	0.12	0.1	0.12	0.1	0.12
19	22.4	贯通	0.12	0.1	0.1	0.1	0.1	0.10
20	22.7	贯通	0.1	0.14	0.1	0.1	0.1	0.11
21	22.9	贯通	0.4	0.28	0.26	0.3	0.32	0.31
22	24.8	40	0.18	0.12	0.14	0.16	0.1	0.14
23	25.3	38	0.1	0.1	0.1	0.1	0.1	0.10

在试验厂预制长度为10m的单坡型坡面混凝土护栏、新泽西型坡面混凝土护栏和凤凰型景观混凝土护栏，平摆浮搁放置试验场地1年后，无任何裂纹产生(图9-12)。

a)单坡型坡面混凝土护栏

b)新泽西型坡面混凝土护栏

c)凤凰型景观混凝土护栏

图9-12 模拟桥梁护栏试验段

通过初步分析、计算机仿真计算和试验,得到桥梁混凝土护栏出现裂纹的基本原因为:护栏底部与桥梁翼缘板固结,在混凝土温度变化和干缩的作用下产生裂纹。

9.3 裂纹对混凝土护栏耐久性影响

9.3.1 钢筋混凝土结构裂纹耐久性相关规范规定

(1)国外相关规范

表9-3为美国混凝土协会从耐久性方面考虑允许的最大裂纹宽度,美国《混凝土结构建筑规范》(ACI318—95)规定裂缝允许宽度:室外构件为0.33mm;室内构件为0.41mm。

由耐久性决定允许的最大裂纹宽度美国混凝土协会 表9-3

环境条件	钢筋混凝土构件允许裂纹宽度(mm)
在干燥空气中或有保护涂层时	0.40
湿空气或土中	0.30
与防冻剂接触时	0.175
受海水潮风干湿交替作用时	0.15
防水结构构筑物	0.10

欧洲混凝土委员会根据混凝土结构耐久性要求、结构所处条件及荷载作用的情况,对允许的最大裂纹宽度做出了规定,见表9-4。

允许的最大裂纹宽度(欧洲混凝土委员会) 表9-4

环境条件	钢筋混凝土构件允许最大裂纹宽度(mm)	
	永久荷载和长期变化荷载	永久荷载和变化荷载不利组合
严重腐蚀作用	0.1	0.2
无保护措施	0.2	0.3
有保护措施	0.3	从美观上检验

表9-5为新西兰标准中对允许裂纹宽度的规定。

允许裂纹宽度(新西兰) 表9-5

环境条件	钢筋混凝土构件允许裂纹宽度(mm)
与土壤接触构件,有防潮保护情况下	0.4
室外空气中	0.3
飞雾、受潮气作用、腐蚀性高的土中	0.2

表9-6为日本土木学会与日本建筑学会允许的裂缝宽度,其中日本土木学会标准中把允许裂缝宽度与保护层厚度结合在一起进行了考虑。

钢筋混凝土构件允许裂缝宽度(日本土木学会与日本建筑学会)　　表 9-6

基准	环境条件	允许裂缝宽(mm)
日本土木学会混凝土标准说明书	一般环境	0.005c
	腐蚀环境	0.004c
	特别严重腐蚀环境	0.0035c
日本建筑学会《混凝土结构开裂与对策(设计施工)指南与解说》	一般环境	0.3mm

注:c 为保护层厚度(mm)。

综上所述,在国外的一些规程中,对钢筋混凝土结构允许的裂缝宽度量值上是有差别的,但均根据所处的环境条件将裂纹允许宽度从 0.1 ~0.4mm 进行分级规定。

(2)国内相关规范

《公路工程混凝土结构耐久性设计规范》(JTG/T 3310—2019)(简称"JTG/T 3310—2019")中第 6.3.1 条对裂纹宽度限值的要求见表 9-7,其中环境作用等级划分见表 9-8,环境类别见表 9-9。

混凝土表面裂缝计算宽度的允许值(JTG/T 3310—2019)　　表 9-7

环境类别	环境作用等级	最大裂缝宽度限值(mm)
		钢筋混凝土构件
一般环境	Ⅰ-A	0.20
	Ⅰ-B	
	Ⅰ-C	
冻融环境	Ⅱ-C	0.20
	Ⅱ-D	0.15
	Ⅱ-E	0.10
近海或海洋氯化物环境	Ⅲ-C	0.15
	Ⅲ-D	0.15
	Ⅲ-E 、Ⅲ-F	0.10
除冰盐等其他氯化物环境	Ⅳ-C	0.15
	Ⅳ-D	0.15
	Ⅳ-E	0.10
盐结晶环境	Ⅴ-D、Ⅴ-E、Ⅴ-F	0.10
化学腐蚀环境	Ⅵ-C	0.15
	Ⅵ-D、Ⅵ-E、Ⅵ-F	0.10
磨蚀环境	Ⅶ-C	0.20
	Ⅶ-D、Ⅶ-E	0.15

环境作用等级划分(JTG/T 3310—2019)　　表9-8

环境类别		环境作用影响程度					
名称	符号	A 轻微	B 轻度	C 中度	D 严重	E 非常严重	F 极端严重
一般环境	Ⅰ	Ⅰ-A	Ⅰ-B	Ⅰ-C	—	—	—
冻融环境	Ⅱ	—	—	Ⅱ-C	Ⅱ-D	Ⅱ-E	—
近海或海洋氯化物环境	Ⅲ	—	—	Ⅲ-C	Ⅲ-D	Ⅲ-E	Ⅲ-F
除冰盐等其他氯化物环境	Ⅳ	—	—	Ⅳ-C	Ⅳ-D	Ⅳ-E	—
盐结晶环境	Ⅴ	—	—	—	Ⅴ-D	Ⅴ-E	Ⅴ-F
化学腐蚀环境	Ⅵ	—	—	Ⅵ-C	Ⅵ-D	Ⅵ-E	Ⅵ-F
磨蚀环境	Ⅶ	—	—	Ⅶ-C	Ⅶ-D	Ⅶ-E	Ⅶ-F

环境类别(JTG/T 3310—2019)　　表9-9

环境类别		劣化机理
名称	符号	
一般环境	Ⅰ	混凝土碳化
冻融环境	Ⅱ	反复冻融导致混凝土损伤
近海或海洋氯化物环境	Ⅲ	海洋环境下的氯盐引起钢筋锈蚀
除冰盐等其他氯化物环境	Ⅳ	除冰盐等氯盐引起钢筋锈蚀
盐结晶环境	Ⅴ	硫酸盐在混凝土孔隙中结晶膨胀,导致混凝土损伤
化学腐蚀环境	Ⅵ	硫酸盐和酸类等腐蚀介质与水泥基发生化学反应,导致混凝土损伤
磨蚀环境	Ⅶ	风沙、流水、泥沙或流冰摩擦、冲击作用,造成混凝土表面损伤

《公路钢筋混凝土及预应力混凝土桥涵设计规范》(JTG 3362—2018)(简称“JTG 3362—2018”)第6.4.2条对裂纹宽度限值的要求见表9-10,其中各种类别环境条件的描述见表9-11。

裂纹宽度限值的要求(JTG 3362—2018)　　表9-10

环境类别	最大裂缝宽度限值(mm)
	钢筋混凝土构件、采用预应力螺纹钢筋的B类预应力混凝土构件
Ⅰ类-一般环境	0.20
Ⅱ类-冻融环境	0.20
Ⅲ类-近海或海洋氯化物环境	0.15
Ⅳ类-除冰盐等其他氯化物环境	0.15
Ⅴ类-盐结晶环境	0.10
Ⅵ类-化学腐蚀环境	0.15
Ⅶ类-磨蚀环境	0.20

各种类别环境条件的描述(JTG 3362—2018) 表9-11

环境类别	条件
Ⅰ类-一般环境	仅受混凝土碳化影响的环境
Ⅱ类-冻融环境	受反复冻融影响的环境
Ⅲ类-近海或海洋氯化物环境	受海洋环境下氯盐影响的环境
Ⅳ类-除冰盐等其他氯化物环境	受除冰盐等氯盐影响的环境
Ⅴ类-盐结晶环境	受混凝土孔隙中硫酸盐结晶膨胀影响的环境
Ⅵ类-化学腐蚀环境	受酸碱性较强的化学物质侵蚀的环境
Ⅶ类-磨蚀环境	受风、水流或水中夹杂物的摩擦、切削、冲击等作用的环境

《混凝土结构设计规范》(GB 50010—2010)(简称"GB 50010—2010")中第3.4.4条规定,结构构件正截面的受力裂缝控制等级分为三级:一级为严格要求不出现裂缝的构件;二级为一般要求不出现裂缝的构件;三级为允许出现裂缝的构件。第3.4.5条对混凝土结构最大裂纹宽度限值的规定见表9-12。

最大裂纹宽度限值的规定(GB 50010—2010)(单位:mm) 表9-12

环境类别	钢筋混凝土结构	
	裂缝控制等级	w_{lim}
一	三级	0.30(0.40)
二a		0.20
二b		
三a、三b		

规范对表9-12中的环境类别在3.5.2条中进行了规定,见表9-13。

混凝土结构的环境类别(GB 50010—2010) 表9-13

环境类别	条件
一	室内干燥环境; 无侵蚀性静水浸没环境
二a	室内潮湿环境; 非严寒和非寒冷地区的露天环境; 非严寒和非寒冷地区与无侵蚀性的水或土壤直接接触的环境; 严寒和寒冷地区冰冻线以下与无侵蚀性的水或土壤直接接触的环境
二b	干湿交替环境; 水位频繁变动环境; 严寒和寒冷地区的露天环境; 严寒和寒冷地区冰冻线以上与无侵蚀性的水或土壤直接接触的环境
三a	严寒和寒冷地区冬季水位变动区环境; 受除冰盐影响环境; 海风环境

续上表

环境类别	条件
三 b	盐渍土环境； 受除冰盐作用环境； 海岸环境
四	海水环境
五	受人为或自然的侵蚀性物质影响的环境

《公路工程质量检验评定标准 第一册 土建工程》(JTG F80/1—2017)从质量验收角度规定裂缝宽度超过设计规定或设计未规定时超过0.15mm必须处理。

综上可见,国内相关规范对于钢筋混凝土允许裂纹宽度指标的规定有所不同,根据所处环境条件,将裂纹允许宽度从0.1~0.4mm进行分级规定。

通过对国内外相关规范进行分析研究可知,对于钢筋混凝土结构允许裂纹没有明确统一规定,需要对桥梁钢筋混凝土护栏裂纹耐久性安全指标进行研究确定。

9.3.2 钢筋混凝土结构裂纹耐久性安全指标要素

确定钢筋混凝土结构裂纹耐久性安全指标要素是研究混凝土护栏裂纹耐久性安全指标的基础。国内外学者已在混凝土裂纹与耐久性方面进行过大量的试验研究工作(表9-14),为确定钢筋混凝土结构耐久性安全指标要素奠定了坚实基础。

混凝土裂纹耐久性试验结果汇总 表9-14

研究者	试件	暴露条件	试验结果
Tremper	形状:20.3cm×20.3cm×3.8cm; 保护层厚度:2.9cm、3.0cm、3.1cm; 钢筋:火烧丝(直径1.6mm)、冷拔钢丝(直径6mm)、异性圆钢(直径4.5mm); 混凝土水灰比:w/c=0.4、0.58、0.76; 使试件开裂,用螺栓固定,保持裂纹宽度为0.13mm、0.25mm、0.5mm、1.3mm	沿海岸边的室外暴露10年,美国华盛顿气候暖和,雨量:1295mm/年	裂纹宽度0.13~1.3mm试件中,钢筋全部腐蚀。受腐蚀部分不大,混凝土的品质和裂纹宽度与腐蚀之间无明确关系
Shalon 和 Raphael	形状:7cm×7cm×14cm; 保护层厚度:2cm。 形状:10cm×10cm×50cm; 保护层厚度:2cm、4cm。 钢筋:软钢(直径6mm); 混凝土:w/c=0.6,c=300kg	暴露试点五个(Israel); A:高温,高湿; B:沙漠; C:高温,高湿; D:温度、湿度变化大; E:地中海沿岸	裂纹宽度0.15mm以上,钢筋腐蚀、雨量、温度、相对湿度中,对腐蚀影响最大的是相对湿度,裂纹越大,腐蚀进行越快。裂纹宽度与孔蚀无关
神山	形状:l=60cm; 钢筋:SR35、SD35(SR、SD分别代表光面钢筋、异型钢筋),直径13mm、16mm、19mm、25mm; 混凝土:w/c=0.55; 保护层厚度:2.5cm、3.0cm、5.0cm、7.5cm,两端受拉试件,受荷后卸载	在东京室外进行6~8年暴露试验	保护层厚度2.5cm,σ_s=137N/mm^2,残留裂纹宽度0.01mm以上均腐蚀;保护层厚度5.0cm、7.5cm,σ_s=255N/mm^2,受力后,残留裂纹变宽,不发生腐蚀。保护层厚度影响腐蚀

续上表

研究者	试件	暴露条件	试验结果
西山・秋元・富沢	试件裂纹宽度0.1mm、0.2mm、0.3mm，持续荷载后保持裂纹宽度	东京室外进行2年暴露试验	即使裂纹宽度相同，保护层厚度大的不生锈，暴露1~2年梁的承载力不下降
関・丸山	形状：15cm×30cm×180cm； 钢筋：直径13mm； 混凝土：w/c=0.44~0.78； 保护层厚度：1.5cm； 加载后卸载	进行9年暴露试验，再现海水中潮汐部分，在水槽中浸渍，气候温和	对钢筋的抗拉强度影响很轻微，在规定裂纹宽度范围内（潮汐部0.15mm，海水中0.2mm）无显著腐蚀
片脇等	形状：20cm×20cm×75cm、20cm×20cm×150cm、30cm×30cm×150cm； 钢筋：SR直径14mm、16mm； 持续荷载保持裂纹宽度	进行3年暴露试验，在东京湾暴露台，大气中暴露，大气—海水中暴露	裂纹宽度越大，腐蚀越容易，0.1mm左右裂纹宽度有轻微腐蚀
西田・杉木・富山	形状：22cm×20cm×5cm（埋入直径6mm筋），22cm×20cm×6cm（埋入直径13mm筋）； 保护层厚度：直径6mm筋的为1.3cm、2.0cm，直径13mm筋的为2.0cm、2.5cm； 试件开裂后，用螺栓固定，保持裂纹宽度0.05~0.5mm	在下雪地区进行20年暴露试验	裂纹宽度0.1mm以下，钢筋有轻度腐蚀；裂纹宽度0.2~0.3mm，钢筋腐蚀；由于钢筋断面减少，对钢筋的承载力影响不大
鳥取・土田・宫川	形状：22cm×20cm×5cm（埋入直径6mm筋），22cm×20cm×6cm（埋入直径13mm筋）； 保护层厚度：对于直径6mm筋，为1.3cm、2.0cm；对于直径13mm筋，为2.0cm、2.5cm； 试件开裂后，用螺栓固定，保持裂纹宽度0.05~0.5mm	在下雪地区进行42年暴露试验	裂纹宽度0.2mm以下，钢筋腐蚀程度轻微，在每一个裂纹宽度中的钢筋腐蚀程度大体相同。裂纹宽度与钢筋腐蚀程度无相关性

由表9-14可见：

（1）裂纹宽度和钢筋腐蚀有密切关系，在相同环境条件、相同的保护层厚度，裂纹宽度大者钢筋易受腐蚀。

（2）钢筋保护层厚度对钢筋腐蚀有一定影响，例如日本学者西山・秋元・富沢的试验，即使裂纹宽度相同，但保护层厚度大的钢筋未生锈，暴露试验1~2年的梁承载力没有下降。

（3）环境条件对钢筋腐蚀影响大，雨量、温度及相对湿度的环境因素中，对钢筋腐蚀影响最大的是相对湿度。相同保护层厚度的混凝土构件，裂纹宽度相同，相对湿度越大，腐蚀速度越快。

（4）裂纹存在年限对钢筋腐蚀有一定影响，通过20年暴露试验表明，裂纹宽度0.1~0.3mm的钢筋会发生锈蚀，但锈蚀导致的钢筋断面减少对钢筋承载力的影响不大；通过42年的暴露试验证明，裂纹宽度在0.2mm以下，钢筋腐蚀程度轻微。

从以上试验研究结果来看，裂纹宽度、钢筋保护层厚度、混凝土结构所处的环境条件、裂纹存在年限均会对钢筋混凝土结构的耐久性产生直接影响，为影响钢筋混凝土结构裂纹耐久性安全指标要素。

9.3.3 桥梁钢筋混凝土护栏裂纹耐久性安全指标

1）耐久性安全指标确定原则与方法

根据9.3.1小节可知，国内外相关规范允许裂纹相差较大，且均各成体系，通过对国内外规范进行对比分析的方法，选择一种规范规定作为钢筋混凝土护栏裂纹耐久性安全指标。

通过9.3.2小节可知，钢筋混凝土结构裂纹耐久性指标受钢筋保护层厚度、混凝土结构所处的环境条件、裂纹存在年限（结构设计寿命）的影响较大，而这些因素国内外有较大不同，应基于本国实际情况考虑，因此对于钢筋混凝土护栏裂纹耐久性安全指标应主要依据国内规范进行确定。

通过9.3.1小节可知，国内《公路工程混凝土结构耐久性设计规范》（JTG/T 3310—2019）、《公路钢筋混凝土及预应力混凝土桥涵设计规范》（JTG 3362—2018）、《混凝土结构设计规范》（GB 50010—2010）、《公路工程质量检验评定标准 第一册 土建工程》（JTG F80/1—2017）等相关规范对钢筋混凝土结构裂纹耐久性指标均进行过规定；通过9.3.2小节可知，裂纹宽度、钢筋保护层厚度、混凝土结构所处的环境条件、裂纹存在年限等因素均会对钢筋混凝土结构的耐久性产生直接影响。因此，可从耐久性直接影响因素角度分析几种规范对钢筋混凝土护栏裂纹耐久性安全指标的适用性。

2）耐久性指标规范适用性分析

根据耐久性安全指标确定原则与方法，对国内相关规范的耐久性指标在桥梁钢筋混凝土护栏结构上的适用性进行分析。

（1）《公路工程混凝土结构耐久性设计规范》（JTG/T 3310—2019）

《公路工程混凝土结构耐久性设计规范》（JTG/T 3310—2019）对于钢筋混凝土裂纹宽度限值的规定按环境不同进行了17档详细分类，见表9-7。鉴于桥梁钢筋混凝土护栏应用环境的差异性较大，采用17档详细分类方法可以覆盖国内钢筋混凝土护栏的所有适用条件，较为适用。

《公路工程混凝土结构耐久性设计规范》（JTG/T 3310—2019）中的表6.2.1对于混凝土保护层最小厚度进行了规定，见表9-15。

混凝土保护层最小厚度 c_{min}（单位：mm） 表9-15

环境类别	环境作用等级	梁、板、塔、拱圈、涵洞上部		墩台身、涵洞下部		承台、基础	
		100年	50年/30年	100年	50年/30年	100年	50年/30年
一般环境	Ⅰ-A	20	20	25	20	40	40
	Ⅰ-B	25	20	30	25	40	40
	Ⅰ-C	30	25	35	30	45	40
冻融环境	Ⅱ-C	30	25	35	30	45	40
	Ⅱ-D	35	30	40	35	50	45
	Ⅱ-E	35	30	40	35	50	45

续上表

环境类别	环境作用等级	梁、板、塔、拱圈、涵洞上部		墩台身、涵洞下部		承台、基础	
		100 年	50 年/30 年	100 年	50 年/30 年	100 年	50 年/30 年
近海或海洋氯化物环境	Ⅲ-C	35	30	45	40	65	60
	Ⅲ-D	40	35	50	45	70	65
	Ⅲ-E	40	35	50	45	70	65
	Ⅲ-F	40	35	50	45	70	65
除冰盐等其他氯化物环境	Ⅳ-C	30	25	35	30	45	40
	Ⅳ-D	35	30	40	35	50	45
	Ⅳ-E	35	30	40	35	50	45
盐结晶环境	Ⅴ-D	30	25	40	35	45	40
	Ⅴ-E	35	30	45	40	50	45
	Ⅴ-F	40	35	45	40	55	50
化学腐蚀环境	Ⅵ-C	35	30	40	35	60	55
	Ⅵ-D	40	35	45	40	65	60
	Ⅵ-E	40	35	45	40	65	60
	Ⅵ-F	40	35	50	45	70	65
磨蚀环境	Ⅶ-C	35	30	45	40	65	60
	Ⅶ-D	40	35	50	45	70	65
	Ⅶ-E	40	35	50	45	70	65

钢筋混凝土护栏结构的耐久性指标可以不考虑保护层厚度的影响,原因如下:目前在运营的钢筋混凝土护栏保护层厚度一般均遵循《公路交通安全设施设计规范》(JTG D81—2017)第6.3.4条的规定中选取,即护栏迎撞面混凝土的钢筋保护层厚度不得小于4.5cm,即满足《公路工程混凝土结构耐久性设计规范》(JTG/T 3310—2019)中的保护层厚度要求,而且《高速公路交通工程及沿线设施设计通用规范》(JTG D80—2006)的表5.1.2明确规定混凝土护栏的使用年限为20年,并且日本西田・杉木・富山所做的恶劣环境下保护层厚度为20mm试样的20年暴露试验证明,裂纹宽度为0.1~0.3mm的钢筋锈蚀导致的钢筋断面减少对钢筋承载力的影响不大,所以钢筋混凝土护栏裂纹耐久性指标可以不考虑保护层厚度的影响。

综合以上研究,采用《公路工程混凝土结构耐久性设计规范》(JTG/T 3310—2019)确定钢筋混凝土护栏裂纹耐久性安全指标较为合适。

(2)《公路钢筋混凝土及预应力混凝土桥涵设计规范》(JTG 3362—2018)

《公路钢筋混凝土及预应力混凝土桥涵设计规范》(JTG 3362—2018)对于钢筋混凝土裂纹宽度限值的规定,根据所处环境条件进行了7档分类,见表9-10。钢筋混凝土裂纹宽度限值对于一般环境的为0.2mm,对于海水和有腐蚀物质影响的环境采用0.15mm、0.2mm。根据以下原因,确定《公路钢筋混凝土及预应力混凝土桥涵设计规范》(JTG 3362—2018)对于钢筋混凝土裂纹宽度限值的规定不适合于桥梁钢筋混凝土护栏结构。

①环境有较大不同:桥梁结构包括水下部分和水上部分,而桥梁钢筋混凝土护栏均位于大

气中;桥梁结构平时为承载主体,而桥梁钢筋混凝土护栏平时为非承载结构。从环境角度考虑,桥梁钢筋混凝土护栏裂纹耐久性指标严格程度应低于桥梁结构。

②保护层厚度有所不同:《公路钢筋混凝土及预应力混凝土桥涵设计规范》(JTG 3362—2018)的表9.1.1对混凝土保护层最小厚度进行了规定,见表9-16,可见其最小保护层厚度为20mm;而《公路交通安全设施设计规范》(JTG D81—2017)中第6.3.4条规定护栏迎撞面混凝土的钢筋保护层厚度不得小于4.5cm。从保护层厚度角度出发,桥梁钢筋混凝土护栏裂纹耐久性指标严格程度应低于桥梁结构。

混凝土保护层最小厚度(单位:mm)　　表9-16

构件类别	梁、板、塔、拱圈、涵洞上部		墩台身、涵洞下部		承台、基础	
设计使用年限(年)	100	50、30	100	50、30	100	50、30
Ⅰ类-一般环境	20	20	25	20	40	40
Ⅱ类-冻融环境	30	25	35	30	45	40
Ⅲ类-近海或海洋氯化物环境	35	30	45	40	65	60
Ⅳ类-除冰盐等其他氯化物环境	30	25	35	30	45	40
Ⅴ类-盐结晶环境	30	25	40	35	45	40
Ⅵ类-化学腐蚀环境	35	30	40	35	60	55
Ⅶ类-磨蚀环境	35	30	45	40	65	60

③裂纹存在年限有较大不同:《公路桥涵设计通用规范》(JTG D60—2015)的第1.0.3条规定,公路桥涵结构的设计基准期为100年;而《高速公路交通工程及沿线设施设计通用规范》(JTG D80—2006)的表5.1.2明确规定,混凝土护栏的使用年限为20年。由于裂纹一般多在建成初期出现,因此裂纹存在年限约等于混凝土结构的工作年限,即桥涵结构的裂纹存在期约为100年,而桥梁钢筋混凝土护栏结构的裂纹存在期约为20年。从裂纹存在年限来看,钢筋混凝土护栏裂纹耐久性指标严格程度应低于桥梁结构。

通过以上分析可见,《公路钢筋混凝土及预应力混凝土桥涵设计规范》(JTG 3362—2018)中的裂纹耐久性指标对于桥梁钢筋混凝土护栏来说过于严格,因此,该规范用于桥梁钢筋混凝土护栏结构的裂纹耐久性指标不适宜。

(3)《混凝土结构设计规范》(GB 50010—2010)

《混凝土结构设计规范》(GB 50010—2010)中第3.4.5条对于钢筋混凝土裂纹宽度限值的规定根据所处环境条件进行了3档分类(0.4mm、0.3mm、0.2mm),见表9-12。由于其为国家标准,规定的较为宽泛,对于桥梁钢筋混凝土护栏的耐久性指标针对性不强。

(4)《公路工程质量检验评定标准　第一册　土建工程》(JTG F80/1—2017)

《公路工程质量检验评定标准 第一册 土建工程》(JTG F80/1—2017)从质量验收角度对裂缝宽度进行了笼统性规定,不适合作为耐久性指标。

通过耐久性指标规范适用性分析得出,《公路工程混凝土结构耐久性设计规范》(JTG/T 3310—2019)中的混凝土结构裂纹耐久性安全指标的规定,对于桥梁钢筋混凝土护栏结构有直接指导意义,但需要通过实地调查对其做进一步验证。

3)裂纹耐久性指标合理性验证

表9-17为钢筋混凝土护栏裂纹锈蚀调研情况表,可见护栏裂纹最大裂纹宽度从0.01~5mm均没有发现钢筋锈蚀,采用《公路工程混凝土结构耐久性设计规范》(JTG/T 3310—2019)对桥梁钢筋混凝土护栏的裂纹耐久性安全指标进行规定是偏于保守和安全的,较为合理。

钢筋混凝土护栏裂纹锈蚀情况调研表 表9-17

调研路段	通车时间(年)	护栏类型	裂纹最大宽度(mm)	钢筋锈蚀
京沪高速公路K400+500	1990	组合式	0.5	无
京沪高速公路K10.5	1990	组合式	1	无
京石高速公路K20+500	1993	梁柱式钢筋混凝土	1	无
京石高速公路K25+500	1993	梁柱式钢筋混凝土	1	无
京石高速公路K49+000	1993	F型坡面钢筋混凝土	2	无
京石高速公路K137+800	1993	单坡型坡面钢筋混凝土	0.82	无
石太高速公路K268+700	1995	加强型钢筋混凝土	0.63	无
黄石高速公路K311+100	1998	组合式	0.01	无
京开高速公路K18.5+106	2001	组合式	0.01	无
耒宜高速公路K1789+434	2001	F型坡面钢筋混凝土	0.01	无
耒宜高速公路K1789+585	2001	F型坡面钢筋混凝土	0.01	无
耒宜高速公路K1806+300	2001	F型坡面钢筋混凝土	0.01	无
耒宜高速公路K1807+200	2001	F型坡面钢筋混凝土	0.02	无
耒宜高速公路K1819+020	2001	F型坡面钢筋混凝土	0.01	无
耒宜高速公路K1819+900	2001	F型坡面钢筋混凝土	0.19	无
耒宜高速公路K1824+950	2001	F型坡面钢筋混凝土	5	无
耒宜高速公路K1832+100	2001	F型坡面钢筋混凝土	0.5	无
北京西六环K10.8	2009	组合式	1.6	无
北京西六环K137+300	2009	组合式	0.2	无
邵永高速公路K2234+900	2009	单坡型坡面钢筋混凝土	0.01	无
邵永高速公路K2241+600	2009	单坡型坡面钢筋混凝土	2	无
邵永高速公路花桥收费站	2009	单坡型坡面钢筋混凝土	0.01	无
京化高速公路K110+360	2010	加强型钢筋混凝土	0.6	无

通过以上研究,可以采用《公路工程混凝土结构耐久性设计规范》(JTG/T 3310—2019)对桥梁钢筋混凝土护栏的裂纹耐久性安全指标进行规定。

9.4 裂纹对混凝土护栏防护能力的影响

通过9.3.3小节的研究可知,在一定环境下,当裂纹宽度满足耐久性指标要求时,钢筋混凝土护栏的钢筋承载力不会受到影响,但当桥梁混凝土护栏中存在裂纹时,会导致混凝土材料在裂纹处不连续,应考虑混凝土裂纹是否会导致护栏防护能力下降。结合文献资料调研,就裂纹对混凝土护栏防护能力的影响进行初步分析后,采用计算机仿真分析以及实车碰撞试验等技术手段对分析结论做进一步验证。

9.4.1 初步分析

根据《混凝土结构的裂缝与对策》,“温度裂纹和干缩裂纹是长久、持续、缓慢的非荷载作用在刚度较大的超静定混凝土结构中,由于约束作用引起的裂纹,在一般情况下,基本上不会引起安全问题,更不至于引发倒塌等严重后果。在混凝土结构体积较大时,温度裂纹和干缩裂纹往往由于约束的积累而造成的很大裂纹宽度,还会超过受力裂纹的宽度限值,但是这不意味着结构抗力即将耗尽,也不意味着结构有安全问题”。初步判断混凝土护栏中存在的温度裂纹和干缩裂纹应不会对护栏防护能力造成较大影响。

对于容易出现裂纹的桥梁混凝土护栏来说,其主要受力钢筋包括竖向钢筋和纵向钢筋。在护栏高度方向,竖向裂纹的存在不会削弱结构的抗力;在护栏长度方向,竖向裂纹会导致混凝土材料不连续,但纵向钢筋完全可以穿越裂纹而传递拉力,因此并未使护栏结构在竖向裂纹处断裂或解体,碰撞力仍可以在护栏长度方向分布和传递,对护栏的纵向抗力削弱不大。通过理论分析初步判断桥梁混凝土护栏竖向裂纹对其防护能力影响极小,不会危及护栏安全性能。

9.4.2 计算机仿真分析

建立单坡型坡面混凝土护栏、F型坡面混凝土护栏、组合式护栏、墙体开孔混凝土护栏有裂纹、无裂纹仿真模型。考虑到调查中未发现钢筋锈蚀现象,在有裂纹仿真模型中保持钢筋连续,将混凝土材料在裂纹位置断开,遵循最不利角度原则,在有裂纹仿真模型中裂纹的宽度设置为3mm宽,范围为贯通整个墙体,如图9-13所示。

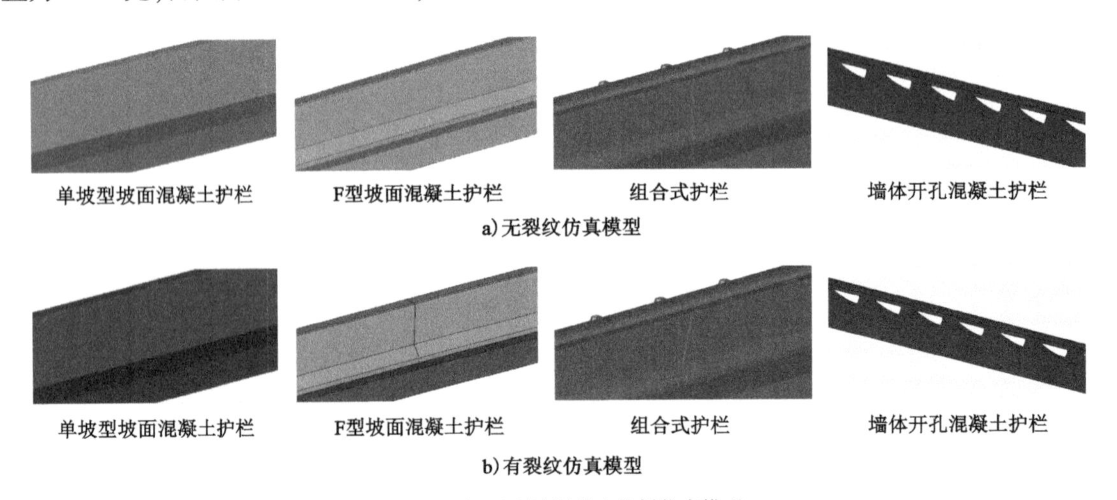

图9-13 有、无裂纹混凝土护栏仿真模型

对于单坡型坡面混凝土护栏和F型坡面混凝土护栏,采用配重至10t的大型客车,以80km/h速度、20°角进行碰撞分析;对于组合式护栏,采用配重至18t的大型客车,以80km/h

速度、20°角进行碰撞分析。图 9-14 为车辆碰撞这三种护栏的有裂纹结构的仿真结果，由于混凝土结构未发生破坏，车辆碰撞有、无裂纹的护栏结果完全相同，说明裂纹对护栏防护性能影响甚微。

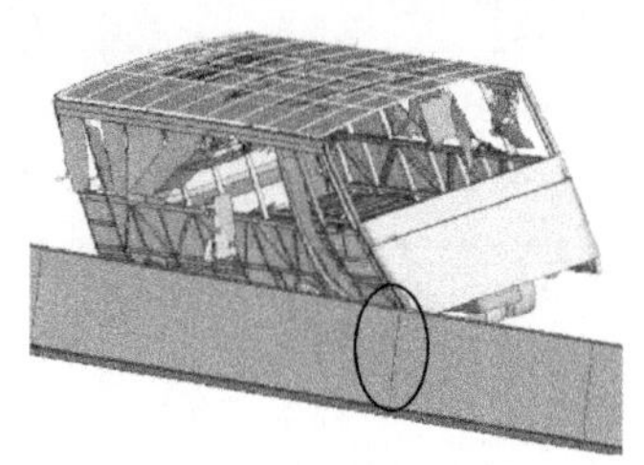
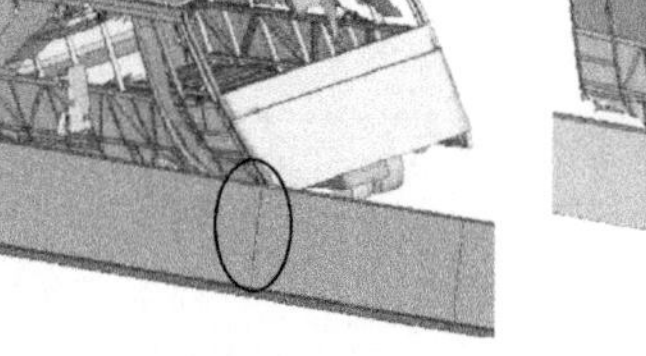

a）单坡型坡面混凝土护栏

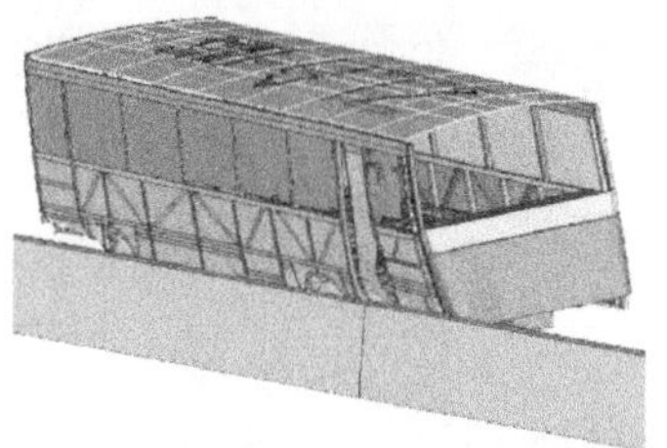

b）F型坡面混凝土护栏

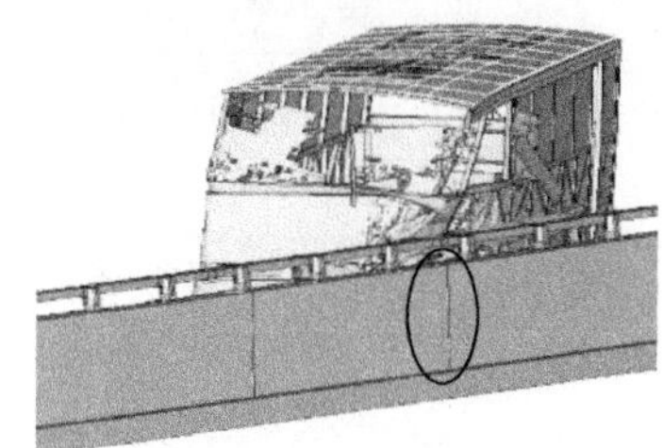

c）组合式护栏

图 9-14　碰撞有裂纹混凝土护栏仿真结果

对于墙体开孔混凝土护栏，采用配重至 18t 的大型客车以 80km/h 速度、20°角进行碰撞分析。图 9-15 为车辆碰撞墙体开孔混凝土护栏仿真结果，碰撞区混凝土结构部分发生粉碎性破坏，但有、无裂纹护栏的破坏形式一致，且裂纹处没有发生破坏，说明裂纹对护栏防护性能影响甚微。

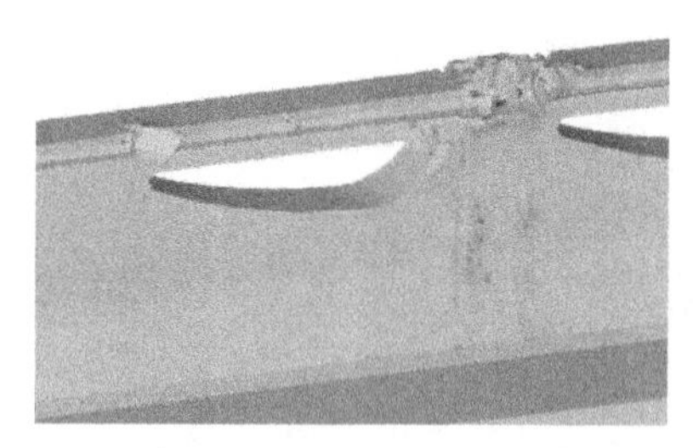

a）无裂纹护栏破坏形态

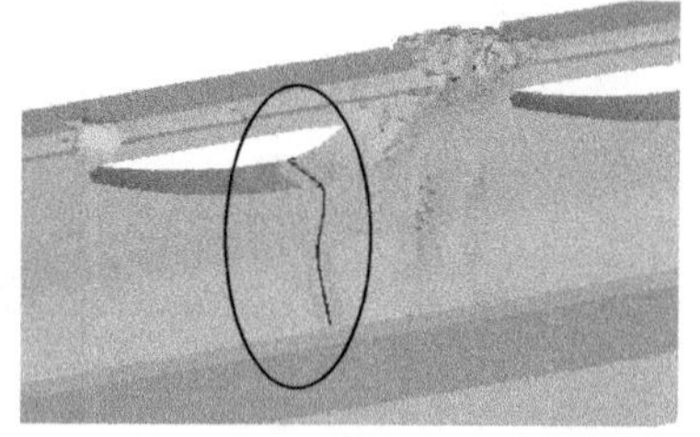

b）有裂纹护栏破坏形态

图 9-15　车辆碰撞墙体开孔混凝土护栏仿真结果

根据计算机仿真分析结果可以推断，混凝土护栏中存在的裂纹对其防护能力影响甚微。

9.4.3　实车碰撞试验

实车碰撞试验具有客观可靠的特点。对单坡型坡面混凝土护栏、F 型坡面混凝土护栏、组合式护栏和墙体开孔混凝土护栏组织实施实车碰撞试验，分析裂纹对混凝土护栏防护能力的影响。

图 9-16 为带裂纹单坡型坡面混凝土护栏实车足尺碰撞试验情况，试验车辆为总质量 10t 的大型客车，碰撞速度为 80km/h，碰撞角度为 20°，试验护栏基础采用桥梁翼缘板结构。在试验护栏墙体施工中采用在碰撞区分段浇筑施工工艺，使其在碰撞点附近的护栏墙体上形成一条宽约 0.3mm 的贯通裂纹。从碰撞过程可以看出，混凝土护栏的防护能力可达到 280kJ，裂纹位于碰撞最严重区域，但裂纹处的混凝土墙体没有损坏，说明裂纹的存在对单坡型坡面混凝土护栏的受力状态和防护性能影响甚微。

a) 试验用大型客车

b) 护栏试验段

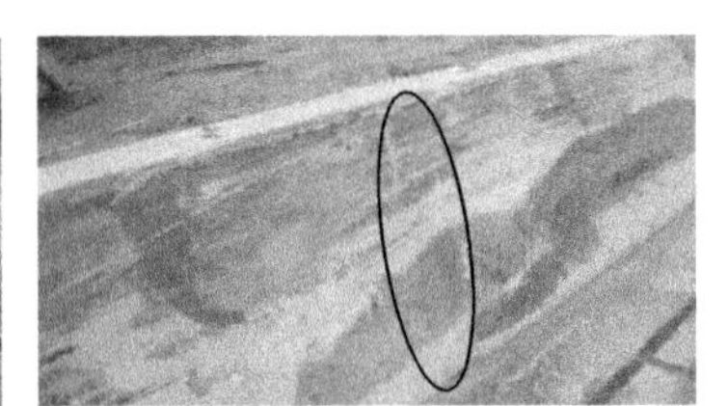

c) 碰撞后裂纹处护栏变形

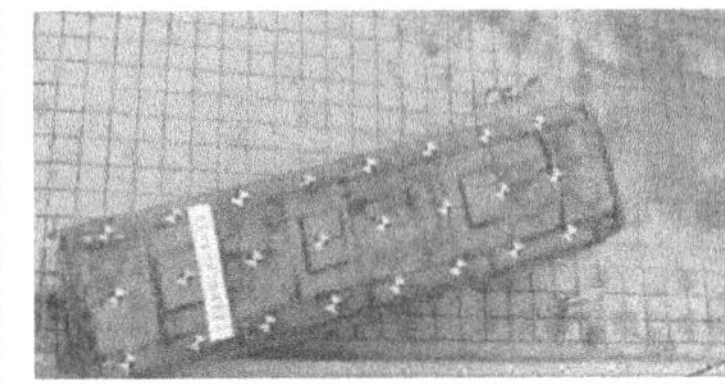

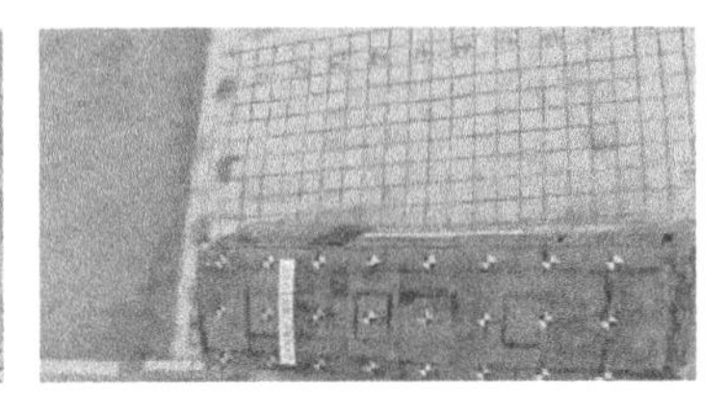

d) 碰撞试验过程

图 9-16　带裂纹单坡型坡面护栏实车足尺碰撞试验

图 9-17 为带裂纹 F 型坡面混凝土护栏实车足尺碰撞试验情况，试验车辆为总质量 10t 的大型客车，碰撞速度为 80km/h，碰撞角度为 20°，试验护栏基础采用桥梁翼缘板结构。在试验护栏墙体施工中采用在碰撞区分段浇筑施工工艺，使其在碰撞点附近的护栏墙体上形成一条宽约 0.3mm 的贯通裂纹。从碰撞过程可以看出，混凝土护栏的防护能力可达到 280kJ，裂纹位于碰撞最严重区域，但裂纹处的混凝土墙体没有损坏，说明裂纹的存在对 F 型坡面混凝土护栏的受力状态和防护性能影响甚微。

a) 试验用大型客车

b) 护栏试验段

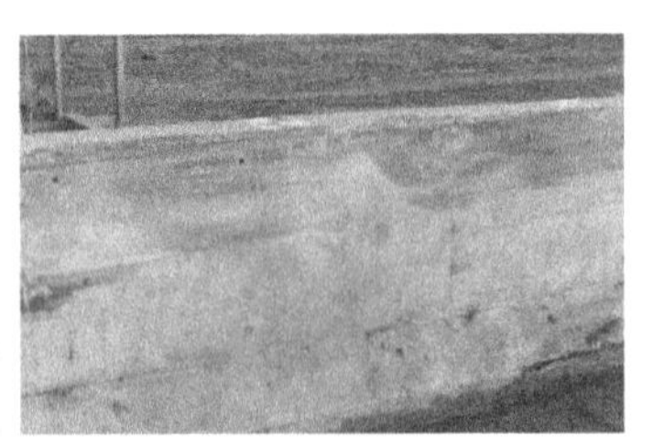

c) 碰撞后裂纹处护栏变形

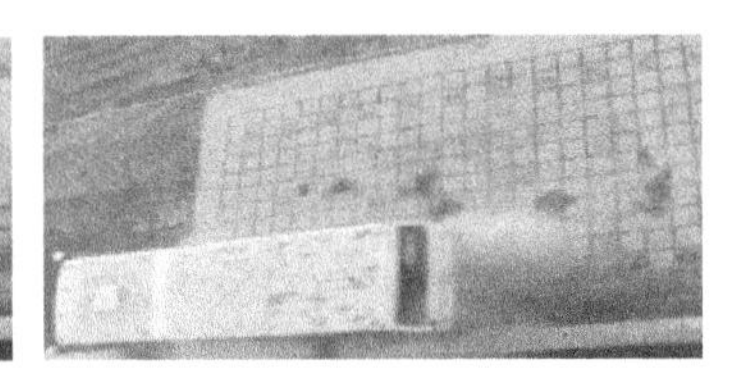

d) 碰撞试验过程

图 9-17　带裂纹 F 型坡面混凝土护栏实车足尺碰撞试验

图 9-18 为混凝土墙体带裂纹组合式护栏实车足尺碰撞试验情况，试验车辆为总质量 18t 的大型客车，碰撞速度为 80km/h，碰撞角度为 20°，试验护栏基础采用桥梁翼缘板结构。在试验护栏墙体施工中采用在碰撞区分段浇筑施工工艺，使其在碰撞点附近的护栏墙体上形成一条宽约 0.3mm 的贯通裂纹。从碰撞过程可以看出，混凝土护栏的防护能力可达到 520kJ，裂纹位于碰撞最严重区域，但裂纹处的混凝土墙体没有损坏，说明裂纹的存在对混凝土护栏的受力状态和防护性能影响甚微。

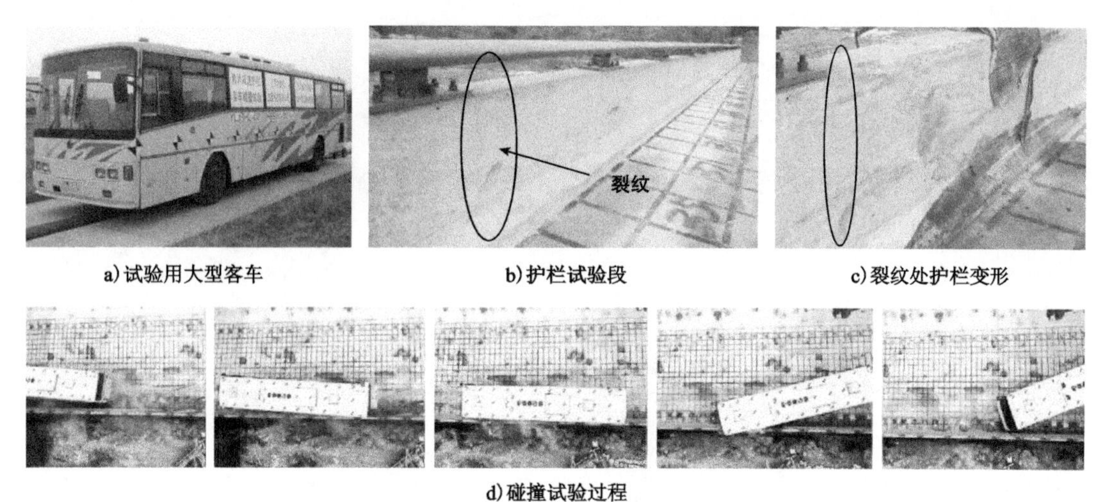

a) 试验用大型客车　b) 护栏试验段　c) 裂纹处护栏变形

d) 碰撞试验过程

图 9-18　混凝土墙体带裂纹组合式护栏实车足尺碰撞试验

图 9-19 为墙体开孔混凝土护栏实车足尺碰撞试验情况，试验车辆为总质量 18t 的大型客车，碰撞速度为 80km/h，碰撞角度为 20°，试验护栏基础采用桥梁翼缘板结构。在试验护栏墙体施工中采用预埋隔板施工工艺，使在碰撞点附近的护栏墙体上形成一条宽 3mm 的贯通裂纹。从碰撞过程可以看出，混凝土护栏的防护能力可达到 520kJ，混凝土结构在立柱区发生粉碎性破坏，但护栏裂纹处没有发生破坏，说明裂纹的存在对护栏的受力状态和防护性能影响甚微。

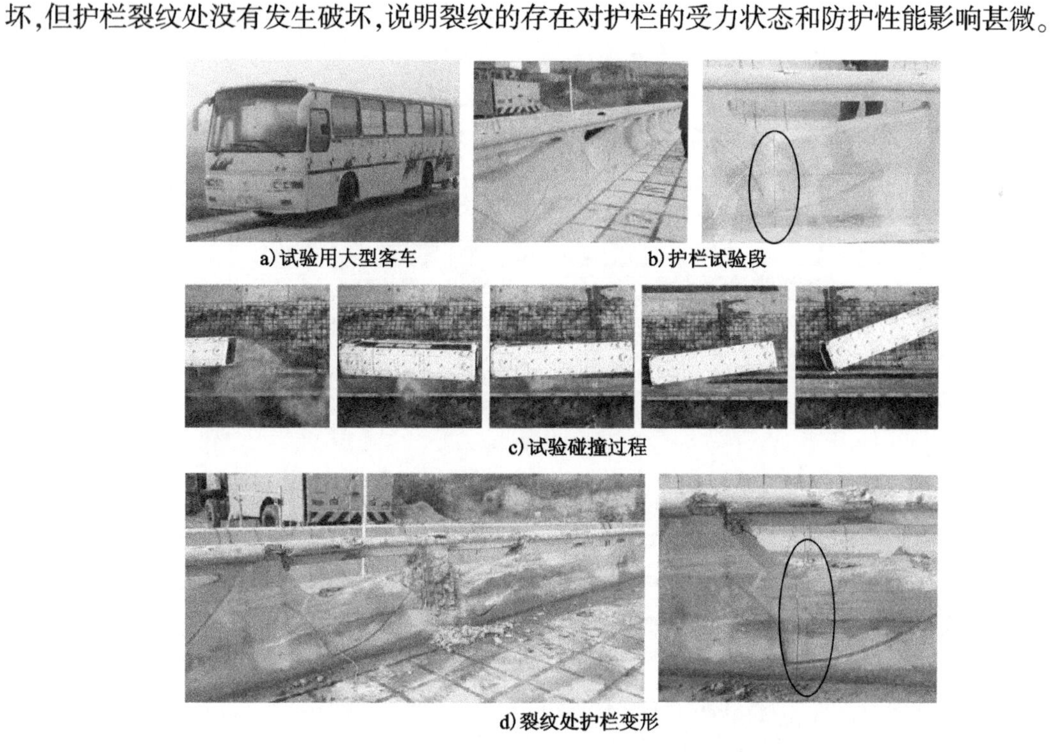

a) 试验用大型客车　b) 护栏试验段

c) 试验碰撞过程

d) 裂纹处护栏变形

图 9-19　墙体开孔混凝土护栏实车足尺碰撞试验

根据实车碰撞试验，证明混凝土护栏中存在的裂纹不会对其防护能力造成影响。

第10章　混凝土护栏耐候性

10.1　混凝土护栏耐久性分析

混凝土结构耐久性受环境、材料、构件、结构四个层次的多种因素影响，是一个综合性问题，而环境气候是重要影响因素。我国幅员辽阔，东临太平洋，西接欧亚大陆，南北纬度相距近50度，东西经度横跨60多度，气候多变，地形复杂，气候与地理条件的区域差异非常大。由于环境气候条件和环境侵蚀介质的差异，我国的混凝土结构耐久性病害表现反映出鲜明的"南锈北冻"的区域特征。东北、华北和西北地区气候严寒，混凝土结构往往表现为冻融破坏及盐冻破坏；而东南和南方地区气候普遍湿热，常受海洋环境影响，往往因氯离子侵蚀引起钢筋锈蚀。混凝土护栏和其他混凝土结构相同，受气候影响较大。

在寒冷冬季，我国部分地区为多雪区域，需要采用一些手段保证路面通车畅通，而采用撒除雪盐达到融雪的办法，其操作简单，融雪速度尚可，在我国得到了广泛的应用，但是在采用除雪盐融雪过程中，混凝土结构的冻害会急剧增大，往往会引起混凝土材料严重剥蚀破坏和钢筋材料的锈蚀破坏。对于混凝土护栏来说，其底部是受破坏最严重的区域，如图10-1所示。

a）撒除雪盐

b）混凝土护栏表面状况

图10-1　除雪盐对混凝土护栏的影响

在炎热潮湿地区,特别是沿海环境,影响钢筋混凝土护栏结构因素主要有碳化和氯离子侵蚀。空气中二氧化碳的侵入会引起混凝土结构的碳化,即二氧化碳分子进入混凝土内部,与构成混凝土组分的水泥水化物等碱性物质发生酸碱反应生成水和碳酸盐,使得混凝土的组分、结构和性能发生变化,这是一种物理化学过程。相关研究表明,混凝土的碳化实际上对混凝土本身并无太大的坏处,碳化导致的生成物填塞混凝土内部的孔隙,使混凝土结构的密实度增加,促使混凝土的抗压强度有一定程度提高,并且使其外观尺寸更加稳定。混凝土护栏结构虽然未浸泡于海水中,但在饱含氯盐、水分以及氧气的海风、盐雾、雨水等的作用下,同样会产生耐久性病害。在工业较为发达的地区,因为空气中存在二氧化硫,混凝土护栏还会受到硫酸盐的侵蚀。相关研究表明,少量的硫酸盐侵入混凝土内部,会与钙离子等形成难溶性的盐填塞混凝土内的孔隙,改变混凝土的组分、结构和性能,间接提升了混凝土的密实度,阻挡了其他有害离子的侵入,一定程度上减缓了侵蚀危害,但过量的硫酸盐侵入混凝土内部,会降低混凝土内部的碱性,活化钢筋表面的钝化膜,加剧钢筋的锈蚀,如图10-2所示。

图10-2　炎热潮湿气候对混凝土护栏影响

混凝土是由硅酸盐水泥、合理级配的粗细集料、砂和水组成的非均质混合物。有些情况下,为了使混凝土具备特别的性能,还会额外添加少量的外加剂。硅酸盐水泥中含有大量的硅酸钙,通过水作用产生 $Ca(OH)_2$,而 $Ca(OH)_2$ 多存在于混凝土孔隙液中。此外,孔隙液中还含有少量的 NaOH、KOH 等,这使得混凝土内部处于高碱性的环境,pH 值在 12.5 ~ 13.5。孔隙液中的 OH^- 吸附于钢筋表面,与 Fe 作用形成 γ-FeOOH 氧化膜。该膜在高碱性环境下致密稳定,能够保护钢筋,避免产生腐蚀电池反应。然而沿海环境下,氯盐、硫酸盐、二氧化碳的侵入,一方面降低了混凝土内部的碱性,另一方面离子间存在竞争性吸附,两者的共同作用会正向加速钢筋表面钝化膜的溶解和破坏,微电池反应由此发生,钢筋开始锈蚀。钢筋锈蚀是一个复杂的过程,下面对造成这一过程的两个主要因素的作用机理进行介绍。

1)混凝土碳化机理

混凝土的碳化是指空气中的二氧化碳经由混凝土内部的孔隙和微小裂纹渗入含有碱性物质的孔隙液中,并与之发生复杂的物理化学反应的过程。该过程最终使混凝土内部的碱性有所下降,其中发生的主要化学反应过程如下:

$$CO_2 + H_2O \longrightarrow H_2CO_3 \tag{10-1}$$

$$Ca(OH)_2 + H_2CO_3 \longrightarrow CaCO_3 + 2H_2O \tag{10-2}$$

$$3CaO \cdot 2SiO_2 \cdot 3H_2O + 3H_2CO_3 \longrightarrow 3CaCO_3 + 2SiO_2 + 6H_2O \tag{10-3}$$

$$2CaO \cdot SiO_2 \cdot 4H_2O + 2H_2CO_3 \longrightarrow 2CaCO_3 + SiO_2 + 6H_2O \tag{10-4}$$

混凝土的碳化是一个复杂的反应过程,涉及气相、液相和固相三者之间的连续作用。二氧化碳的侵入消耗了混凝土孔隙液中溶解的氢氧化钙,生成了难溶性的碳酸钙沉淀,由此导致混凝土孔隙液中氢氧化钙的含量减少,这使得孔隙液周边介质中的氢氧化钙反向扩散至毛细孔中,溶于孔隙液,并继续与侵入的二氧化碳反应,形成正向循环,因此生成的碳酸钙晶体越来越多,而氢氧化钙晶体越来越少。如果此循环过程能够长久持续,最终混凝土内孔隙液的 pH 值将稳定在 8.5 ~9.0。相关文献显示,混凝土内孔隙液的 pH 值直接影响钢筋表面钝化膜的状态:当钢筋附近孔隙液的 pH 值高于 11.5 时,钢筋表面的钝化膜可以稳定存在并保持完整致密,对钢筋起到很好的保护作用;当 pH 值介于 11.5 ~9.9 之间时,钝化膜开始表现得不稳定,难以形成完整的覆盖状态,钢筋存在被腐蚀的风险;当 pH 值低于 9.9 时,无法形成钝化膜,钢筋处于活化状态,开始腐蚀。混凝土的碳化导致孔隙液的 pH 值最终稳定在 8.5 ~9.0,此时钢筋表面的钝化膜完全破坏,钢筋与氧气、水及腐蚀性离子直接接触,开始锈蚀,锈蚀产物的增多使钢筋的体积膨胀,对周边的混凝土产生拉应力,使混凝土内原本存在的孔隙和微小裂纹得以发展,形成沿钢筋方向的纵向裂缝,即顺筋开裂,严重情况下,会使混凝土保护层脱落。混凝土的碳化是一个由外而内的缓慢渗透过程,这个过程的呈现效果与混凝土周边环境中的温度、湿度、二氧化碳的浓度及混凝土自身的基础属性有关。碳化在一定程度上能够增加混凝土的密实度,其对混凝土的不利因素主要集中在降低混凝土内部的碱性,诱发钢筋锈蚀。

2)氯盐侵蚀机理

混凝土中氯离子的来源通常有两种:一种是内掺,即构成混凝土组分的材料自身携带有氯盐,例如砂、石、水中含有氯化钙、氯化钠等,这种情况下,混凝土内氯离子的含量是基本恒定的;另一种是外渗,混凝土是一种多孔非均质的材料,外部环境中的氯离子可以通过这些孔隙渗透进混凝土内部,常见的如除冰盐中的氯离子、沿海环境大气中富存的氯离子。氯离子侵蚀是一个复杂缓慢的过程,混凝土表面的氯离子通过孔隙进入内部,再迁移至钢筋表面。一般来说,氯离子在混凝土内的传输方式有三种:渗透、扩散和毛细吸收。渗透是指周围环境对氯离子形成压力促使其在混凝土内部迁移;扩散是指氯离子由于混凝土内孔隙液存在浓度差从而产生迁移;毛细吸收是指氯离子溶于水中,依靠毛细孔的压力向混凝土内部迁移。

氯离子的侵蚀机理主要包括四个方面:

(1)破坏钢筋表面钝化膜

混凝土组分硅酸盐水泥中的硅酸钙通过水化作用产生 $Ca(OH)_2$,使混凝土内孔隙液呈现出高碱度,pH 值在 12.5 ~13.5。孔隙液中的 OH^- 吸附于钢筋表面,与 Fe 作用形成 γ-FeOOH 氧化膜。该膜完整致密,可有效保护钢筋免受锈蚀。但 Cl^- 的活性高且离子半径小,这使得 Cl^- 在和 OH^- 的竞争吸附中处于上风,能够优先与 Fe 结合,并且由于 Cl^- 能够透过钢筋钝化膜,当 Cl^- 的数量足够多时,即氯盐浓度足够大时,会同时使得钢筋表面的 pH 值极速下降,加剧钝化膜的溶解。相关研究表明,钢筋表面混凝土孔隙液的中 Cl^- 浓度达到某个临界值时,通常这个值满足 $[Cl^-]/[OH^-]>0.6$,钝化膜被活化,开始溶解,此时如果钢筋周围存在水和氧气,钢筋即开始锈蚀。在这一层面的侵蚀机理中,Cl^- 的作用主要表现为竞争吸附。

(2)形成腐蚀电池

随着钢筋表面部分区域钝化膜的溶解,铁基体外露。由于铁基体的活性较高,而钝化膜覆盖区域的活性较低,因而钢筋表面形成大阴极小阳极的格局,铁基体为小阳极,钝化膜覆盖区为大阴极,钢筋周围混凝土孔隙液中含有大量离子,可作为电解质;又因为大阴极和小阳极之间存在电势差,腐蚀电池由此形成,伴随电荷转移和物质转移,产生腐蚀电流。钝化膜的溶解常常是小范围、不定区域的,因而这一层面的侵蚀导致的钢筋锈蚀常常是点蚀,但发展速度很快。图 10-3 所示为 Cl^-引起的钢筋点蚀机理示意图。

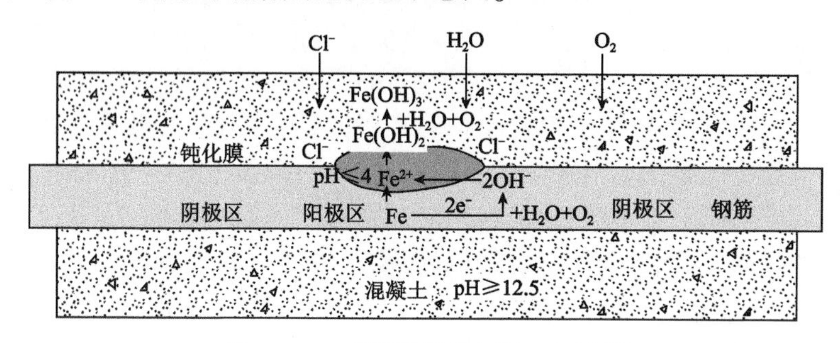

图 10-3　Cl^-引起的钢筋点蚀机理示意图

(3)阳极去极化作用

Cl^-在促成腐蚀电池形成后,进一步通过去除或减缓阳极极化作用加速腐蚀电池反应。腐蚀电池反应中,阳极氧化生成 Fe^{2+},与附近的 Cl^-结合生成 $FeCl_2$,$FeCl_2$可溶,随混凝土孔隙液向外扩散,此过程中会遇到 OH^-,$FeCl_2$与 OH^-反应生成难溶性的 $Fe(OH)_2$,$Fe(OH)_2$与 H_2O、O_2继续反应生成 $Fe(OH)_3$、Fe_2O_3和 Fe_3O_4,而 Cl^-被释放,再次回到阳极附近与 Fe^{2+}结合,循环往复。这个循环过程中,Cl^-起到了催化和搬运的作用,使得阳极附近的 Fe^{2+}不至于堆积、产生极化,从而影响电池反应速率,实际上只需少量的 Cl^-便能周而复始地加速腐蚀反应。以下是阴阳极反应的主要化学方程式:

阳极反应:

$$Fe \longrightarrow Fe^{2+} + 2e^- \tag{10-5}$$

阴极反应:

$$2H_2O + O_2 + 4e^- \longrightarrow 4OH^- \tag{10-6}$$

腐蚀产物:

$$Fe^{2+} + 2Cl^- + 2H_2O \longrightarrow Fe(OH)_2 + 2HCl \tag{10-7}$$

$$4Fe(OH)_2 + 2H_2O + O_2 \longrightarrow 4Fe(OH)_3 \tag{10-8}$$

$$2Fe(OH)_3 \longrightarrow Fe_2O_3 + 3H_2O \tag{10-9}$$

$$6Fe(OH)_2 + O_2 \longrightarrow 2Fe_3O_4 + 6H_2O \tag{10-10}$$

(4)导电作用

电化学反应主要表现为电荷传递和物质转移,因此电解质中的离子通路显得尤为重要。Cl^-的存在能够增加混凝土孔隙液的导电性,降低电化学阴阳极反应的欧姆电阻;此外,氯盐中阳离子 Na^+、Ca^{2+}、K^+等的存在进一步提高了物质传输速率,加速了电化学反应。

综上所述,混凝土中钢筋的锈蚀过程复杂多变,是碳化、氯盐及硫酸盐等因素综合作用的结果。了解这些腐蚀因素作用机理,是提高混凝土护栏耐候性的基础。

10.2 混凝土护栏耐久性提升常用方式

在设计混凝土护栏时一般以承载能力达到要求作为标准，这在客观上强化了混凝土护栏的安全性，却忽视了其耐久性。此外，在后续的施工、维护过程中耐久性的问题也都未能得到重视，如果混凝土护栏施工水平低、质量低劣、维护不及时，混凝土护栏的耐久性病害就会突出，在服役寿命严重缩短的同时，使用性也大打折扣。当前，我国科研工作者在对大量既有的混凝土护栏进行调查研究后发现，在混凝土护栏长时间运营过程中，其安全性问题并不明显，而耐久性引起功能损伤的案例却不在少数，且随着时间的推移，这些护栏的耐久性问题日趋严重。这些现象引起了科研工作者的重视，他们对此开展了很多基础性的研究工作，例如影响混凝土护栏耐久性的因素、导致耐久性病害的机理、耐久性降低的规律、耐久性寿命预测等。对于这些课题研究的最终目的是寻找出实用便捷、经济高效的耐久性提升措施，以保持结构长时间的使用功能，即延长服役年限。

查阅相关文献，汇总提炼了混凝土护栏耐久性的若干提升措施，主要分为两大类：

(1)基本措施

基本措施旨在通过对混凝土护栏结构设计、施工方面的改良，强化结构自身的“素质”，提高其耐腐蚀能力，如选择更加优质的硅酸盐水泥、使用适量的粉煤灰、采用高强度等级的混凝土、使用合理的集料级配、适量降低水灰比、提高混凝土护栏的密实度、增加混凝土护栏保护层的厚度等。

(2)附加措施

附加措施主要包括在混凝土表面使用防护涂层，如环氧涂层、聚氨酯涂层、聚脲涂层、丙烯酸酯涂层、阻锈剂等，还包括电化学防护法，如混凝土再碱化法、电渗透阻锈法、电化学除氯法、阴极保护法等。

总的来说，混凝土护栏耐久性的提升措施可以概括为“防、抗、治”三个方面，对遭受耐久性病害的既有混凝土护栏结构，主要采用“治”的措施，包括使用防护涂层和使用电化学修复等，而对新建或拓展的混凝土护栏结构，则主要采用“防”和“抗”的措施，如提高混凝土自身的性能、避免使用除冰盐、定期进行耐久性监测等。

10.3 基于 FRP 筋的混凝土护栏耐久性提升方式

通过本章概述可知，钢筋锈蚀是混凝土护栏耐久性所应考虑的最根本问题，若采用非金属筋代替钢筋，则混凝土护栏的耐久性问题则迎刃而解。20 世纪 80 年代中期发展起来的纤维增强复合材料(FRP)筋，有望从根本上解决钢筋锈蚀引起的混凝土结构耐久性问题。纤维增强复合材料(FRP)筋是一种高强、轻质、耐腐蚀的新型复合材料，可以代替钢筋和预应力钢筋应用于混凝土结构中。国内外大量开展了 FRP 筋的力学性能、加工工艺性能和结构性能等的研究，在试验研究和工程应用方面取得了丰硕成果。研究表明，FRP 筋具有抗拉强度高、密度小、黏结性能好、耐腐蚀性能好、抗疲劳性能好、电磁绝缘性能好、完全线弹性性质等特点。在混凝土护栏结构中采用 FRP 筋代替钢筋是既解决耐久性问题又能达到结构功能要求的行之有效的方法。

10.3.1　国外基于 FRP 筋的混凝土护栏耐久性研究与应用

国外对于非金属筋研究较多，特别是加拿大在 FRP 材料研究与应用方面取得了较大进展。

加拿大之前建造的桥梁没有使用能防止冻融循环和冬季除冰盐影响的加气混凝土和涂层钢筋，一些桥梁构件由于腐蚀而引起退化。据估计在加拿大 40% 超过 40 年的桥梁均需要维修或更换，而维修和更换费用估计花费为 100 亿美元；同时桥梁的高质量维护。需要创新技术的发展，提供可持续的桥梁系统，延长桥梁结构的使用寿命。2007 年 11 月，加拿大住宅和民用建筑联盟发布了一份关于安大略桥梁的状态报告。研究指出许多安大略的桥梁建于 20 世纪 50 年代，预计大部分桥梁将在桥梁建成 50 年后需要修复或更换，同时付出高昂的费用。报告同时建议可以通过使用纤维增强复合材料达到提高桥梁预期寿命和减少桥梁养护费用的目的。《加拿大高速公路桥设计规范》收录了 FRP 筋应用时注意要点等相关规定，且完成一系列供示范和研究的工程设计；加拿大曼尼托巴省的 Headingley 大桥是第一座完全没有使用钢筋而由 CFRP 筋和 GFRP 筋作为纵梁的桥梁；而魁北克省的 Joffre 大桥，则是在桥面板中使用了 CFRP 格栅。目前加拿大对于在桥梁面板中应用 FRP 增强筋的研究处于领先地位。

加拿大瑞尔森大学在一项设计工作中，针对钢筋混凝土护栏锈蚀严重的状况，首次在桥梁护栏使用了直径为 16mm 和 12mm 的 GFRP 筋作为混凝土护栏的正面和背面竖向筋，同时使用直径为 12mm、间距为 300mm 的 GFRP 筋为混凝土墙中的水平筋。在护栏研究中指出：纤维增强复合材料（FRP）具有良好的腐蚀性能，在克服钢筋腐蚀的相关问题上是很好的替代材料，同时 GFRP 比 CFRP 和 AFRP 便宜，在桥面板和护栏的应用上更具吸引力。研究中采用的 GFRP 筋的抗拉强度为 1188MPa，比加拿大当时使用的钢筋屈服强度高 400MPa。GFRP 筋表面设置特殊轮廓的“肋”，确保混凝土和筋材之间具有较佳的黏结状态。考虑到弯曲的 GFRP 筋必须由工厂预制，同时由于受弯过程中纤维的定向重排导致弯曲 GFRP 筋比直筋强度要小，在护栏中采用带端头的 GFRP 筋。这种端头是由抗压强度远大于普通混凝土的一种热固聚合物混凝土组成，将这种聚合物浇铸到直杆的端部上并在高温条件下硬化，端头的最大外径为筋材直径的 2.5 倍，如图 10-4 所示。

a）加拿大某桥梁混凝土护栏锈蚀情况

图　10-4

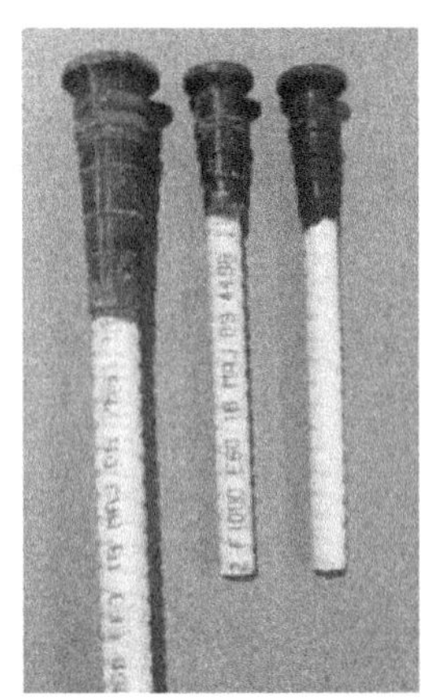

b)GFRP筋与其端头处理

图 10-4 加拿大某混凝土护栏采用 GFRP 代替钢筋

为评价采用 GFRP 代替钢筋的混凝土护栏安全性能,加拿大瑞尔森大学组织实施了实车足尺碰撞试验。试验条件是采用 36t 的牵引挂车以 80km/h 速度、15°角实施碰撞。试验护栏和试验车辆如图 10-5 所示。

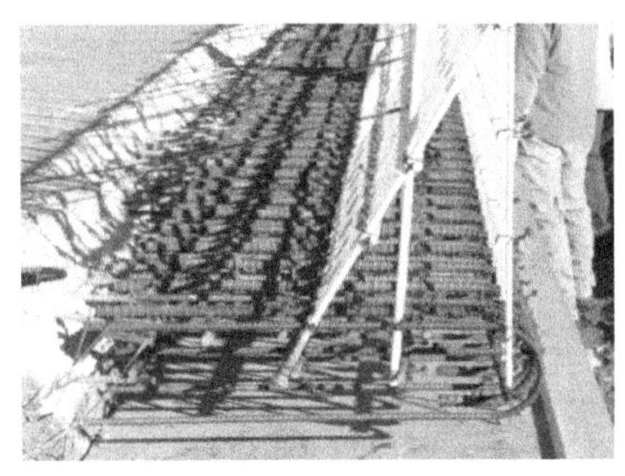

a)护栏与桥面板锚固处

b)试验护栏

c)试验车辆

d)碰撞护栏前试验车辆

图 10-5 加拿大 GFRP 混凝土护栏试验前

加拿大 GFRP 混凝土护栏碰撞试验当天,对混凝土进行圆柱压碎试验,确定其抗压强度为 32MPa。图 10-6 为车辆碰撞护栏过程图。碰撞试验结果表明,GFRP 混凝土护栏可有效阻挡和导向车辆,车辆没有穿越、翻越或骑跨护栏,护栏构件及其脱离件没有侵入乘员舱,碰撞后车辆姿态良好,没有发生翻车或翻滚现象,各项指标满足评价标准要求,体现出良好的安全防护性能。

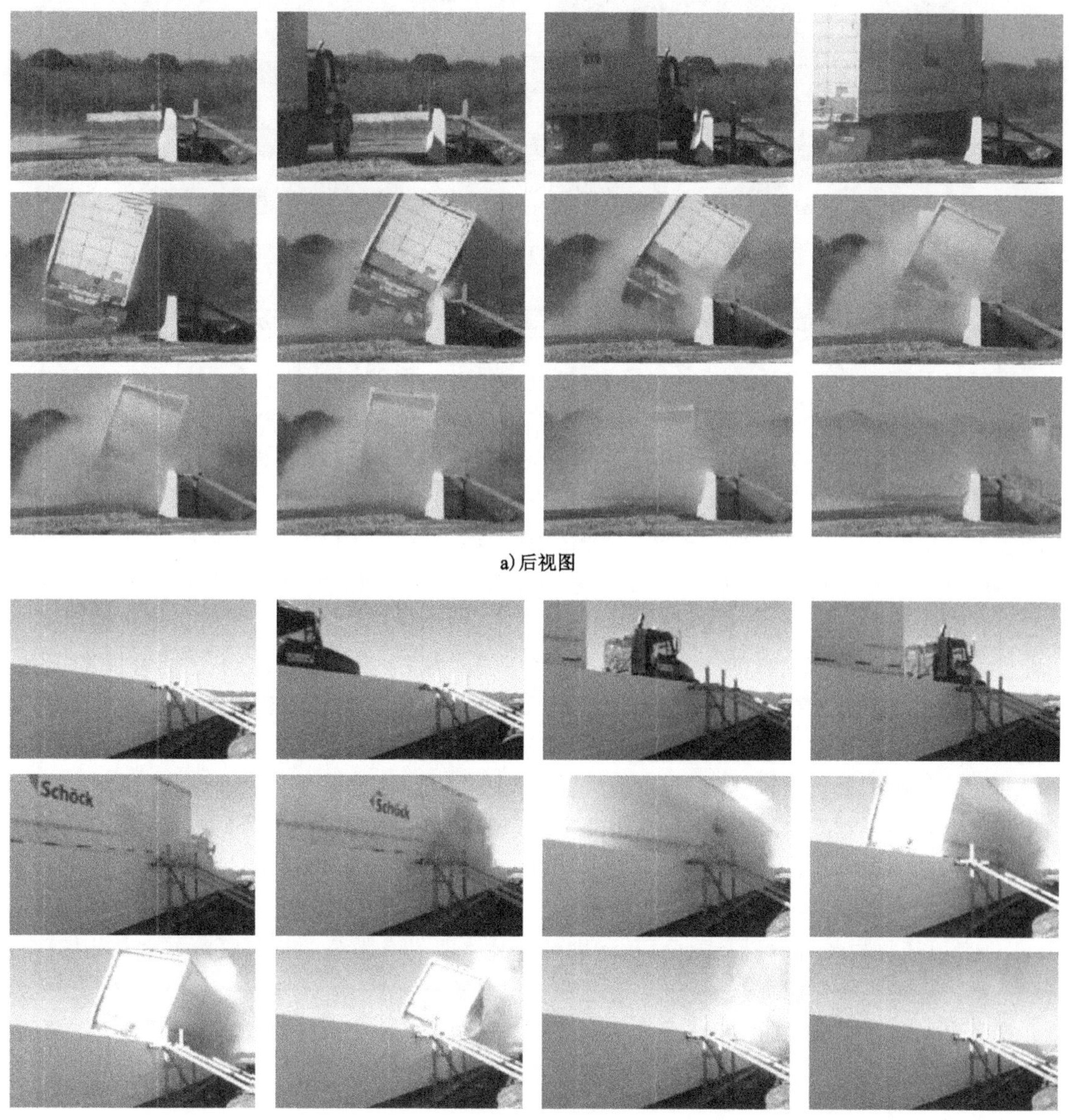

a)后视图

b)前视图

图 10-6 车辆碰撞加拿大 GFRP 混凝土护栏过程图

图 10-7 为加拿大 GFRP 混凝土护栏碰撞试验后的护栏照片,可见混凝土护栏碰撞区域的前侧和后侧有轻微的裂纹,但未发生整体性的破坏。

加拿大针对桥梁混凝土护栏的耐久性和安全性进行了较为先进的研究,在混凝土护栏中采用 FRP 筋代替钢筋并进行了实车碰撞试验,效果良好,虽然其碰撞条件与国内标准相差较大,但是该研究为解决混凝土护栏耐久性问题提供了一个新方向。

图 10-7 加拿大 GFRP 混凝土护栏碰撞试验后护栏照片

10.3.2 国内基于非金属筋材料的混凝土护栏耐久性研究与应用

我国关于非金属筋也开展了多方面的研究。例如:一些院校对 FRP 筋混凝土结构基本构件进行了试验,主要集中在单调荷载作用下梁的受力性能,并取得了一定的成果;同济大学在国内率先开展了 GFRP 筋混凝土结构的探索性研究,研制生产了国内首批 GFRP 螺纹筋和光圆筋,研究了 GFRP 筋在不同环境介质中的黏结锚固性能和 GFRP 筋混凝土梁的受力性能等;大连理工大学对 CFRP 筋混凝土梁做了静载试验,着重探讨了 CFRP 筋与混凝土之间的黏结,CFRP 筋混凝土梁的裂缝及变形,提出了简便的计算公式;郑州大学对 GFRP 筋混凝土梁进行了静载试验研究,分析了配筋率对裂缝、挠度和承载力的影响,对 GFRP 筋与混凝土的黏结锚固进行了试验,总结了影响 GFRP 筋和混凝土黏结的因素;东南大学 FRP 专项研究课题组,在 AFRP 筋的力学性能、体外预应力 AFRP 绞线混凝土梁基本性能、AFRP 锚固体系、AFRP 筋材性能检测方法等方面进行了研究。国内对非金属筋的研究积累了宝贵经验,但是 FRP 筋混凝土依然大部分处于试验阶段,实际应用较少,而且尚未涉及在混凝土护栏上使用。

通过国内外研究现状可以看出,采用非金属筋解决混凝土护栏耐久性差的顽疾是一个方向,具有良好的应用前景。广东省大多区域为海洋性气候,对于混凝土护栏的耐久性要求较高。为有效提高混凝土护栏的耐久性,广东省公路学会牵头,联合北京华路安交通科技有限公司、深圳海川新材料科技股份有限公司、深圳高速公路股份有限公司等科研单位联合开展了新型非金属筋混凝土护栏研究开发工作,通过非金属筋比选、结构设计与优化、仿真分析、台车试验和实车足尺碰撞试验,提出了基于非金属筋材料的混凝土护栏耐久性提升方式,并成功开发出了防护等级达到 SS 级的玻璃纤维筋混凝土新型桥梁护栏。本节着重对该项研究进行介绍。

1)非金属筋材料研究

(1)加强筋的重要性

混凝土护栏一般由混凝土基体和加强筋两种材料组成,若是能够单纯采用混凝土基体的无筋结构,则不会出现加强筋锈蚀情况。采用实车碰撞试验和计算机仿真两种技术手段,对无筋混凝土护栏可行性进行探索。采用 C30 素混凝土修建 1m 高的加强型坡面混凝土护栏,采用 10t 大型客车以 80km/h 速度、20°角进行碰撞(碰撞能量为 280kJ)。碰撞过程中虽然车辆没有穿越、翻越、骑跨护栏,但混凝土墙体出现了大面积破坏并在碰撞区域倾覆。建立 18t 大型客车以 80km/h 速度、20°角碰撞混凝土护栏计算机仿真模型,在模型中将混凝土材料强度

设置成 70MPa。从模拟结果来看，虽然提高强度后，混凝土护栏成功拦截了 520kJ 碰撞能量的大型客车，但是护栏墙体发生了大面积破碎，形成了不安全因素（图 10-8）。

a）碰撞试验

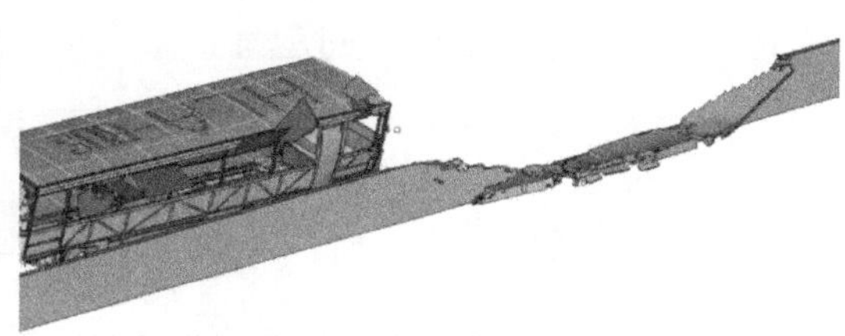

b）仿真计算

图 10-8 素混凝土护栏碰撞分析

以上研究表明，对于混凝土护栏加强筋的设置非常重要。实际工程中有少量路段中央分隔带采用了素混凝土护栏结构，通过长期运营发现，事故车辆碰撞后会出现与试验、仿真同样的状况，存在一定安全隐患。

（2）加强筋材料选型

根据增强纤维种类的不同，纤维增强复合材料筋包括碳纤维增强复合材料（CFRP）筋、玻璃纤维增强复合材料（GFRP）筋、芳纶纤维增强复合材料（AFRP）筋和玄武岩纤维增强复合材料（BFRP）筋，如图 10-9 所示。在 FRP 筋中，性能最佳的是碳纤维增强复合材料筋，其力学性能指标、耐腐蚀性能和疲劳性能等都优于其他纤维增强复合材料筋及普通钢筋，但是考虑到价格因素（目前国内碳纤维增强复合材料筋和芳纶纤维增强复合材料筋价格约 20 万元/t，玄武岩纤维增强复合材料筋价格约 2.5 万元/t，玻璃纤维增强复合材料筋价格约 1.5 万元/t），目前工程中常用的是玻璃纤维增强复合材料（GFRP）筋。GFRP 筋在土木、交通和水利等工程领域进行了实际应用，取得了优异的应用效果，选其作为混凝土结构加强筋，并在此基础上对其性能做进一步研究。

a）GFRP筋

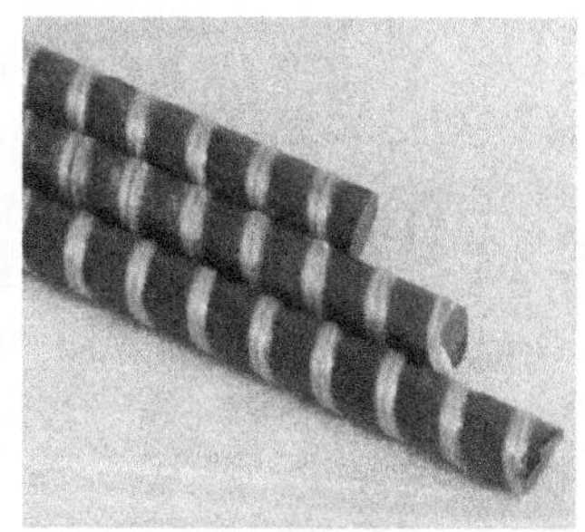

b）CFRP筋

c）BFRP筋

图 10-9 纤维增强复合材料筋

（3）GFRP 筋材料拉伸和剪切试验

考虑到在混凝土护栏中 GFRP 筋主要受拉、剪作用，对两种直径规格的 GFRP 筋进行拉伸和剪切试验，同时考虑到混凝土护栏中需要 GFRP 筋的折弯，对 GFRP 异型筋进行拉伸试验，研究弯折预制对于 GFRP 的力学性能指标影响。

①拉伸试验

分别选用五组 ϕ12mm 和 ϕ18mm 的 GFRP 筋和同直径的钢筋在万能试验机上进行拉伸试验(图 10-10)。GFRP 筋试拉件两端穿越无缝钢管,在无缝钢管中采用环氧树脂黏结锚固,用试验卡具卡住无缝钢管。试验过程加载采用位移控制,加载速度为 5mm/s。

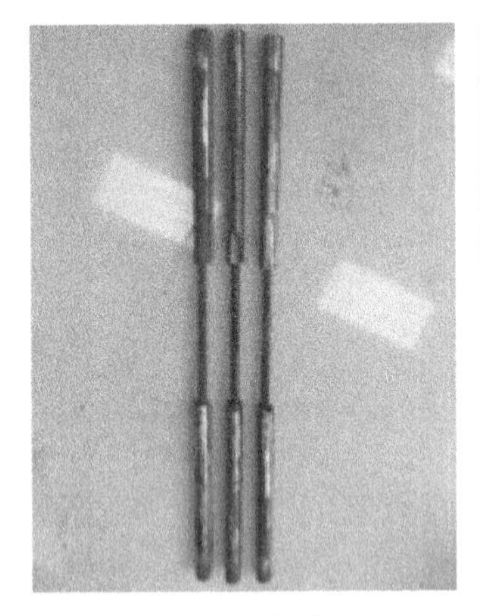

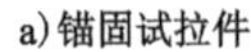
a)锚固试拉件

b)拉伸试验设备

c)拉伸试验测量

图 10-10 拉伸试验平台

图 10-11 为 GFRP 筋拉伸试验及破坏形态。在加载过程中,当荷载强度达到极限抗拉强度的 40% 左右时,开始出现细微的断裂声,疑似基层树脂断裂的声响;随着荷载的增加断裂声响逐渐加剧;当达到极限荷载前,出现急促而绵密的响声,此时增强纤维开始断裂;当达到极限强度后,荷载曲线突然下降,明显观察到筋材表面纤维出现断裂,并伴随剧烈爆裂声。

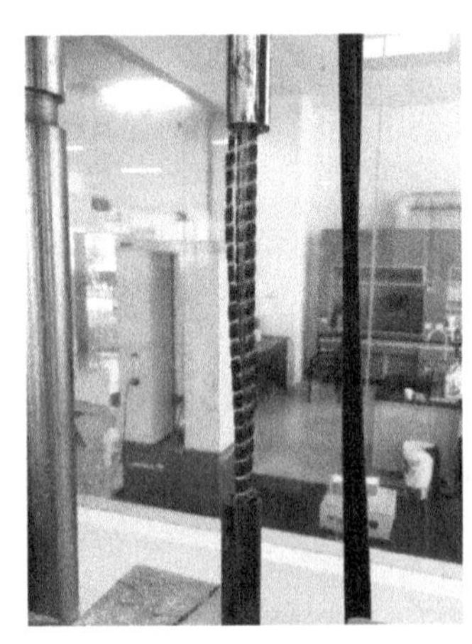

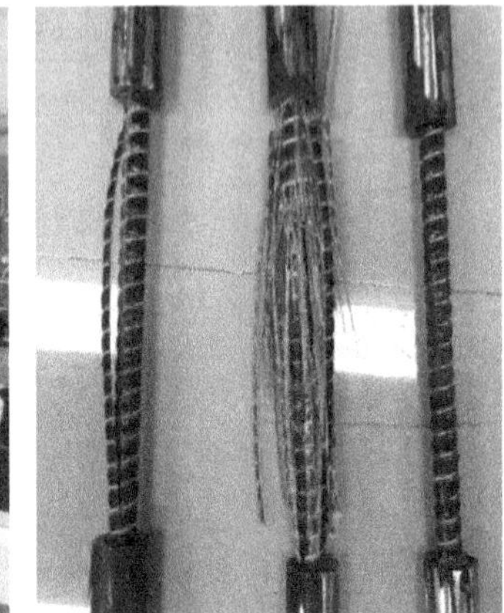

图 10-11 GFRP 筋拉伸试验及破坏形态

表 10-1 为 ϕ12mm 和 ϕ18mm GFRP 筋和同型号的钢筋力学性能拉伸试验检测数据。在受拉状态下,ϕ12mm 的玻璃纤维筋抗拉强度检测平均值达到了 700MPa,ϕ12mm 的钢筋抗拉强度检测平均值为 580MPa;ϕ18mm 的 GFRP 筋抗拉强度检测平均值达到了 854MPa,ϕ18mm 钢筋抗拉强度平均值为 636MPa,可见相同型号的 GFRP 筋相对于钢筋体现出优越的抗拉性能。所检测的 GFRP 筋抗拉强度均满足《土木工程用玻璃纤维增强筋》(JG/T 406—2013)要求。

GFRP 筋力学性能拉伸试验数据 表 10-1

筋材种类	抗拉强度检测平均值(MPa)	抗拉强度标准规定值(MPa)
ϕ12mm GFRP 筋	700	600
ϕ12mm 钢筋	580	—
ϕ18mm GFRP 筋	854	550
ϕ18mm 钢筋	636	—

②剪切试验

采用双剪切试验方法分别对五组 ϕ12mm 和 ϕ18mm GFRP 筋与同直径钢筋进行剪切性能试验,图 10-12 为剪切性能试验平台。

图 10-12 剪切性能试验平台

在剪切过程中,随着荷载的增大而发出纤维断裂的"噼啪"声,声音逐渐增加且越加密集,当试件破坏时,伴随着很大的响声。GFRP 筋试件的破坏均为整体缓慢切断,且都有不同程度的挤压变形,没有发生脆性剪断。这说明 GFRP 筋中的树脂性能较好,纵向纤维对横向剪切有一定作用。图 10-13 为玻璃纤维筋剪切破坏结果。

图 10-13 GFRP 筋剪切试验结果

表 10-2 为 ϕ12mm 和 ϕ18mm GFRP 筋和同型号钢筋的力学性能剪切试验检测数据。在剪切状态下,ϕ12mm 的 GFRP 筋剪切强度平均值为 154MPa,ϕ12mm 的钢筋剪切强度平均值为 443MPa;ϕ18mm 的 GFRP 筋剪切强度平均值为 148MPa,ϕ18mm 的钢筋剪切强度平均值为 484MPa,可见相同型号的 GFRP 筋相对于钢筋抗剪能力较弱,大约是钢筋的 1/3。所检测的 GFRP 筋抗剪切强度均满足《土木工程用玻璃纤维增强筋》(JG/T 406—2013)要求。

GFRP 筋力学性能剪切试验数据　　表 10-2

筋材种类	剪切强度平均值(MPa)	剪切强度标准值(MPa)
ϕ12mm GFRP 筋	154	110
ϕ12mm 钢筋	443	—
ϕ18mm GFRP 筋	148	110
ϕ18mm 钢筋	484	—

通过 GFRP 筋抗拉试验和抗剪切试验可知,GFRP 筋在抗拉方面强度优于常规钢筋,而抗剪方面强度约是钢筋强度的 1/3。由于在混凝土护栏结构承受碰撞荷载时以抗拉为主,说明 GFRP 筋较适合作为加强筋应用在混凝土护栏结构设计中。

③GFRP 异型筋直线段拉伸试验

在护栏配筋中,存在一部分 GFRP 异型筋。GFRP 异型筋的弯曲并不像钢筋一样在现场弯折,而是在工厂预制生产。由于预制弯曲过程中 GFRP 筋内部纤维和树脂的变形并不完全协调,其弯曲后直线段的力学性能并不像钢筋一样不发生变化,所以需通过试验测试来确定弯曲后的 GFRP 筋材是否达到标准要求。

弯曲筋材选取两批 ϕ18mm GFRP 异型筋,如图 10-14 所示。每组均为 23 根 GFRP 筋,取其直线段做拉伸性能试验,具体数据见表 10-3。通过两批 GFRP 异型筋直线段的拉伸力学性能试验结果可以看出,其力学性能指标均符合《土木工程用玻璃纤维增强筋》(JG/T 406—2013)对此类筋材的力学性能要求。

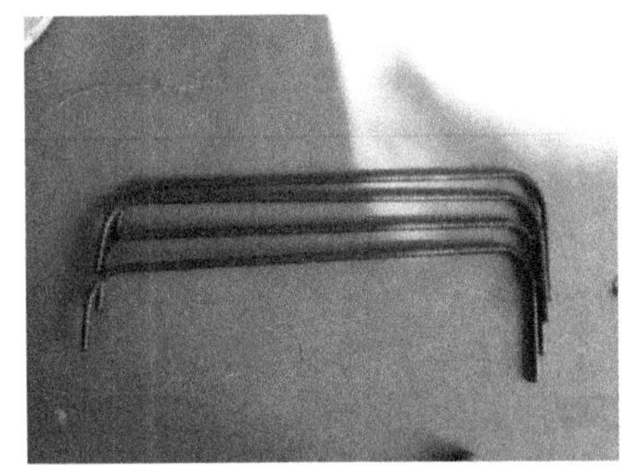
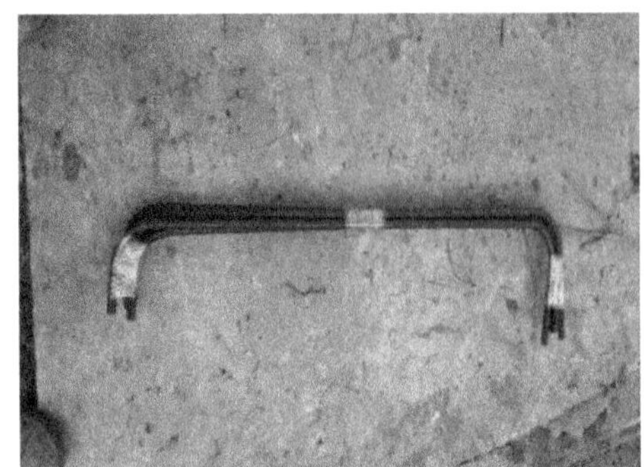

图 10-14　GFRP 异型筋示意图

GFRP 异型筋直线段力学性能试验结果　　表 10-3

筋材种类	理论直径(mm)	筋材直径平均值		极限荷载平均值(kN)	抗拉强度平均值(MPa)	抗拉强度标准值(MPa)
		最大直径(mm)	最小直径(mm)			
1 号 GFRP 筋	18	19.14	17.69	183.9	723.1	550
2 号 GFRP 筋	18	19.04	17.81	249.8	982.6	550

(4)GFRP 筋握裹性能试验

与钢筋混凝土结构相似,GFRP 筋与混凝土的握裹黏结性能是两者协同工作的基础。为检验 GFRP 筋在实际应用中握裹性能,参照钢筋锚固深度要求,将 ϕ12mm 和 ϕ18mm 的 GFRP 筋预埋在 C30 混凝土中,采用千斤顶设备进行拉伸试验,如图 10-15 所示。由试验结果可知,在

极限荷载下，ϕ12mm 和 ϕ18mm GFRP 筋发生劈裂，但未从混凝土结构中脱出，混凝土结构也没有破碎。这说明 GFRP 筋的握裹性能可靠，能够和混凝土基体形成一个整体，进而协同工作。

a)握裹力试验设备　　b)试验结果

图 10-15　GFRP 筋握裹力试验

(5)GFRP 材料腐蚀环境下的力学性能

传统钢筋在化学环境中（酸、碱、盐溶液）会发生锈蚀破坏，造成钢筋混凝土结构使用寿命的降低，相比而言，由玻璃纤维和基体树脂组成的 GFRP 筋在此环境下具有良好的耐腐蚀性能。GFRP 筋作为新型材料，其应用工程时间并不长，所以其在复杂环境下的长期力学性能并不像钢筋一样可以在自然环境下进行研究。现阶段国内外主要通过高温浸泡溶液的快速老化试验方法来模拟复杂工作环境。一般而言，温度控制下快速老化较工程应用中自然老化的结果更为复杂，其试验结果也具有一定的安全储备。国外研究表明，温度控制为 60℃时，其劣化机理最为恶劣。试验中主要将 GFRP 筋材浸泡在 60℃高温的碱性及氯盐溶液中，在 3 个月的浸泡周期下对其长期力学性能进行评价。

①碱性溶液

将 ϕ12mm GFRP 筋泡在高温碱性环境[1L 水中含有 118.5g 的 $Ca(OH)_2$、0.9g 的 NaOH 和 4.2g 的 KOH，溶液的 pH 值为 12.8，以后每隔 1～2 周测试一次 pH 值，均保持在 12.5 左右；接近于混凝土与水泥砂浆的环境]中 3 个月，分别于 7d、15d、30d、60d、90d 取出一组 GFRP 筋材（每组 GFRP 筋为 6 根，试验结果为每组 6 根的平均值）进行拉伸试验。从试样外观来看，浸泡后的筋材表面出现较明显的溶胀现象，并伴有发黏、发白，如图 10-16 所示。

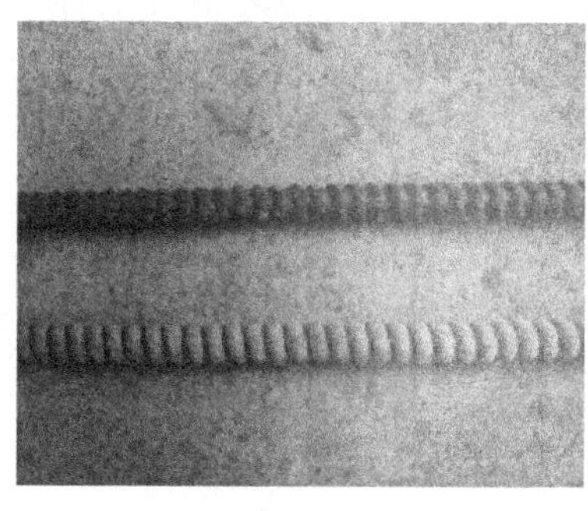
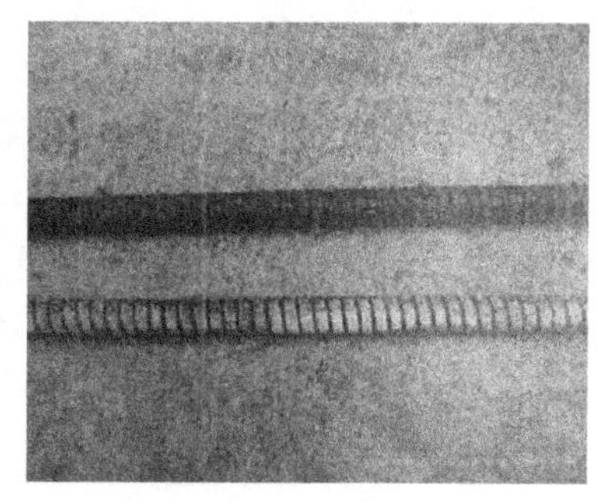

a)ϕ12mm　　b)ϕ25mm

图 10-16　GFRP 筋 90d 高温碱性溶液浸泡前后对比图

具体试验结果数据见表 10-4。

高温碱性溶液浸泡下 GFRP 筋力学性能　　表 10-4

浸泡周期(d)	质量损失(%)	抗拉强度平均值(MPa)	弹性模量平均值(GPa)
0	1.3	703	48.0
7	1.2	684	50.5
15	1.6	678	51.9
30	1.9	659	49.9
60	1.8	605	46.3
90	2.1	530	41.0

《土木工程用玻璃纤维增强筋》(JG/T 406—2013)规定,正常情况下 ϕ12mm GFRP 筋的抗拉强度标准值大于 600MPa。考虑劣化环境等相关因素,设计值应按 0.7 倍的标准值取值,即抗拉强度为 420MPa。对比表 10-4 中数据,90d 高温碱性溶液浸泡下的筋材抗拉强度均满足要求,标准中规定 ϕ12mm 筋材弹性模量大于 40GPa,所有筋材试验结果均符合要求。

②氯盐溶液

将 GFRP 筋泡在高温氯盐溶液(60℃饱和氯化钠溶液)中 3 个月,分别于 7d、15d、30d、60d、90d 取出一组 GFRP 筋材进行拉伸试验。具体试验结果数据见表 10-5。

高温氯盐溶液浸泡下 GFRP 筋力学性能　　表 10-5

浸泡周期(d)	质量损失(%)	抗拉强度平均值(MPa)	弹性模量平均值(GPa)
0	0.26	695	47.9
7	0.32	677	48.0
15	0.13	651	46.1
30	0.10	692	47.1
60	0.11	672	48.1
90	0.02	685	45.6

《土木工程用玻璃纤维增强筋》(JG/T 406—2013)规定,正常情况下 ϕ12mm GFRP 筋的抗拉强度标准值大于 600MPa,考虑劣化环境等相关因素,设计值应按 0.7 倍的标准值取值,即抗拉强度为 420MPa。对比表 10-5 中数据,90d 高温氯盐浸泡下的筋材抗拉强度均满足要求,标准中规定 ϕ12mm 筋材弹性模量大于 40GPa,所有筋材试验结果也均符合要求。通过高温老化试验模拟混凝土及相关复杂的环境条件,可以发现 GFRP 筋在护栏设计基准期内具有非常好的耐碱和耐盐性能,其良好的耐腐蚀性能可保证其在恶劣环境中保持优异的力学性能。

(6)小结

混凝土护栏需要设置加强筋增强其整体性,达到安全和易维护的综合功能。GFRP 筋抗拉性能大大优于常用钢筋,与混凝土有良好的握裹黏结性能,且具有良好的耐腐蚀能力,适用作混凝土护栏加强筋。

2)玻璃纤维增强复合材料筋混凝土桥梁护栏方案研究

(1)设计方案

采用 GFRP 筋代替钢筋,研究提出 GFRP 筋混凝土桥梁护栏方案,各项参数为:设计防护等级为 SS 级，防护能量为 520kJ；护栏坡面形式为 F 型；护栏有效高度为路面以上 1.1m；护栏底宽 430mm，顶宽 215mm。护栏配筋方案如图 10-17 所示。

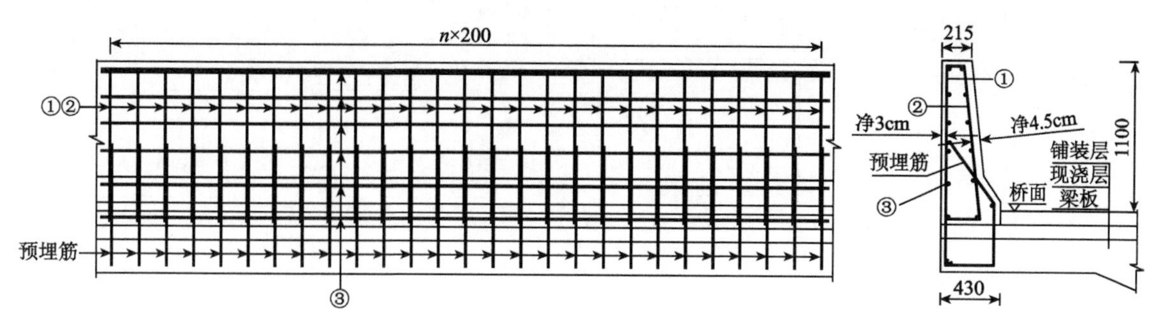

图 10-17 GFRP 筋混凝土桥梁护栏配筋图（尺寸单位：mm）

（2）仿真分析

根据《公路护栏安全性能评价标准》（JTG B05-01—2013）的试验碰撞条件，分别建立小客车、大型客车和大型货车碰撞 GFRP 筋混凝土护栏有限元仿真模型。

图 10-18 为小客车碰撞 GFRP 筋混凝土护栏仿真计算结果。采用 1.5t 小客车以 100km/h 速度、20°角碰撞 GFRP 筋混凝土护栏。可见：小客车碰撞护栏过程中行驶姿态良好，车辆没有穿越、翻越或骑跨护栏，护栏的阻挡功能满足评价标准的指标要求；乘员在碰撞时刻纵向速度和横向速度分别为 3.7m/s、7.6m/s，满足评价标准小于 12m/s 的指标要求；乘员碰撞后纵向加速度和横向加速度分别向为 109.4m/s^2、133.7m/s^2，满足评价标准小于 200 m/s^{2}的指标要求；小客车在 10m 内，没有越过导向驶出框边界线，轨迹满足该评价标准对导向驶出框的指标要求；小客车仅车头碰撞处有一定变形，护栏没有明显变形。通过仿真分析，小客车碰撞 GFRP 筋混凝土护栏的各项指标均满足评价标准的要求。

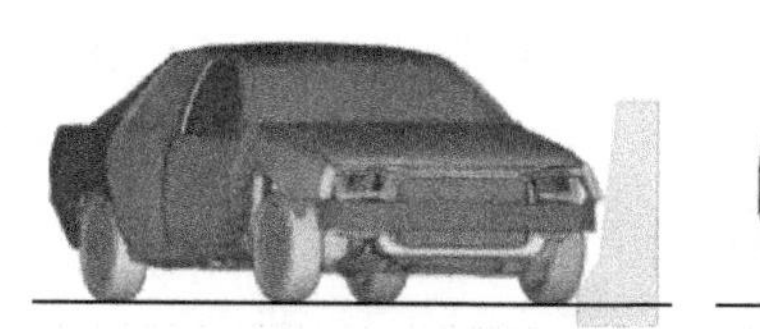
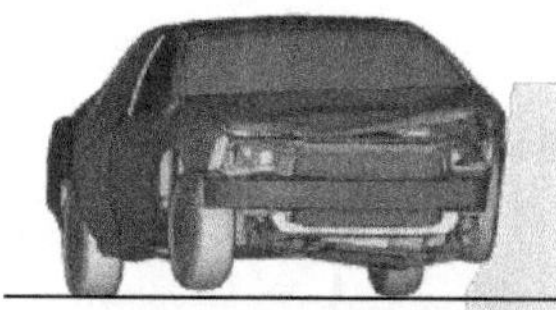

a）小客车碰撞过程

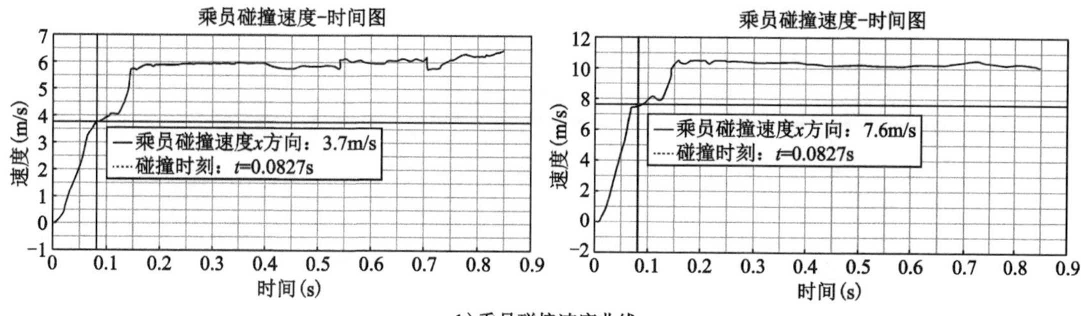

b）乘员碰撞速度曲线

图 10-18

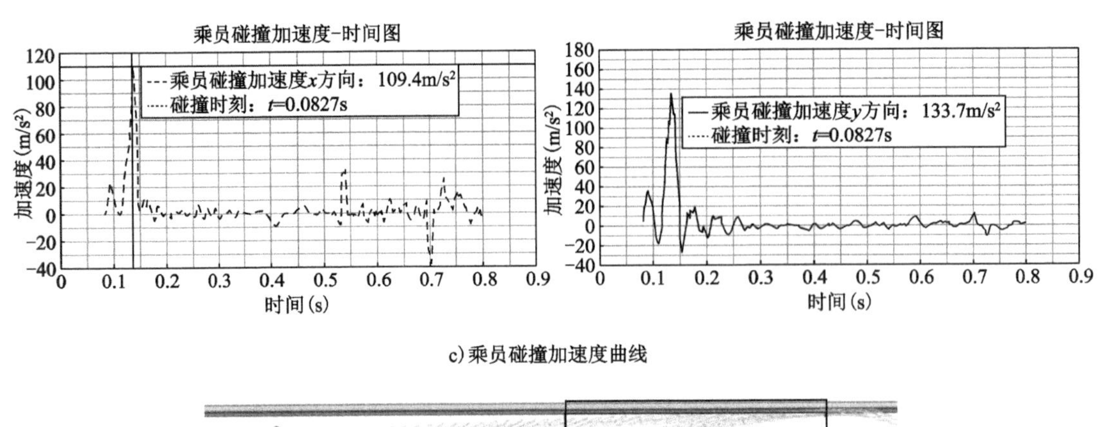

c)乘员碰撞加速度曲线

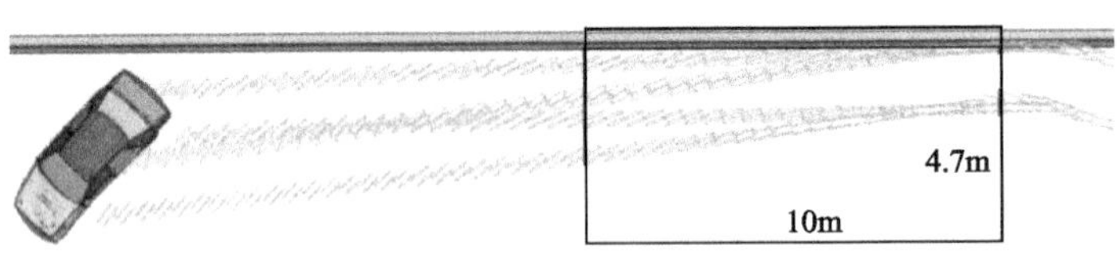

d)小客车行驶轨迹图

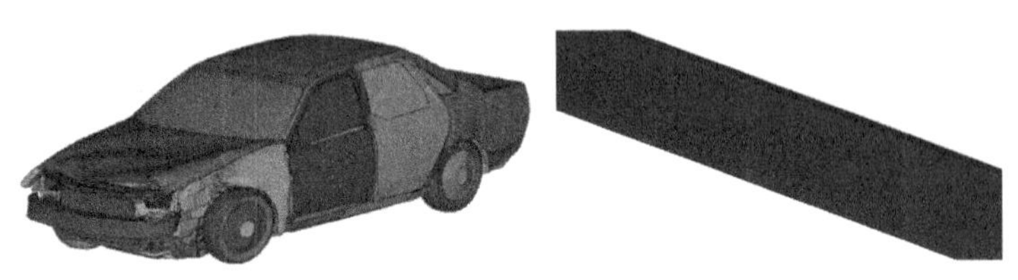

e)车辆与护栏破坏图

图 10-18　小客车碰撞 GFRP 筋混凝土护栏仿真计算结果

图 10-19 为大型客车碰撞 GFRP 筋混凝土护栏仿真计算结果。采用 18t 大型客车以 80km/h 速度、20°角碰撞 GFRP 筋混凝土护栏。可见：大型客车在碰撞 GFRP 筋混凝土护栏过程中行驶姿态良好，车辆没有穿越、翻越或骑跨护栏，护栏对大型客车的阻挡功能满足评价指标的要求；大型客车在 20m 内，没有越过导向驶出框边界线，轨迹满足评价标准对导向驶出框的指标要求；碰撞后大型客车车头及车尾碰撞处有一定变形，GFRP 筋混凝土护栏未结构性破坏。通过仿真分析，大型客车碰撞 GFRP 筋混凝土护栏的各项指标均满足评价标准的要求。

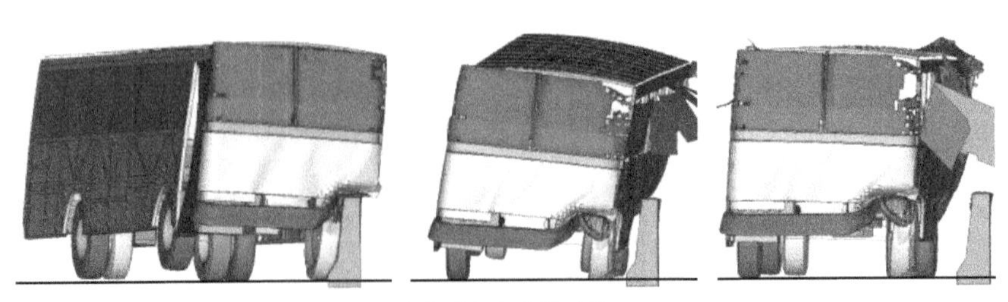

a)大型客车碰撞过程

图　10-19

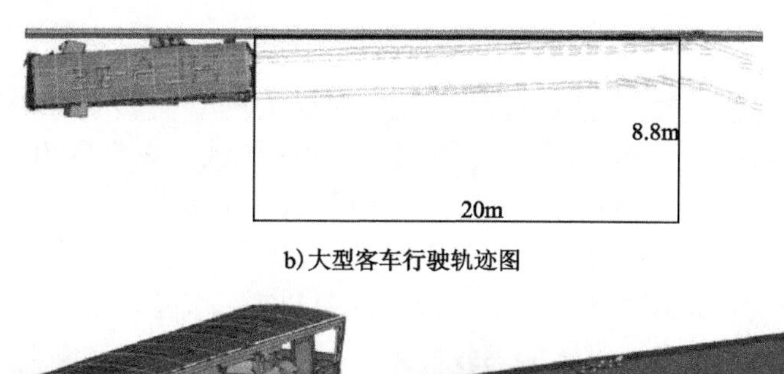

b)大型客车行驶轨迹图

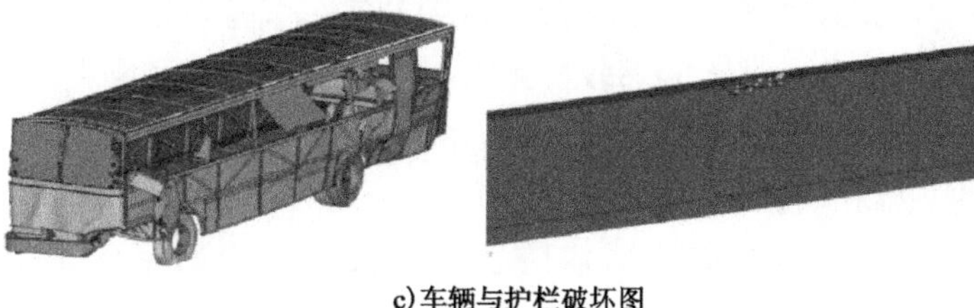

c)车辆与护栏破坏图

图10-19　大型客车碰撞GFRP筋混凝土护栏仿真计算结果

图10-20为大型货车碰撞GFRP筋混凝土护栏仿真计算结果。采用33t大型货车以60km/h速度、20°角碰撞玻璃纤维筋混凝土护栏。可见:大型货车在碰撞玻璃纤维筋混凝土护栏过程中行驶姿态良好,车辆没有穿越、翻越或骑跨护栏,护栏对大型货车的阻挡功能满足评价指标的要求;大型货车在20m内,没有越过导向驶出框边界线,轨迹满足评价标准对导向驶出框的指标要求;碰撞后大型货车车头碰撞处有一定变形,由于大型货车车厢刚度较大,GFRP筋混凝土护栏顶部碰撞区域有一定破损,但护栏整体性未受到破坏。通过仿真分析,大型货车碰撞GFRP筋混凝土护栏的各项指标均满足评价标准的要求。

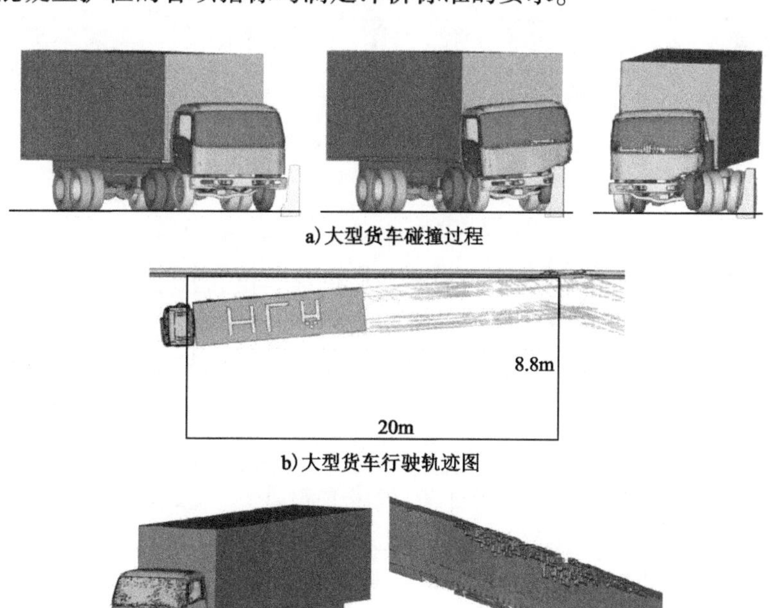

a)大型货车碰撞过程

b)大型货车行驶轨迹图

c)车辆与护栏破坏图

图10-20　大型货车碰撞玻璃纤维筋混凝土护栏仿真计算结果

(3)台车试验

①台车碰撞条件

进行台车试验首先要探索与实车足尺碰撞试验的等价近似关系,即确定台车试验碰撞条件。实车碰撞护栏过程中车辆会与护栏之间成一定角度(试验规定为20°),碰撞过程时间比较长,受力范围比较大,而且车辆碰撞中会发生变形,从而形成有效缓冲,碰撞力会得以消减;台车试验过程中台车和护栏为正面碰撞,台车刚度大,几乎不变形,碰撞时间较实车短得多,受力更加集中,较易产生更大的碰撞力。虽然台车试验与实车试验有较大不同,不能完全体现对乘员的保护能力,但是通过台车试验能够较好地对护栏结构的强度和刚度进行初步探索,因此台车试验是保证实车试验顺利通过的一种有效技术手段,而合理确定台车试验的碰撞条件是科学组织台车试验的基础和前提。

采用台车试验与实车试验对护栏墙体的破坏程度相当来确定台车试验的碰撞条件。图10-21为2t台车以25km/h速度正面碰撞混凝土护栏试验和18t大型客车以80km/h速度、20°角碰撞混凝土护栏试验。从护栏损坏和变形情况看,两者基本相当,可知验证SS设计防护等级混凝土护栏可采用2t台车以25km/h速度正面碰撞进行初步结构强度评价。

a)台车试验

b)实车试验

图10-21 台车试验与实车碰撞试验的护栏变形损坏情况对比

在实车足尺碰撞试验中,整个的车辆碰撞护栏过程基本为:车头碰撞护栏后,在护栏导向功能作用下车辆逐渐转向,车尾开始碰撞护栏,车辆开始发生倾斜,若是护栏强度和刚度满足设计要求,车辆会在重力抗倾覆力矩和护栏阻挡功能下恢复到较为正常行驶姿态。根据以往碰撞试验经验,车尾碰撞所产生的碰撞力远大于车头碰撞所产生的碰撞力。考虑到《公路护栏安全性能评价标准》(JTG B05-01—2013),在大型车试验中要求同时采用大型客车和大型货车进行碰撞。从以往碰撞试验经验来看,同等碰撞能量下,大型货车对护栏的破坏一般大于大型客车。基于以上分析,针对GFRP筋混凝土护栏结构,准备进行3次台车试验,具体碰撞条件见表10-6。第一次碰撞速度小于25km/h,模拟实车足尺碰撞试验中车头碰撞;第二次碰撞速度约等于25km/h,模拟实车足尺碰撞试验中大型客车车尾碰撞;最后一次碰撞速度大于25km/h,模拟实车足尺碰撞试验中大型货车车尾碰撞。同时研究在大型客车碰撞后不进行重建护栏条件下进行大型货车试验的可能性。

GFRP 筋混凝土护栏结构台车碰撞条件　　表 10-6

碰撞车型	碰撞速度(km/h)	碰撞角度(°)	质量(t)	作用
台车	<25	90	2	模拟车头碰撞
台车	25	90	2	模拟大型客车车尾碰撞
台车	>25	90	2	模拟大型货车车尾碰撞

②试验护栏及基础

台车碰撞为正面碰撞，碰撞时间短，碰撞力集中，破坏范围小，结合以往台车碰撞试验破坏规律，试验护栏长度达到 8m 即可满足要求。护栏具体的修建过程包括模板制作、GFRP 筋绑扎、支模、混凝土浇筑、混凝土养护等工序，部分施工过程照片如图 10-22 所示。

a）GFRP绑扎

b）支模

c）浇筑

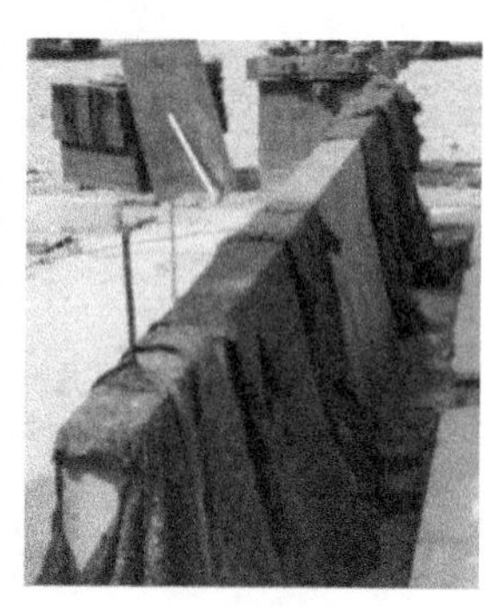
d）养护

图 10-22　台车试验护栏修建过程

图 10-23 为养护完成的 GFRP 筋混凝土台车试验护栏。

图 10-23　GFRP 筋混凝土台车试验护栏

③台车试验实施

根据前述对台车试验碰撞条件的分析，首先采用 2t、20km/h 的台车进行碰撞试验，碰撞后护栏的变形损坏如图 10-24 所示。由碰撞结果可知，护栏仅碰撞区附近有微小裂纹（裂纹几乎不可见，图 10-24 中的黑粗线为黑笔勾画裂纹走势），护栏基础无松动，由此可初步判定大型车车头碰撞护栏对其损伤较小。

在第一次碰撞试验基础上，采用 2t、25km/h 的台车进行第二次正碰试验，碰撞后护栏的变形损坏如图 10-25 所示。由结果可知，护栏在碰撞区出现明显裂纹，护栏基础无松动，由此可初步判定大型客车车尾碰撞护栏后会出现明显裂纹。

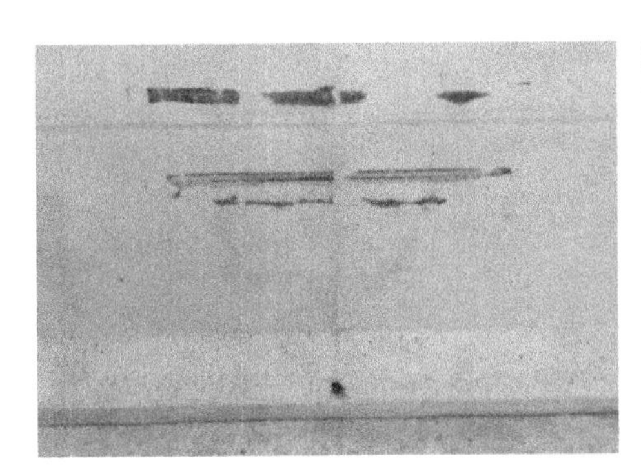

图 10-24　第一次台车碰撞 GFRP 筋混凝土护栏变形损坏

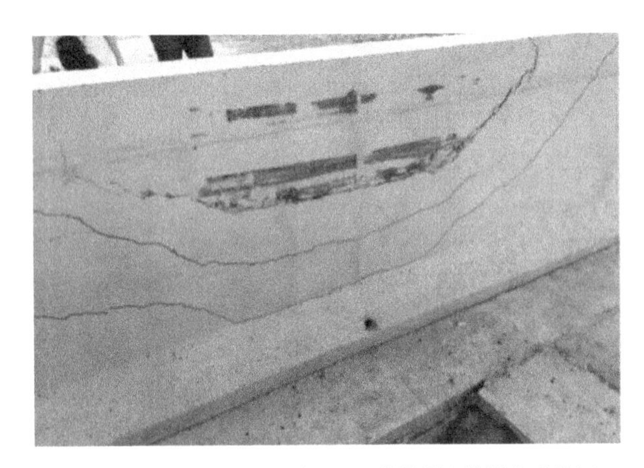

图 10-25　第二次台车碰撞 GFRP 筋混凝土护栏变形损坏

在第二次试验基础上，采用 2t、27km/h 的台车进行第三次正碰试验。3 次碰撞累计的破坏使护栏墙体出现较大的裂缝和破碎，如图 10-26 所示。从破坏形态来看，虽然墙体发生破损，墙体仍具有一定强度，初步判断可以在不拆除护栏的情况下进行大型货车第二次、第三次碰撞试验，证明 GFRP 筋护栏具有较好的安全储备。

图 10-26　第三次台车碰撞玻璃纤维筋混凝土护栏变形损坏

(4)实车足尺碰撞试验

①小客车实车足尺碰撞试验

图 10-27 为小客车碰撞 GFRP 筋混凝土护栏过程图。从碰撞过程来看，小客车车体沿混

凝土护栏坡面有一定爬升并逐渐转向，车尾碰撞护栏后小客车平稳驶出并恢复到正常行驶姿态。整个碰撞过程小客车没有穿越、翻越和骑跨护栏，试验护栏构件及其脱离件没有侵入车辆乘员舱，护栏对车辆的阻挡功能满足评价指标要求。

a）俯视图

b）前视图

图10-27 小客车碰撞GFRP筋混凝土护栏过程

图10-28为小客车碰撞新型GFRP筋混凝土护栏的乘员碰撞速度和碰撞加速度曲线，可见乘员碰撞速度的纵向和横向分量分别为3.4m/s和6.4m/s，均小于12m/s；乘员碰撞后加速度的纵向和横向最大值分别为23.2m/s²和122.6m/s²，均小于200m/s²，满足评价指标要求，体现出良好的乘员缓冲保护性能。

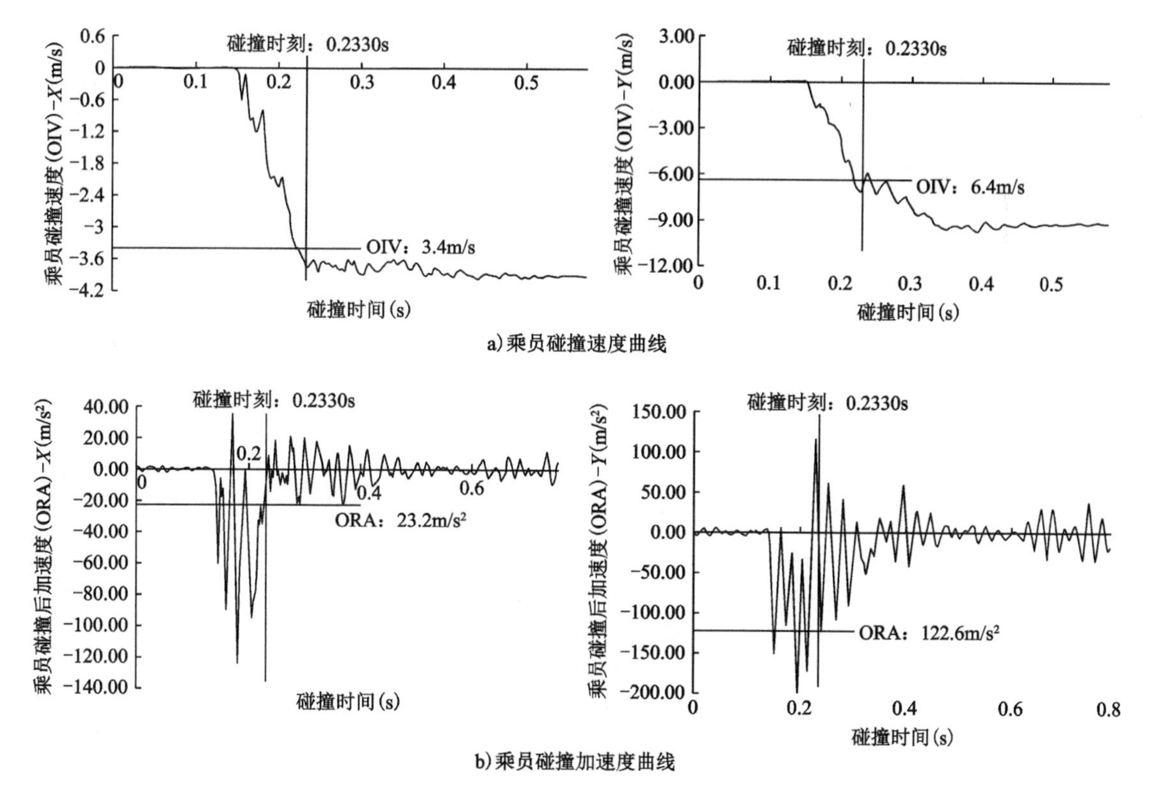

a）乘员碰撞速度曲线

b）乘员碰撞加速度曲线

图10-28 小客车碰撞GFRP筋混凝土护栏速度与加速度曲线图

根据小客车试验车辆的车长和车宽结构参数，确定小客车碰撞 GFRP 筋混凝土护栏的导向功能指标为要求小客车驶离点后的轨迹在 10m 范围内不得越过距离护栏迎撞面 4.55m 的导向驶出框。图 10-29 为小客车碰撞 GFRP 筋混凝土护栏导向情况示意图，可以看出小客车驶出驶离点后的轮迹在 10m 范围内未越过直线，GFRP 筋混凝土护栏对小客车的导向功能良好，满足评价指标要求。

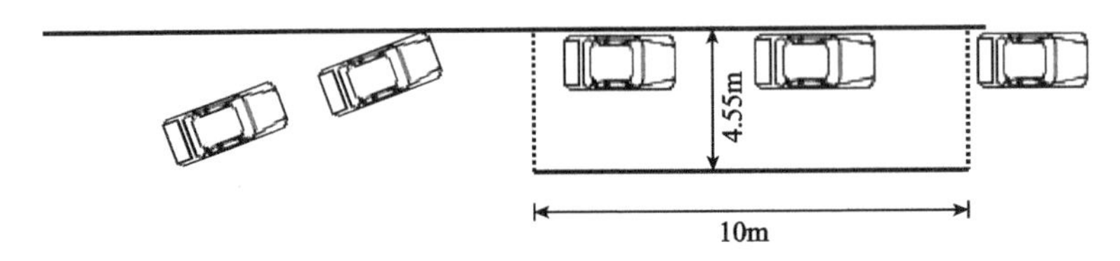

图 10-29　小客车碰撞 GFRP 筋混凝土护栏导向驶出框示意图

图 10-30 为小客车碰撞 GFRP 筋混凝土护栏和车辆变形图。小客车碰撞 GFRP 筋混凝土护栏过程中，GFRP 筋混凝土护栏没有发生明显变形，其最大横向动态变形值小于 50mm，护栏最大横向动态位移外延值为 450mm；混凝土墙体没有发生破损，甚至细小的裂纹都未发现，表面仅有车辆与墙体的擦痕；小客车碰撞 GFRP 筋混凝土护栏过程中前保险杠脱落，车体碰撞侧有明显剐痕，车辆前机盖有变形，转向系统良好，车门可以打开。小客车的损伤较小，同时小客车的玻璃完好无损，从侧面说明了 GFRP 筋混凝土护栏对乘员具有良好的缓冲保护功能。

a）最大动态变形时刻

b）擦痕

c）车辆变形

图 10-30　小客车碰撞 GFRP 筋混凝土护栏和车辆变形

②大型客车实车足尺碰撞试验

图 10-31 为大型客车碰撞 GFRP 筋混凝土护栏过程图。从碰撞过程来看，大型客车车头碰撞护栏后逐渐转向，然后车尾碰撞护栏车辆开始发生倾斜，在护栏对车尾的作用力和车辆重力的抗倾覆力矩作用下，大型客车恢复到正常行驶姿态并平稳驶出护栏。

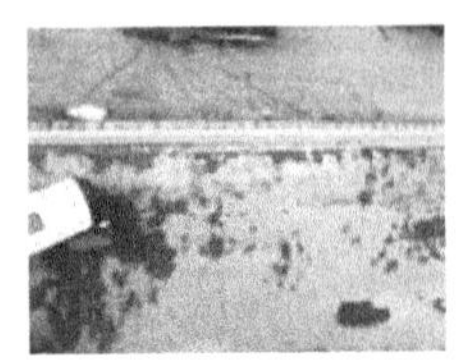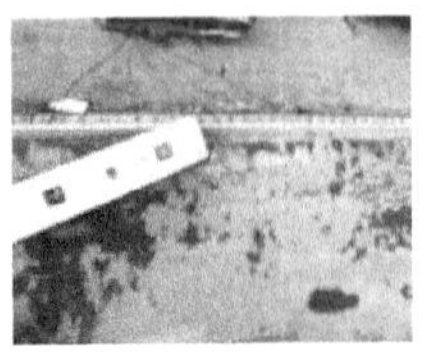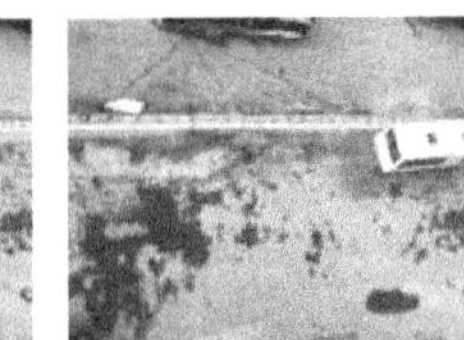

a）俯视图

图　10-31

b)前视图

图 10-31 大型客车碰撞 GFRP 筋混凝土护栏过程

根据大型客车试验车辆的车长和车宽结构参数,确定大型客车碰撞 GFRP 筋混凝土护栏的导向功能指标为要求大型客车驶离点后的轨迹在 20m 范围内不得越过距离护栏迎撞面8.7m的导向驶出框。图 10-32 为大型客车碰撞 GFRP 筋混凝土护栏导向情况示意图,可以看出大型客车驶出驶离点后的轮迹在 20m 范围内未越过直线,并且大型客车驶出护栏后一直沿贴近护栏方向行驶,体现出新型 GFRP 筋混凝土护栏对大型客车具有良好的导向功能,满足评价指标要求。

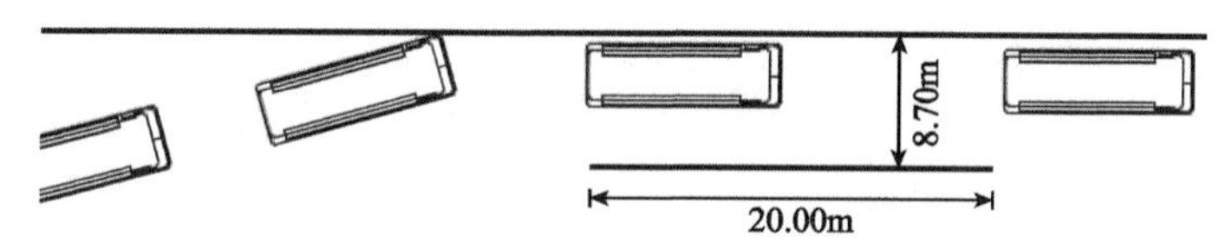

图 10-32 大型客车碰撞 GFRP 筋混凝土护栏导向驶出框示意图

图 10-33 为大型客车碰撞 GFRP 筋混凝土护栏和车辆变形图。大型客车碰撞 GFRP 筋混凝土护栏后,护栏最大横向动态变形值为 50mm,护栏最大横向动态位移外延值为 500mm,车辆最大动态外倾值为 450mm,车辆最大动态外倾当量值为 650mm;混凝土墙体弧形贯通微小裂纹,但未发生结构性破坏;大型客车碰撞 GFRP 筋混凝土护栏过程中前保险杠损坏和碰撞侧前大灯脱落,车体碰撞侧车体有变形,转向系统良好,大型客车的玻璃完好无损,从侧面说明了 GFRP 筋混凝土护栏对乘员具有良好的缓冲保护功能。

a)最大动态变形时刻

b)车辆变形

c)护栏变形

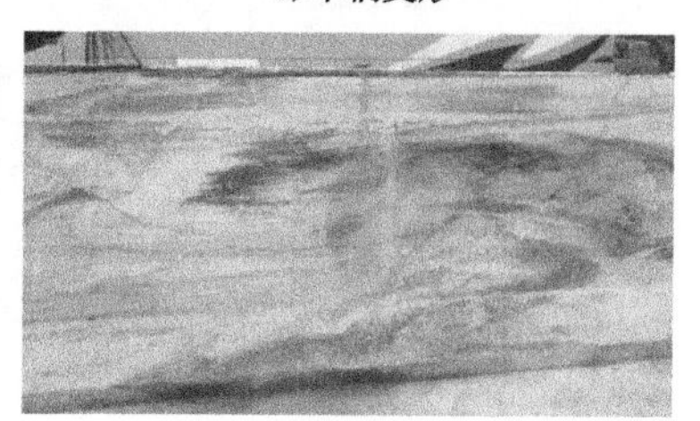

d)裂纹

图 10-33 大型客车碰撞 GFRP 筋混凝土护栏和车辆变形情况

③大型货车实车足尺试验

在公路运营中,在所有车型中大型货车的行驶速度较慢,但是其质量相对较大,而且大型货车刚度较大,碰撞后更易对护栏形成较大损伤。在经过对大型客车碰撞后的 GFRP 筋混凝土护栏结构基础上,表面涂装后组织进行大型货车碰撞试验,一是检验 GFRP 筋混凝土护栏对大型货车的阻挡功能和导向功能,二是检验 GFRP 筋混凝土护栏的抗多次冲击能力。

图 10-34 为大型货车碰撞新型 GFRP 筋混凝土护栏过程图。其碰撞过程与大型客车基本相同,大型货车车头碰撞护栏后逐渐转向,然后车尾碰撞护栏车辆开始发生倾斜,在护栏对车尾的作用力和车辆重力的抗倾覆力矩作用下,大型货车恢复到正常行驶姿态并平稳驶出护栏。

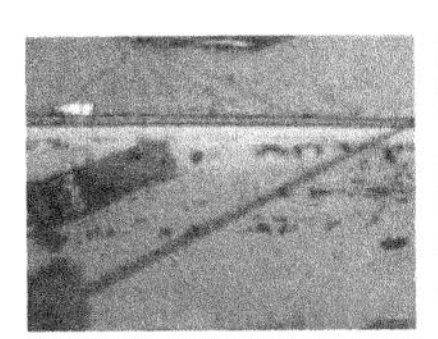
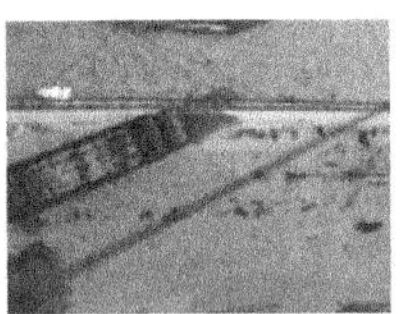

a)俯视图

b)前视图

图 10-34 大型货车碰撞 GFRP 筋混凝土护栏过程

根据大型货车试验车辆的车长和车宽结构参数,确定大型货车碰撞 GFRP 筋混凝土护栏的导向功能指标为要求大型货车驶出驶离点后的轨迹在 20m 范围内不得越过距离护栏迎撞面 8.73m 的导向驶出框边界线。图 10-35 为大型货车碰撞 GFRP 筋混凝土护栏导向情况示意图,可以看出大型货车驶出驶离点后的轮迹在 20m 范围内未越过直线,与大型客车导向驶出情况相同,大型货车驶出护栏后一直沿贴近护栏方向行驶,体现出 GFRP 筋混凝土护栏对大型货车良好的导向功能,满足评价指标要求。

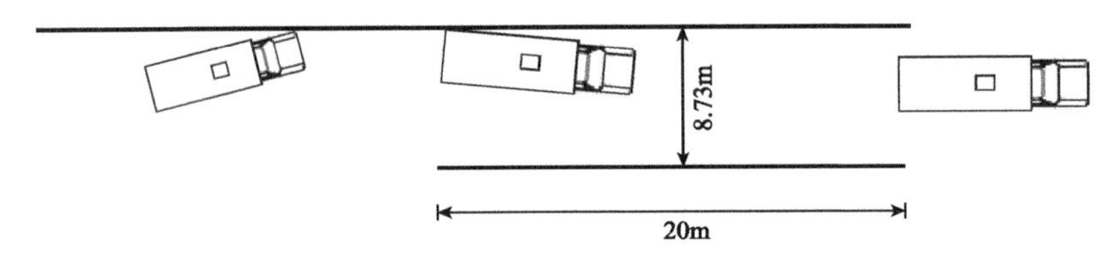

图 10-35 大型货车碰撞 GFRP 筋混凝土护栏导向驶出框示意图

图 10-36 为大型货车碰撞 GFRP 筋混凝土护栏和车辆变形图。由于 GFRP 筋混凝土护栏经过多次碰撞后再进行大型货车实车足尺碰撞试验,大型货车碰撞新型 GFRP 筋混凝土护栏后,混凝土墙体顶部出现了少量混凝土结构脱落区域,但未发生结构性倾覆破坏,说明 GFRP 筋混凝土护栏具有较好的抗多次冲击能力,耐撞性能良好;护栏最大横向动态变形值为 50mm,护栏最大横向动态位移外延值为 500mm,车辆最大动态外倾值为 450mm,车辆最大动态外倾当量值为 700mm。

a)最大动态变形时刻

b)碰撞区混凝土损坏

c)碰撞区混凝土损坏

图 10-36 大型货车碰撞 GFRP 筋混凝土护栏和车辆变形情况

严格按照《公路护栏安全性能评价标准》(JTG B05-01—2013)规定的 SS 防护等级,组织小客车、大型客车、大型货车实车足尺碰撞试验,对 GFRP 筋混凝土护栏进行安全性能评价,护栏的阻挡功能、缓冲功能、导向功能各项指标均满足评价标准的要求,达到 SS 级 520kJ 防护能力;GFRP 筋混凝土护栏的最大动态变形量较小,车辆最大动态外倾当量值最大为 700mm,可对护栏后面的构筑物形成有效保护;GFRP 筋混凝土护栏具有良好的抗多次冲击耐撞性能,具有较大的安全储备和良好的可维护性能。试验碰撞结果形成的评价简表见表 10-7。

GFRP 筋混凝土护栏结构安全性能评价简表 表 10-7

<table>
<tr><td colspan="3" rowspan="2">评价项目</td><td colspan="2">小客车</td><td colspan="2">大型客车</td><td colspan="2">大型货车</td></tr>
<tr><td>测试结果</td><td>是否合格</td><td>测试结果</td><td>是否合格</td><td>测试结果</td><td>是否合格</td></tr>
<tr><td rowspan="2">阻挡功能</td><td colspan="2">车辆是否穿越、翻越和骑跨护栏</td><td>否</td><td>是</td><td>否</td><td>是</td><td>否</td><td>是</td></tr>
<tr><td colspan="2">护栏构件及其脱离件是否侵入车辆乘员舱</td><td>否</td><td>是</td><td>否</td><td>是</td><td>否</td><td>是</td></tr>
<tr><td rowspan="2">导向功能</td><td colspan="2">车辆碰撞后是否翻车</td><td>否</td><td>是</td><td>否</td><td>是</td><td>否</td><td>是</td></tr>
<tr><td colspan="2">车辆碰撞后的轮迹是否满足导向驶出框要求</td><td>是</td><td>是</td><td>是</td><td>是</td><td>是</td><td>是</td></tr>
<tr><td rowspan="4">缓冲功能</td><td rowspan="2">乘员碰撞速度(m/s)</td><td>纵向</td><td>3.4</td><td>是</td><td>—</td><td>—</td><td>—</td><td>—</td></tr>
<tr><td>横向</td><td>6.4</td><td>是</td><td>—</td><td>—</td><td>—</td><td>—</td></tr>
<tr><td rowspan="2">乘员碰撞后加速度(m/s^2)</td><td>纵向</td><td>23.2</td><td>是</td><td>—</td><td>—</td><td>—</td><td>—</td></tr>
<tr><td>横向</td><td>122.6</td><td>是</td><td>—</td><td>—</td><td>—</td><td>—</td></tr>
<tr><td colspan="3">护栏最大横向动态变形值 D(m)</td><td colspan="2">≤0.05</td><td colspan="2">0.05</td><td colspan="2">0.05</td></tr>
<tr><td colspan="3">护栏最大横向动态位移外延值 W(m)</td><td colspan="2">0.45</td><td colspan="2">0.50</td><td colspan="2">0.50</td></tr>
<tr><td colspan="3">车辆最大动态外倾值 VI(m)</td><td colspan="2">—</td><td colspan="2">0.45</td><td colspan="2">0.45</td></tr>
<tr><td colspan="3">车辆最大动态外倾当量值 VI_n(m)</td><td colspan="2">—</td><td colspan="2">0.65</td><td colspan="2">0.70</td></tr>
<tr><td>评价结论</td><td colspan="8">该 GFRP 筋混凝土护栏安全性能满足六级(SS 级)防护等级的要求。</td></tr>
</table>

3)GFRP 筋混凝土桥梁护栏的优势

与传统的钢筋混凝土护栏相比,GFRP 筋混凝土护栏在安全、经济、易维护和对桥梁主体保护等方面体现出良好的优越性能。

(1)安全性能

经过实车足尺碰撞试验验证,GFRP 筋混凝土护栏能够有效防护小客车、大型客车及大型货车等各种车型碰撞,各项性能指标均满足《公路护栏安全性能评价标准》(JTG B05-01—2013)标准要求,同时通过实车足尺碰撞试验验证其具有良好的抗多次冲击性能,具有较高的安全储备,预期可在实际应用中体现出良好的安全防护性能,达到挽救乘员生命的防护效果。

(2)经济性能

GFRP 筋抗拉能力强,且重量轻,GFRP 筋混凝土护栏相比常规设计的钢筋混凝土护栏,在造价和重量上均具有优势。由表 10-8 可见,GFRP 筋混凝土护栏墙体配筋造价上每延公里节省造价 30 万元,另外由于 GFRP 筋重量的减轻且现场不需要折弯,使得运输和施工更方便,可节省更多的人力、物力,若在实际工程中大面积推广应用,将取得显著的经济效益。

SS 级钢筋混凝土护栏与 GFRP 筋混凝土护栏每延公里工程量对比(不含预埋筋) 表 10-8

<table>
<tr><th colspan="2">项目</th><th>类型</th><th>工程量</th><th>工程量合计</th><th>单价</th><th>小计</th><th>合计</th></tr>
<tr><td rowspan="3">常规 SS 级
钢筋混凝土护栏</td><td>竖向钢筋</td><td>φ10mm</td><td>34.5t</td><td rowspan="2">67.5t</td><td rowspan="2">5500 元/t</td><td rowspan="2">37.1 万元</td><td rowspan="3">57 万元</td></tr>
<tr><td>纵向钢筋</td><td>φ12mm</td><td>33.0t</td></tr>
<tr><td>混凝土</td><td>C30</td><td>498m³</td><td></td><td>400 元/m³</td><td>19.9 万元</td></tr>
<tr><td rowspan="4">SS 级 GFRP
筋混凝土护栏</td><td rowspan="2">竖向 GFRP 筋</td><td>φ18mm</td><td>1.3t</td><td rowspan="3">8.4t</td><td rowspan="3">15000 元/t</td><td rowspan="3">12.6 万元</td><td rowspan="4">27 万元</td></tr>
<tr><td>φ12mm</td><td>3.9t</td></tr>
<tr><td>纵向 GFRP 筋</td><td>φ12mm</td><td>3.2t</td></tr>
<tr><td>混凝土</td><td>C30</td><td>362m³</td><td></td><td>400 元/m³</td><td>14.4 万元</td></tr>
</table>

(3)易维护性能

钢筋混凝土护栏中的钢筋锈蚀直接影响了其安全性能和景观效果,为减少这种不利因素的影响,运营管养部门需要在一定时间内定期进行涂装处理,但费用较高且效果不佳。GFRP 筋热膨胀系数与混凝土结构相近,可有效减少裂纹的产生,同时 GFRP 筋防腐功能、耐老化性佳,可减少大量的后期运营维护费用。

(4)减少桥梁荷载

GFRP 筋承载能力高,抗拉能力强,杆体强度是同等直径螺纹钢筋的两倍,而质量只有钢筋的 1/4,在混凝土护栏里采用 GFRP 筋代替普通钢筋将有效减小混凝土护栏整体的质量(由表 10-9 可见,采用 GFRP 筋每延公里质量减小 393t),减轻桥梁荷载,有效延长桥梁护栏的耐久性。

钢筋混凝土护栏与 GFRP 筋混凝土护栏每延公里质量对比(不含预埋筋) 表 10-9

结构	防护等级	加强筋	混凝土	总质量
常规钢筋混凝土护栏	SS 级	67.5t	498m³	1245t
GFRP 筋混凝土护栏	SS 级	8.4t	362m³	852t

可以看出,GFRP 筋混凝土护栏相对于传统的钢筋混凝土护栏具有显著的优越性,目前已经逐步在实际工程中推广应用(图 10-37),取得良好效果。

图 10-37 GFRP 筋混凝土护栏工程应用

第11章　混凝土护栏研究展望

本书较为系统地介绍了混凝土护栏的结构参数与设置条件对其安全防护能力的影响，在安全性能方面，主要依据行业标准规定的标准车型通过计算机仿真或实车足尺碰撞试验进行分析和评价，其中小型车均采用1.5t的B级车。实际公路运营中车型多种多样，尤其是小型客车中的轿车，包括A级、B级、C级、D级多个类别，每个级别下还可细分，不同用途不同品牌均具有其自身技术和结构特点，护栏对这些车辆的防护过程也会产生差别。基于计算机仿真技术的先进性、高效性，通过仿真模拟，采用更多车型对混凝土护栏安全性能进行更深入研究分析。此外，混凝土护栏的设计建造是桥梁工程或公路工程的一部分，除了考虑护栏本身的安全性，作为建设工程的重要组成部分，其各阶段的信息管理也十分重要，可考虑采用建筑信息模型（Building Information Modeling，BIM）技术加强混凝土护栏的信息管理。

11.1　SUV仿真碰撞分析探索

结合实际道路采用更多车型对护栏安全性能进行更系统、深入研究，是未来混凝土护栏研究的一个方向。通过调查了解到，道路上运动型多用途汽车（Sport Utility Vehicle，SUV）的运行比例不断提高，具有一定代表性，本节以SUV为例进行混凝土护栏仿真碰撞分析的初步探索。

11.1.1　车辆模型建立

建立SUV模型，对混凝土护栏防护SUV的安全性进行分析。SUV模型及其参数见表11-1，车辆总质量2255kg，重心高度625mm。车辆由车身系统、动力总成、内饰系统、底盘及轮胎四部分组成，如图11-1所示。

SUV模型及其参数　　表11-1

车辆总质量	2255kg	整备质量	2089kg
车辆总长	4818mm	车辆总宽	1850mm
前轮轮距	1554mm	轴距	2887mm
重心位置	距前轴中心的纵向距离	1429mm	
	距纵向中心线的横向距离	0 mm（偏向行车方向的左边）	
	距地面高度	635mm	

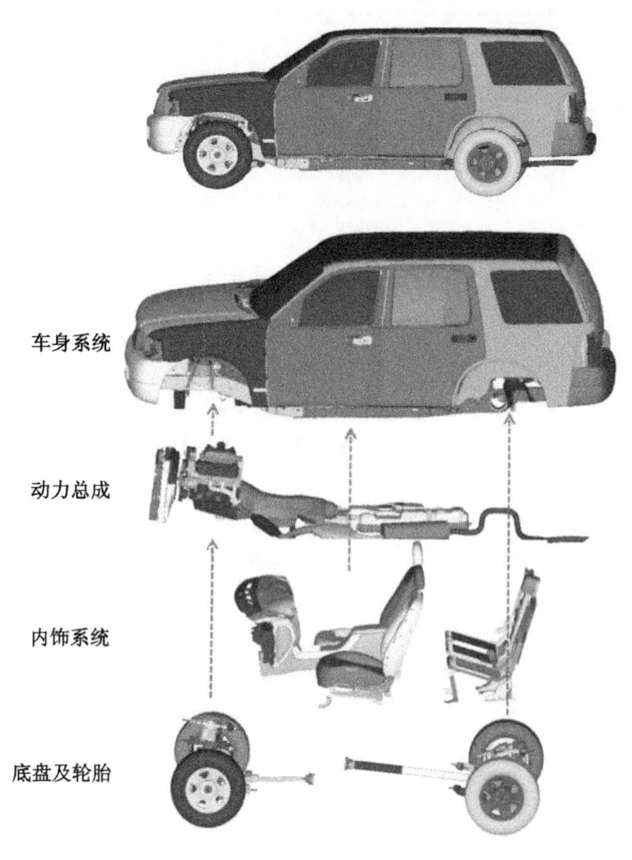

图 11-1 SUV 模型组成

11.1.2 混凝土护栏仿真碰撞分析

参照行业标准中规定的小客车的碰撞条件，按照 100km/h、20°角的碰撞条件对常规设计的单坡型、F 型、加强型坡面的混凝土护栏防护 SUV 进行仿真碰撞分析，护栏模型如图 11-2 所示。

a) 单坡型

b) F型

c) 加强型

图 11-2 SUV 车辆碰撞三种坡面形式混凝土护栏模型

表 11-2、表 11-3、表 11-4 分为 SUV 碰撞单坡型、F 型、加强型坡面的混凝土护栏过程图，可见 SUV 碰撞过程中均顺利导向，没有穿越、翻越、骑跨护栏现象，碰撞后车辆恢复到行驶姿态，三种坡面形式混凝土护栏均对 SUV 形成良好防护。但相对来说，F 型和加强型坡面混凝土护栏相比单坡型坡面混凝土护栏使车辆更快导正，对车辆的导向功能更好。

SUV 碰撞单坡型坡面混凝土护栏过程

表 11-2

时刻(s)	姿态	轨迹
0		
0.05		
0.10		
0.15		
0.20		
0.25		
0.30		
0.40		
0.50		
0.60		

SUV 碰撞 F 型坡面混凝土护栏过程

表 11-3

时刻(s)	姿态	轨迹
0		
0.05		

续上表

时刻(s)	姿态	轨迹
0.10		
0.15		
0.20		
0.25		
0.30		
0.40		
0.50		
0.60		

SUV 碰撞加强型坡面混凝土护栏过程 表 11-4

时刻(s)	姿态	轨迹
0		
0.05		
0.10		
0.15		

续上表

时刻(s)	姿态	轨迹
0.20		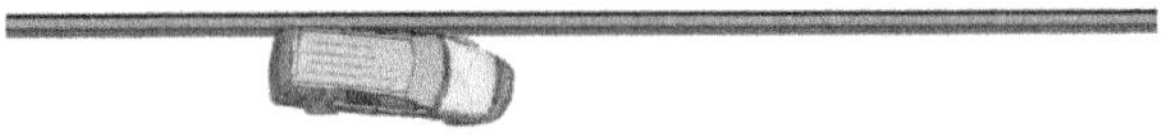
0.25		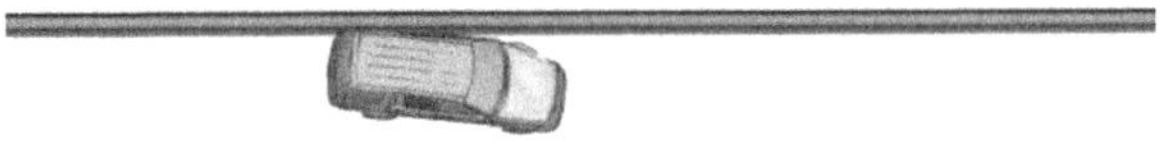
0.30		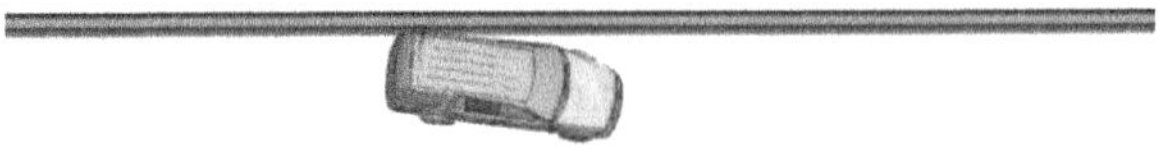
0.40		
0.50		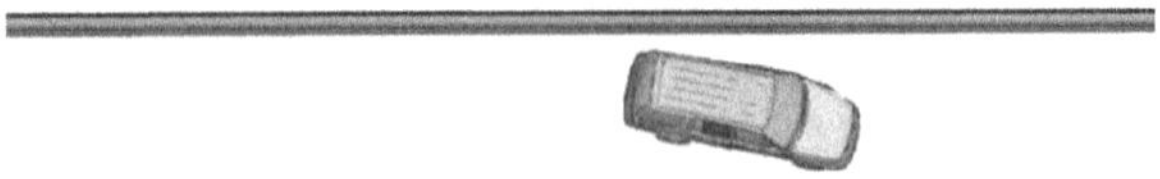
0.60		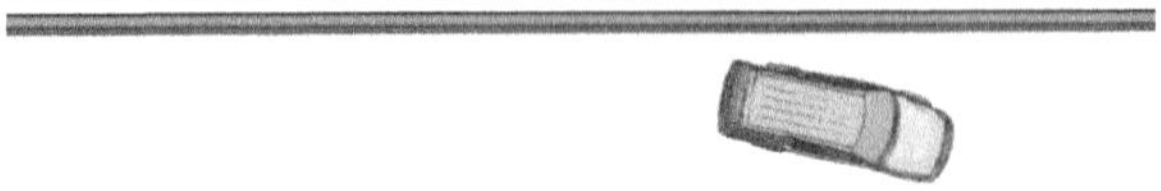

11.2 BIM技术的应用

11.2.1 BIM技术简介

BIM是利用数字化技术在计算机中建立一座虚拟的建筑工程信息模型，并且为这个模型提供完整的建筑工程信息库。它是建筑学、工程学及土木工程的新工具，其核心是利用数字化技术为模型提供完整的、与实际情况一致的信息库，提高建筑工程的信息集成化程度，从而为建筑工程项目的相关利益方提供了一个工程信息交换和共享的平台。它具有信息完备性、信息关联性、信息一致性、可视化、协调性、模拟性、优化性和可出图性等特点。BIM所包含的信息库不仅包含项目的设计信息，还可以容纳从建造到使用、改造甚至到最终拆除，整个建筑全生命周期的信息，实现建设工程生命周期中的信息创建、信息管理和信息共享，以减少在建筑工程生命周期内的无效行为和风险。

11.2.2 BIM技术在建筑领域、公路交通领域应用现状

BIM技术的理念最早可追溯至1974年提出的“Building Description System”（建筑描述系统）。随着计算机技术的不断发展，到2010年左右，知名软件厂商Autodesk、Bentley、Dassault等公司开始在全球范围内推广其BIM软件，使得BIM技术在建筑领域开始普及和应用，并深入众多领域。

在公路交通领域,BIM 技术正在逐渐普及。2016 年 8 月至今,交通运输部先后下发了《关于实施绿色公路建设的指导意见》《关于打造公路水运品质工程的指导意见》《交通运输部办公厅关于印发推进智慧交通发展行动计划(2017—2020 年)的通知》等一系列文件,均要求在项目中采用 BIM 技术;2017 年 9 月,交通运输部下发的《关于开展公路 BIM 技术应用示范工程建设的通知》中明确在项目设计、施工、运营维护不同阶段 BIM 的应用,同时确定第一批公路 BIM 示范项目;2018 年 3 月《交通运输部办公厅关于推进公路水运工程 BIM 技术应用的指导意见》明确,到 2020 年要初步建立相关标准体系,明显提升 BIM 技术应用的深度、广度、设计能力,有效推进 BIM 基础平台建设,复杂项目实现 BIM 技术进行项目管理及养护决策等一系列要求。在行业政策发布的同时,国内多个省区市先后提出了关于推进 BIM 技术应用的文件,推动 BIM 技术的区域发展。图 11-3 所示为 BIM 技术在公路交通工程方面应用。

图 11-3 BIM 技术在公路交通工程方面的应用

11.2.3 BIM 技术在护栏设计、建造的应用展望

近些年来,BIM 技术在交通行业中的应用越来越广泛和深入,公路护栏同样可应用 BIM 技术进行管理,并可探索实现护栏模型的可视化展示、施工工序模拟、数字化构件的加工、工程量统计、施工进度追踪和后期运营养护等。

通过 BIM 软件三维立体模型的展示,能有效节省读图和汇报时间,便于非工程类专业人员理解设计意图,加强设计、施工、业主之间的沟通质量和效率。利用 BIM 的可视化功能,可以很好地解决施工中出现的技术问题及突发情况,运用 BIM 技术来完成施工工法动画,向现场施工人员进行三维技术交底,可以方便准确地进行沟通,减少因设施安装错误的返工,提高施工工作效率。

利用 BIM 的三维可视化功能再加上时间维度,可以提前对护栏施工进行模拟,通过护栏的 BIM 施工模拟可以有效发现设计图纸施工过程中存在的问题,并及时在施工前进行设计修改,减少不必要的返工和人员、机械、材料的浪费。

在设计阶段中所建立的护栏模型,可以为护栏提供准确的构件尺寸,指导和控制构件的加工过程,避免构件的损失或返工情况的出现。根据正确的已检验好的护栏模型,充分利用护栏的 BIM 数据进行构件加工,减少中间环节,提高加工效率和精度。

用 BIM 技术还原实际的施工现场,或者把实际施工真实地反映到模型上,在此模型上对护栏结构进行三维深化设计,就可以快速统计出护栏的工程量信息。不仅如此,在后期还可以将变更相关的工程量计算,如成本核算、材料差价等各种计算数据,通过 BIM 的项目管理软件系统对成本变化进行快速、准确的评估,避免人工统计带来的误差和争议。

通过 BIM 技术与 3D 激光扫描、视频、图片、卫星定位、移动通信、RFID(二维码等射频识别技术)、互联网等技术的集成,可以实现对现场的护栏构件以及施工进度和质量进行实时跟踪。

在运营养护阶段,通过 BIM 建立维护工作的历史记录,可以对护栏的状态进行跟踪,并自动根据养护计划提示到期更换护栏构件;对被碰撞后的护栏,从发现上报、派工维修到完工验收、回访等均进行记录,实现过程化管理。

通过 BIM 的应用,不仅能够使得施工方、监理方,甚至是非工程行业出身的相关人员都能对工程项目建设中存在的各种问题和情况取得直观的了解。此外,通过 BIM 技术的应用,结合施工方案、施工模拟和现场实时监测,可大幅减少施工质量和安全问题,减少返工和整改。

11.2.4 混凝土护栏 BIM 族库

混凝土护栏的设计一般按照标准规范的规定进行,主要包括混凝土外轮廓、配筋、材料的设计,虽然对于不同工程混凝土护栏的设计应用存在差异,但是多数情况在一些通用设置上是较为一致的,具有统一性和规范性。对于混凝土护栏模型,可采用 BIM 族库进行管理。按照《公路交通安全设施设计规范》(JTG D81—2017)、《公路交通安全设施设计细则》(JTG/T D81—2017)规定防护等级、坡面形式,建立多种混凝土护栏标准模型,形成 BIM 族库。在采用 BIM 技术建立工程模型时,直接调用 BIM 族库的模型和修改部分参数即可快速完成混凝土护栏模型的建立和部分数据的统计和管理。图 11-4 所示为混凝土护栏 BIM 族库部分模型示意图,图 11-5 所示为混凝土护栏模型在桥梁工程中的应用。

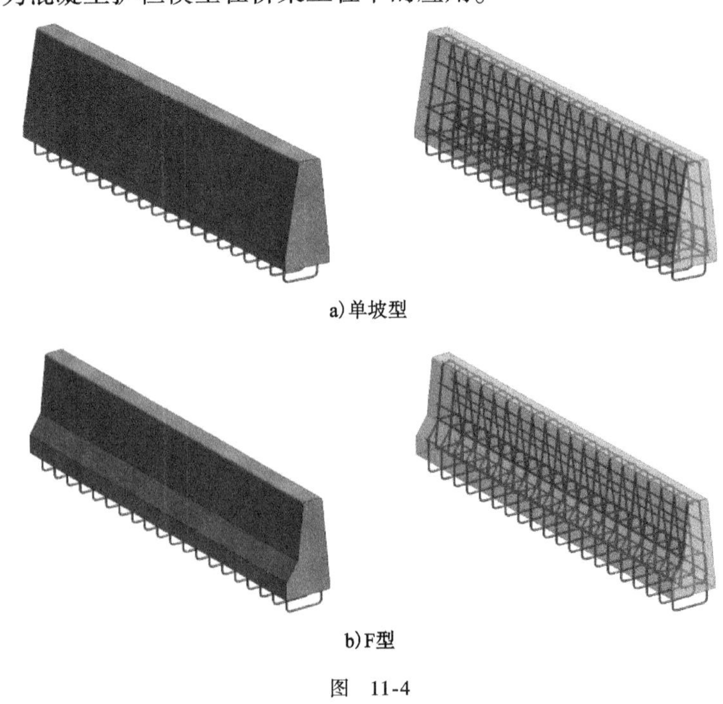

a)单坡型

b)F型

图 11-4

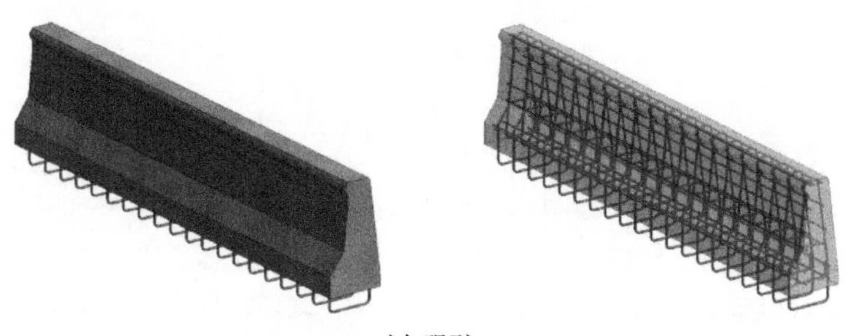

c)加强型

图 11-4 混凝土护栏 BIM 族库部分模型示意图

图 11-5 桥梁工程中的混凝土护栏模型

参 考 文 献

[1] 唐琤琤,何勇,张铁军.道路交通安全手册[M].北京:人民交通出版社,2009.

[2] 何勇.公路安全设计指南[M].北京:人民交通出版社,2011.

[3] 交通部公路科学研究所.高速公路交通安全设施设计及施工技术规范:JTJ 074—94[S].北京:人民交通出版社,1994.

[4] 交通部公路科学研究所.高速公路护栏安全性能评价标准:JTG/T F83-01—2004[S].北京:人民交通出版社,2004.

[5] 交通运输部.公路护栏安全性能评价标准:JTG B05-01—2013[S].北京:人民交通出版社,2013.

[6] 交通部.公路交通安全设施设计规范:JTG D81—2006[S].北京:人民交通出版社,2006.

[7] 交通部.公路交通安全设施设计细则:JTG/T D81—2006[S].北京:人民交通出版社,2006.

[8] 交通运输部.公路交通安全设施设计规范:JTG D81—2017[S].北京:人民交通出版社股份有限公司,2017.

[9] 交通运输部.公路交通安全设施设计细则:JTG/T D81—2017[S].北京:人民交通出版社股份有限公司,2017.

[10] 交通部.公路交通安全设施施工技术规范:JTG F71—2006[S].北京:人民交通出版社,2006.

[11] 广东省公路学会.T/GDHS 001—2020 公路护栏安全性能仿真评价技术规程[S].

[12] 敖道朝,李卫民,苏高裕.防撞护栏再利用技术在高速公路扩建中的系统应用[M].北京:人民交通出版社股份有限公司,2016.

[13] 赛志毅.高速公路护栏改造关键技术与应用[M].北京:人民交通出版社股份有限公司,2018.

[14] 闫书明.有限元仿真方法评价护栏安全性能的可行性[J].振动与冲击,2011,30(1):152-156.

[15] 闫书明.单坡面混凝土护栏碰撞分析[J].北京工业大学学报,2012(4):586-589.

[16] 闫书明,李康全,荆坤,等.单坡面混凝土桥梁中分带护栏安全性能分析[J].公路工程,2010,35(6):54-58.

[17] 闫书明.城市桥梁新型桥侧混凝土护栏的碰撞分析[J].武汉科技大学学报,2014,6(3):223-227.

[18] 龚帅,仝瑞金,高建雨,等.F 型混凝土护栏坡面参数对安全性的影响[J].广东公路交通,2019,45(5):174-178.

[19] 赵鸣,张誉.汽车冲撞钢筋混凝土护栏系统的力学模型及仿真计算[J].土木工程学报,1994,27(6):56-61.

[20] 雷正保,彭作,刘兰,等.弯道混凝土护栏碰撞特性的优化设计[J].振动与冲击,2009,28(5):6-9.

[21] 雷正保,颜海棋,周屏艳,等.山区公路混凝土护栏碰撞特性仿真分析[J].交通运输工程

学报,2007,7(1):85-92.

[22] 石红星,白书锋.桥梁混凝土护栏设计的研究[J].公路交通科技,2002,19(6):92-95.

[23] 石红星,吕伟民.车辆碰撞混凝土护栏的数值模拟与应用[J].同济大学学报(自然科学版),2002(9):1061-1063.

[24] 张晶,白书锋,石红星,等.车辆与弯道混凝土护栏碰撞的动态数值模拟及试验[J].中国公路学报,2007,20(1):102-106.

[25] 贾翠平.汽车与高速公路混凝土护栏碰撞事故分析及仿真研究[D].武汉:武汉理工大学汽车学院,2007.

[26] 黄开宇,白书锋.耒宜高速公路混凝土护栏设计[J].中南公路工程,2003,28(1):102-104.

[27] JIANG T,GRZEBIETA R H,ZHAO X L. Predicting impact loads of a car crashing into a concrete roadside safety barrier[J]. International journal of crashworthiness,2004,9(1):45-63.

[28] ATAHAN A O. Finite-Element Crash Test Simulation of New York Portable Concrete Barrier with I-Shaped Connector[J]. Journal of Structural Engineering,2006,132(3):430-440.

[29] L U O HENG. Numerical Simulation Analysis on New Type of Concrete Safety Barrier in Changde-Jishou Expressway[J]. Highway Engineering,2008,4:8.

[30] BORKOWSKI W,HRYCIÓW Z,RYBAK P,et al. Numerical simulation of the standard TB11 and TB32 tests for a concrete safety barrier[J]. Journal of Kones Powertrain Transport,2010,17:63-71.

[31] HEZI Y GRISARO,AVRAHAM N Dancygier. Representation of damage caused by fragmentation impact in design and analysis of reinforced concrete barriers[J]. Engineering Structures,2019,197.

[32] CAO R,AGRAWAL A K,El-Tawil S,et al. Numerical Studies on Concrete Barriers Subject to MASH Truck Impact[J]. Journal of Bridge Engineering,2020,25(7):04020035.

[33] BASIT S,MAKI T,MUTSUYOSHI H,et al. Influence of reinforcement arrangement details on mechanical behavior of precast concrete barrier with loop connection[J]. Structures,2020,27:1682-1692.

[34] OZCANAN S,OSMAN A. Minimization of Accident Severity Index in concrete barrier designs using an ensemble of radial basis function metamodel-based optimization[J]. Optimization and Engineering,2021,22(1):485-519.

[35] LI Z,GAO X,TANG Z. Safety Performance of a Precast Concrete Barrier:Numerical Study[J]. Computer Modeling in Engineering & Sciences,2020,123(3):1105-1129.

[36] LI ZISHEN,GAO XIANGLING,TANG ZICHENG. Safety Performance of a Precast Concrete Barrier:Numerical Study[J]. Computer Modeling in Engineering & Sciences,2020,123(3):1105-1129.

[37] AHMED K TAHA,ZHENGGUO GAO,HUANG DAHAI,et al. Response of a new structural ultra-high performance concrete barrier wall subjected to blast loading[J]. Australian Journal of Structural Engineering,2020,21(2):154-161.

[38] 郜永刚. 公路分设型中央分隔带 SA 级混凝土护栏高度变化对防护性能影响研究[J]. 公路,2020,65(11):258-262.
[39] 贾献卓,李玉. 高速公路改扩建工程分体式混凝土护栏基础设置方案研究[J]. 公路,2018,63(4):253-258.
[40] 陈林,彭婷,刘涛,等. 低等级混凝土护栏对厢式卡车撞击桥墩作用的影响规律[J]. 自然灾害学报,2020,29(5):131-139.
[41] 魏琨,龚帅,杨福宇,等. 高速公路桥墩安全防护设计研究[J]. 公路交通科技(应用技术版),2019,15(6):32-35.
[42] 庄明融,王新,亢寒晶. SS 级桥侧混凝土护栏设计优化及安全性和经济性分析[J]. 广东公路交通,2020,46(4):39-42,56.
[43] 林三强,蔡俊华. 高速公路中央分隔带混凝土护栏的试验研究[J]. 公路,2008(4):202-205.
[44] 张门哲,刘明虎,亢寒晶,等. 桥梁嵌固式基础中央分隔带混凝土护栏安全性分析[J]. 城市道桥与防洪,2018(12):159-162,170,21.
[45] 李勤策,亢寒晶,卢旭伟,等. 特高等级混凝土桥梁护栏设计研究[J]. 城市道桥与防洪,2018(1):50-54,10.
[46] 龚帅,张文豪,刘航,等. 既有旧桥梁组合式护栏事故分析与解决方案[J]. 公路工程,2020,45(6):243-249.
[47] 马运朝. 开孔型混凝土护栏裂纹成因研究[J]. 公路工程,2019,44(3):186-190.
[48] 林泳城. 钢筋混凝土保护层初始开裂研究及仿真模拟[D]. 南京:南京航空航天大学,2012.
[49] 吴峰. 混凝土温度裂缝仿真系统研究[D]. 南京:河海大学,2005.
[50] 覃维祖. 混凝土的收缩、开裂及其评价与防治[J]. 混凝土,2001,(7):3-7.
[51] 方坚宇,张颖,刘小勇,等. 凤凰型美观混凝土护栏开发研究[J]. 公路工程,2008,33(6):126-129.
[52] 刘小勇,张颖. 凤凰型美观混凝土护栏的实车碰撞试验研究[J]. 公路工程,2010,35(3):167-172.
[53] 方坚宇,丛银霞,冯雄辉,等. 常吉混凝土桥梁防侧翻景观护栏设计[J]. 公路工程,2008,33(6):75-78.
[54] 逯春雨,夏霄峰. 桥梁混凝土防撞护栏防腐处理策略[J]. 全面腐蚀控制,2020,34(3):23-24.
[55] 卫军,张萌,杨曼娟,等. 混凝土结构道路护栏设计计算方法[J]. 浙江大学学报(工学版),2014,48(2):249-253.
[56] 余江,陈建璋. 公路混凝土护栏计算分析[J]. 公路交通科技(应用技术版),2011,7(12):259-262.
[57] 韩晓敏. 汽车与砼护栏碰撞仿真计算的研究[D]. 成都:四川大学,2002.
[58] 肖应红. 耒宜高速公路中央分隔带单坡面混凝土护栏改造方案设计探讨[J]. 交通建设与管理,2015(10):25-28.

[59] 刘航,马晴,亢寒晶,等.旧式组合式桥梁护栏提升改造及应用[J].公路,2021(2):114-118.

[60] 苏高裕.可拆装混凝土桥梁护栏基础及纵向连接结构形式研究[J].广东公路交通,2013(4):38-42.

[61] EAGLE C J,SCHMID T. Concrete barriers to quantifier elimination in finite dimensional C * -algebras[J]. Mathematical logic quarterly MLQ,2019,65(4):490-497.

[62] BASIT S,MAKI T,MUTSUYOSHI H,et al. Influence of reinforcement arrangement details on mechanical behavior of precast concrete barrier with loop connection[J]. Structures,2020,27:1682-1692.

[63] DOBROVOLNY C S,SHI S,KOVAR J,et al. Development of a New Manual for Assessing Safety Hardware TL-3 Low-Profile Portable Concrete Barrier for High-Speed Applications[J]. Transportation Research Record: Journal of the Transportation Research Board,2019,2673(7):630-640.

[64] MCDEVITT C F. Basics Of Concrete Barriers[J]. Public Roads,2000,63(5):10-14.

[65] MUHAMMAD FAUZI BIN MOHD ZAIN,HASAN JASIM MOHAMMED. Concrete Road Barriers Subjected to Impact Loads: An Overview[J]. Latin American Journal of Solids and Structures,2015:1824-1858.

[66] MARZOUGUI D,KAN C D,OPIELA K. Safety Performance Evaluation of Concrete Barriers on Curved and Superelevated Roads[J]. Transportation Research Board Annual Meeting,2012,83(3):446-456.

[67] 蔡菁,王晓飞,李新伟.广东省高速公路中央分隔带混凝土防撞护栏绿化形式优化方案[J].公路,2019,64(11):240-245.

[68] 陈超,何洋.中央分隔带整体式混凝土护栏抗倾覆稳定性研究[J].黑龙江交通科技,2018,41(4):49-50.

[69] 冯杰.装配式混凝土桥梁护栏的力学性能研究及有限元模拟[D].天津:河北工业大学,2017.

[70] 刘琼,李向民,许清风.预制装配式混凝土结构研究与应用现状[J].施工技术,2014,43(22):9-14,36.

[71] 黄正昌.槽型中分带混凝土护栏支撑块功能分析[J].天津:特种结构,2017,34(1):84-88.

[72] 刘瑞,陈九龙,高建雨,等.钢筋混凝土护栏裂纹对其安全防护性能影响[J].城市道桥与防洪,2019(5):267-271,31.

[73] 李建刚,王桂智,孙云翰,等.钢桁架桥梁混凝土护栏开裂分析[J].工程技术研究,2020,5(24):136-137.

[74] 雷正保,肖震宇.永吉高速公路混凝土护栏优化设计[J].交通科技,2016(6):129-132.

[75] 廖春芳,白书锋,钟梦武.高速公路中央分隔带槽形混凝土护栏的开发研究[J].公路,2003(1):97-100.

[76] 王鵾鹏.一种改造的新泽西型桥梁混凝土护栏试验研究[J].北方交通,2015(3):43-

48,52.

[77] 成彦勇.京张高速公路桥梁混凝土护栏防腐设计与施工[J].山东交通科技,2017(3):100-102.

[78] 金伟良,赵羽习.混凝土结构耐久性[M].北京:科学出版社,2014.

[79] 袁迎曙,贾福萍,蔡跃.锈蚀钢筋混凝土梁的结构性能退化模型[J].土木工程学报,2001,34(3):47-52.

[80] 曾捷,高建雨,龚帅,等.玻璃纤维筋混凝土桥梁护栏性能分析[J].广东公路交通,2019,45(5):116-119,123.

[81] 焦宇,亢寒晶,龚帅,等.GFRP筋混凝土护栏设计与安全性能分析[J].城市道桥与防洪,2019(1):176-180,21-22.

[82] 马建慧,徐锋,刘伟庆,等.保护层厚度对混凝土中钢筋锈蚀的影响[J].混凝土,2017(5):8-11.

[83] 王征.GFRP筋高强轻骨料混凝土梁受弯性能研究[D].西安:长安大学,2018.

[84] EASTMAN C,FISHER D,LAFUE G,et al. An outline of the building description system [R]. Institute of Physical Planning,Carnegie-Mellon University,1974.

[85] 李云贵,邱奎宁,刘金樱.我国BIM发展现状与问题探讨[J].江苏建筑,2018(4):6-9.

[86] EASTMAN C M,TEICHOLZ P,SACKS R,et al. BIM handbook: a guide to building information modeling for owners, managers, designers, engineers, and contractors. Hoboken (NJ): Wiley,2008.

[87] National Institute of Building Sciences (NIBS). National Building Information Modeling standard (Version 1)-Part 1: Overview,principles,and methodologies [S]. Washington,DC,United States,2015.

[88] 住房和城乡建设部.建筑信息模型应用统一标准:GB/T 51212—2016[S].北京:中国建筑工业出版社,2017.

[89] 清华大学BIM课题组.中国建筑信息模型标准框架研究[M].北京:中国建筑工业出版社,2011.

[90] 吴庆凯.破解三大问题,推进BIM技术应用[N].中国建设报,2017-08-23(5).

[91] 黄强.BIM的关键核心技术[J].建设科技,2020(1):1.

[92] 侯铁.我国BIM技术落地问题与对策探讨[J].住宅与房地产,2020,570(11):14-26.

[93] 尹平,李乐,刘冲.BIM技术在交通工程建设中的应用[J].产业创新研究,2021(24):48-50.

[94] 冯鹏程,田甜,陈中治.交通基础设施领域的BIM技术应用[J].中国公路,2018(16):74-75.

[95] 郭洪江.浅议BIM在公路设计中的应用[J].黑龙江交通科技,2011,34(9):315.